N C S 활 용

국외여행인솔실무

유재흥 · 나상필 · 변효정 · 윤여산

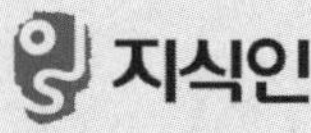

Profile

유재흥
경기대학교 관광학 박사
아세아항공전문학교 교수

나상필
경기대학교 관광학 박사
아세아항공전문학교 교수

변효정
경기대학교 관광학 박사
경기대학교 관광종합연구소 연구원

윤여산
경기대학교 관광학 박사수료
J-one 대표이사

NCS활용
국외여행인솔실무

2018년 8월 6일 초판 1쇄 인쇄
2018년 8월 10일 초판 1쇄 발행

지은이 | 유재흥 · 나상필 · 변효정 · 윤여산
펴낸이 | 김종욱
펴낸곳 | 지식인
등 록 | 제301-2013-134호
주 소 | 서울시 도봉구 도봉로 180길 20 투웨니퍼스트 102동 602호
전 화 | 02)2266-8606 (대)
팩 스 | 02)2266-8607
E-mail | jisikin2013@naver.com
홈페이지 | www.jisikinbook.co.kr

ISBN 979-11-88105-24-3 (93980)

값 20,000원

NCS활용

국외여행인솔실무

PREFACE

오늘날 4차 산업혁명에 의해 AI, 빅데이터, IoT, 로봇공학, 3D프린팅 등 현대사회에 많은 영향력을 미치고 있으며, 더욱더 나아가 미래사회에 지대한 영향력을 미칠 것으로 예상되어 진다. 이에 반해 인적서비스 분야인 국외여행인솔자의 역할을 대신할 4차 산업혁명은 진행되어지고 있지 않다. 차후 5차, 6차 산업혁명이 진행된다면 국외여행인솔자의 역할을 대신할 대체재가 만들어지고 개발되면 로봇이 인적서비스를 대신하는 시대가 올 수도 있을 것이라 생각된다. 그러나 현재는 여행서비스의 50% 이상을 차지하는 부분이 인적서비스이며, 그 대부분이 국외여행인솔자의 역할이라 생각한다.

국외여행인솔자 자격증제도는 1982년도에 처음 만들어졌으며, 1987년 관광통역안내사 자격증에 그 자리를 잠시 내주었다. 그 후 1995년에서 1997년에는 한국관광공사에서, 1998년에는 문화체육관광부에서 주관하다가, 2011년부터는 문화체육관광부에서 허가를 내주며 관리·감독은 한국여행업협회(KATA)에서, 교육은 2018년 현재 57개 기관에서 진행되고 있다.

이 책의 가장 큰 목적은 다음과 같다. 첫째, 정부에서 정한 교과목 범위의 다양성으로 인해 교육의 객관성이 다소 미비한 점이 있다고 판단되어, 국가직무능력표준(NCS)을 적용하여 작성하였다. 둘째, 강의를 하는 교수의 실무능력 및 교육경력과는 별개로, 국가직무능력표준을 활용하여 교수간의 이론과 실무능력의 간극을 좁히고자 하였다. 셋째, 국가지원사업인 국가직무능력표준을 활용하여, 교재를 업데이트하는데 있어 체계적이고 상세하게 지원을 받을 수 있다. 넷째, 이 책을 바탕으로 국외여행인솔자 자격증 취득 시 실무에서 혼선을 줄일 수 있으며, 국외여행인솔자의 매뉴얼(Manual)로 활용할 수 있다.

이 책에 적용된 국가직무능력표준(NCS : National Competency Standards)이란, 산업현장에서 직무를 수행하기 위해 요구되는 지식·기술·소양 등의 내용을 국가가 산업부분별·수준별로 체계화한 것이며, 산업현장의 직무를 성공적으로 수행하기 위해 필요한 능력(지식, 기술, 태도 등)을 국가적 차원에서 표준화 한 것이다. NCS 학습모듈은 크게 두 가지의 특징을 가지고 있는데, 첫째로 산업계에서 요구하는 직무능력을 교육훈련 현장에서 활용할 수 있도록 성취목표와 학습의 방향을 명확히 제시하는 가이드라인의 역할을 하고 있으며, 둘째로 교육기관(특성화고, 마이스터고, 전문대학, 4년제대학교 및 기타 훈련기관, 직장교육기관)에서 표준으로 활용할 수 있다.

이에 『NCS활용 국외여행인솔실무』는 전공자 및 비전공자도 쉽게 여행업과 국외여행인솔자의 업무를 이해할 수 있도록 도입부분에서 여행업의 등장배경부터 개념, 여행시장의 변화는 물론 국외여행인솔자가 무엇인지를 다루었으며, 학습모듈별 학습목표와 학습모듈의 내용체계를 기술하였다. 제1장에서는 국외여행안내 확정서의 장으로서 고객의 정보, 여행목적, 일정, 특이사항을 확인할 수 있는 능력을 기를 수 있도록 구성하였다. 제2장은 국외여행안내 사전정보 확인으로 현지정보 수집과 예약사항 재확인, 행사물품을 준비하는 과정을 상세히 다루었으며, 제3장으로 출국장 업무는 고객 맞이하기, 출국교통편 체크하기, 출국장 이용안내, 필수장소 이외의 장소안내로 구성하였다. 제4장으로는 출국수속으로 출국업무, 면세점 안내 및 탑승안내, 환승업무를 다루었고, 제5장은 기내업무로 고객의 좌석확인, 입·출국 서류 안내, 검역규정 안내, 고객상태 수시점검하기로 구성하였다. 제6장에서는 입국업무로 입국 수속하기, 수하물수취·입국장 안내, 가이드 미팅하기로 구성하였고, 제7장 국외여행 행사관리는 전체 및 세부일정 점검, 행사진행 특이사항 파악, 선택 및 쇼핑관광, 현지가이드와 국외여행인솔자 부분을 다루었다. 제8장은 국외여행시 위기관리로 환자의 발생, 천재지변, 분실·도난 대처, 사건·사고 위기관리로 구성되었고, 제9장 국외여행의 고객만족관리는 만족도조사, 서비스 품질관리, 고객의 불편처리로 구성되어졌다. 제10장 국외여행 정산·보고에서는 행사결과 보고서 작성하기, 정산 처리하기, 결과 보고하기로 나누어 기술하였으며, 마지막 부록은 국외여행표준약관으로 구성하였다.

끝으로, 이 책이 국외여행인솔자 자격증을 취득하고자 하는 예비인솔자들에게 조금이나마 도움이 되었으면 하는 바람과, 여행업에 취업을 목표로 하고 있는 많은 학생들에게 실질적인 도움이 되기를 바란다. 그리고 이 책이 출판되기까지 출판과 편집을 맡아주신 지식인 관계자분들에게 진심으로 감사드린다.

저자 일동

CONTENTS

NCS활용

국외여행인솔실무

INTRODUCTION

여행업

01 여행업의 등장

1. 여행업의 등장배경

18세기 산업혁명이 본격적으로 시작된 이후 생산수단의 발달은 근대문명의 획기적인 전환을 가져왔다. 즉 경제발전과 더불어 생활수준이 향상되었고, 이로 인해 여가시간이 증대되었으며, 개인의 가처분소득이 증가하고 교통수단의 발달로 시간적·심리적 거리의 단축과 더불어 숙박시설이 향상됨에 따라 여행 인구가 자연스럽게 증가되었다.

여가시간이란 생활 전체시간 속에서 생활 필수시간과 노동시간 그리고 노동 부속시간을 뺀 나머지 시간을 말한다. 따라서 여가란, 아무 의미 없이 소비해버리는 여유시간이라기보다는 내일의 재창조와 재생산을 위한 전환의 계기이며 노동에서 얻을 수 없는 인간성의 발견이나 자존감을 높이는 수단으로서 인간의 생존이나 보람 있는 생활을 하는데 없어서는 안 될 중요한 요소인 것이다. 또한 경제적인 여유가 생활의식의 전환과 함께 결합하여 인간의 생활을 윤택하게 하는 방법의 하나로 관광여행이 늘어나게 되고 국민의 생활 가운데 정착하게 되었는데, 이에 따라 여행의 수요증대와 이에 대비한 관광시설의 확충으로 여행자Traveler와 여행관련시설업자Principle 간의 편의와 이용도를 높이기 위한 매체의 필요성이 자연발생적으로 대두하게 되었다. 즉 복잡한 산업사회에서 여행자와 여행관련시설업자가 직접 연결된다는 것이 쉽지 않았으므로, 그 불편함을 덜어주고 중개해주는 이 매체가 바로 여행업인 것이다.

여행업의 중요성은 여행자의 시간을 보다 효율적으로 활용할 수 있게 해주는데 있다. 이 여유 있는 시간을 어떻게 유용하게 활용할 수 있도록 할 것인가라는 사회적 요청에 의해 여행업이 존재하는 의의가 있다.

2. 여행업의 발전과정

1) 국외여행업의 발전

근대적 의미의 여행업은 사실상 산업혁명이 시작되면서 발전하게 된다. 여행업이 언제부터 시작되었는가에 대한 견해는 아직 확실한 정설이 없다. 다만, 중세에 마르세유에서 기업가들이 성지순례를 할 때, 여행알선 업무가 시작되었다는 설도 있고, 14~15세기경 베니스에서 종교단체가 순례자들을 선박으로 운송한 것이 여행업의 효시였다는 설도 있다. 그러나 근대 여행업의 아버지로 불리고 있는 영국인인 토마스 쿡Thomas Cook이 1841년 1,570명의 금주운동가를 중심으로 단체를 구성하여 실시한 것이 여행업의 시초로 받아들여지고 있다. 토마스 쿡이 여행업에서 이룩한 실적을 간략히 요약하면 〈도입 1〉과 같다.

도입 1. 토마스 쿡의 실적

연 도	실 적
1841년	• 500명의 사람들을 금주모임에 참석시키기 위해 철도여행 기획 • 철도 전세를 통한 할인운임 적용 • 여행사 설립 : 토마스 쿡(Thomas Cook)
1851년	• 런던 대박람회에 165,000명의 참관인 모집 및 송객 • 미들랜드 철도회사와 업무제휴
1862년	• 단체 여행자 호텔에 투숙하는 상품개발 • 수송과 숙박을 묶은 시스템화 된 여행상품 운용
1872년	• 기선이용 세계일주 관광단 모집 • 222일간 세계일주 여행 성공
기타	• 성지순례 여행 • 이집트의 피라미드 여행 • 독일의 라인강변 여행 등 성공
업적	• 탁월한 기획력 • 저렴한 가격 • 적극적인 광고선전 활동 • 안내원 동반

자료 : 노정철(2014). 『여행사경영론』, 한올출판사

토마스 쿡의 성공 배경은 패키지투어, 여행가이드북, 대규모의 여행단 구성으로 인한 저렴한 요금, 호텔쿠폰 발행, 여행티켓 개발과 같은 탁월한 기획력 및 적극적인 판촉에 기인한 것이다.

한편, 미국에서는 1850년에 아메리칸 익스프레스사가 설립되어 화물과 우편 중심의 업무를 시작하게 된다. 1881년에는 여행업에 진출하게 되었고, 여행비용을 분할 · 지불하는 신용판매제도를 도입함으로써 새로운 여행시장의 개발과 확대에 큰 일익을 담당하였다. 또한 아메리칸 익스프레스사의 회장이었던 윌리엄 파고가 유럽여행 중 여행경비를 현금으로 지불하는 것에 불편함을 느끼고 고안한 아멕스 여행자수표는 1891년부터 1901년까지 당시로서는 막대한 금액인 6백만 달러 이상의 수익을 달성하였다.

현재 은행, 보험, 카드 등으로 사업범위가 확대되어, 전 세계 1,000여 개의 영업소가 있어 규모 면에서 세계 1위를 차지하고 있다. 미국은 현재 약 16,400개의 여행사가 영업 중이며, 영국은 영국여행협회에 가입한 여행사 수가 약 7,400개에 이른다. 프랑스는 약 5,000여 개의 여행사가 있으며, 특히 세계 2위에 속하는 바곤리Wagonlits여행사는 전 세계에 1,900여 개의 영업망을 확보하고 있다. 일본은 약 11,000여 개의 여행업체가 영업 중에 있으며, 일본 최대여행사인 일본교통공사JTB의 경우, 일본 전역에 300개의 지점과 해외에 75개의 지점을 개설하고, 약 2만 명의 직원들이 근무하고 있다.

2) 국내여행업의 발전

국내여행업은 자체적으로 시작된 것이 아니고, 일제 강점기 일본에 의해 시작되었다. 1912년에 '일본교통공사'의 조선지부가 경성에 설립되어 자국민의 편의 제공, 이민업무 처리, 식민지화하는데 필요한 업무를 진행하였다. 이를 위해 조선총독부 내에 사무소를 설치하면서 평양, 부산, 군산 등에 사무소를 개설하고 여행안내와 철도승차권을 판매하였다.

1945년 해방 후 10월에 '조선여행사'로 개편되었으며, 이후 1949년에 '대한여행사'로 이름을 바꾸게 되었다. 1963년에는 '한국관광공사'에 흡수 · 합병되어 운영되다가

1973년에 민영화되어 현재의 '대한여행사'로 운영되고 있다. 1947년에는(주)천우사가 항공여행부를 발족하였으며, 동년에 최초의 외래단체 여행자인 RASRoyal Asiatic Society가 방문하여 국내여행을 하였다. 그러다가 6·25동란 동안 여행업이 중단되었다가, 1960년에 새방여행사가 설립되어 영업에 들어갔다.

그 후 국가의 법적 · 제도적 정비의 일환으로 1962년에 통역안내원 제도가 도입되고, 1971년에는 여행업이 허가제로 전환되었다. 1982년에 다시 허가제가 등록제로 전환되면서 현재에 이르고 있다. 또한 1989년 전 국민 국외여행자유화 조치가 실시된 후 국외여행 완전자유화 조치 및 자본주의의 시장경제원리에 입각한 제도의 운영으로 여행사의 수가 급증하여 경쟁시대를 맞이하고 있다. 1990년대 중반 이후는 일반인과 신혼여행자의 국외여행뿐만 아니라 대학생들의 배낭여행을 시발로 하여 중 · 장년층의 배낭여행 등 다양한 형태의 여행이 각광을 받기 시작했다. 현재 국내의 여행업체수는 2013년 12월 기준으로 15,037개(일반여행업 1,927개, 국외여행업 7,391개, 국내여행업 5,719개)에 이르고 있다.

도입 2. 사회 · 문화적 특성에 따른 국내여행업의 발전단계

발전단계	주요특성	환 경	주요업체
도입단계 (1950~1970)	• 전세버스의 면허발급 • 국내관광 중심의 업체가 생성	• 광복과 전 · 후 근대화 운동 • 1961년 「관광진흥법」 개정	(주)천우사 대한여행사 새방여행사
성장기 (1970~1980)	• 국내관광 활성화 • 공급보다 수요 급증 • 국내관광지의 시설 중심개발 • 대규모여행사의 시장진출	• 1971년 등록제 → 허가제 • 1982년 허가제 → 등록제 • 1989년 국외여행 자유화	아주관광 한진관광 롯데관광
성숙기 (1990~2000)	• 국외여행자의 급속한 증가 • 전세기를 이용한 패키지상품의 등장 • 신문/TV를 통한 대량광고 • IMF체제 하의 여행업 불황 • 여행업의 세분화	• 1993년 기획여행 신고제 • 지방자치제 실시 • 1990년대 말 경제위기	온누리여행사 코오롱여행사 씨에프랑스
대량소비시대 (2010~현재)	• 여행시장의 변화(홀세일러, 온라인여행사 등) • 공동마케팅 증가(여행사, 항공사의 연합상품) • 다양한 분야에서 여행시장 진출 가속	• 주5일 근무 여가시간 증대 • 여행정보시스템 발전 • 고객만족 추구 • 삶의 질 향상에 관심	하나투어 모두투어 여행박사

자료 : 노정철(2014). 『여행사경영론』, 한올출판사를 바탕으로 저자 재작성

여행업의 기본적 이해

1. 여행업의 개념

1) 일반적 개념

여행업은 여행자에게 숙박시설 및 운송기관 등의 여행상품을 예약 · 수배 · 알선 등을 제공하고 시설업자로부터 일정액의 수수료를 받는 것을 포함하고 더 나아가 여행상품이라는 여행사 고유의 제품을 생산 · 판매하는 3차 산업의 하나로서 독립된 산업을 일컫는다. 이러한 표현은 여행업의 업무 내용을 포괄적으로 규정한 것으로, 좀 더 구체적으로 파악하기 위해 설명하면 다음과 같다.

- 여행자를 위해 운송 또는 숙박서비스 제공을 의뢰받아 이를 대리 체결하고 매개하며 확보하는 행위
- 시설업자를 위해 여행자에 대한 이러한 서비스의 제공에 관하여 대리로 계약을 체결하거나 매개하는 행위
- 타인이 경영하는 운송기관 또는 숙박시설을 이용, 여행자에게 운송 및 숙박서비스 제공이 가능하도록 하는 행위
- 여행자를 위해 여권 및 비자발급에 관한 업무를 수속 · 대행하는 행위
- 여행자에게 정보를 제공하고 상담에 응하는 행위 등을 포함하며, 이러한 업무 내용이 곧 여행업이 수행해야 할 역할이다.

2) 법률적 개념

여행업의 정의는 몇 차례 관광법규가 개정되면서 시대적 상황 변화를 법규상의 개념에 반영하는 방향으로 변화해 왔다.

1995년 1월 「관광진흥법」 개정 시 여행업에 대한 정의가 수정되었으며, 1999년 1월 「관광진흥법」 개정된 법령 그대로 사용하고 있는데, 「관광진흥법」 제3조(관광사업의 종류)에 의하면 여행업은 "여행자 또는 운송시설, 숙박시설 기타 여행에 부수되는 시설의 경영자 또는 여행업을 경영하는 자를 위해 동 시설이용의 알선, 여행에 관한 안내, 계약체결의 대리, 기타 여행의 편의를 제공하는 업"으로 개념화하고 있다.

2. 여행업의 특성

여행업은 일반 제조기업들과는 다른 특징을 가지고 있다. 여행업이 여행의 출발 전부터 종료에 이르기까지 판매 전 과정에서 무형의 상품들을 유형의 상품으로 인식되도록 상품화하여 생산 · 판매해야 하는 전문성이 요구되는 서비스산업이기 때문이다. 여행업의 특성을 살펴보면 다음과 같다.

(1) 여행업은 고정자본의 투자가 적은 사업이다.

런드버그Donald E. Lundberg는 "여행업은 제품, 원자재의 비축이 필요치 않으며, 고정투자액이 적고 낮은 손익분기점으로 운영이 가능하여 창업이 쉬운 사업"이라고 하였다. 이러한 여행사의 법적 자본금 규모는 업종별로 법규상에 정해져 있으나, 다른 산업에 비해 고정자본의 투자규모가 적다. 이것은 여행상품의 구성이 서비스를 위주로 하는 인적자원Human Resource 중심으로 이루어지기 때문에 고정자본의 구성비가 낮고, 반면에 운영비가 대부분을 차지한다.

(2) 여행업은 인적자원 중심의 사업이다.

여행상품은 고객에 대한 배려, 개별적 상담 등의 생산 · 판매 그리고 사후관리에 이르기까지의 전 과정에서 인적자원의 활동이 상품에 대한 질과 고객의 만족을 결정하는 중요한 요인이 되고 있다. 여행사의 운영비용 중에서 상당부분이 인건비로 지출되는 이 여행업은 인적자원 관리의 중요성이 요구되는 사업이다.

(3) 여행업은 계절의존도가 강한 사업이다.

여행상품은 계절적 수요탄력성이 높은 사업이다. 호텔의 객실이나 항공기의 좌석, 식당 등의 여행 관련 시설업들은 수용능력이 한정되어 있어 과대하게 발생하는 성수기 수요에 대비하여 생산능력을 갑자기 확대시킬 수가 없기 때문에, 더 많은 판매를 촉진하여 비수기 때의 유휴시설이나 인적자원의 관리를 위해 전체 수요를 평준화해야 한다.

3. 여행업의 종류

1) 「관광진흥법」에 따른 우리나라 여행업의 분류

(1) 일반여행업

일반여행업은 국내와 국외를 여행하는 내국인과 외국인을 대상으로 여행상품과 서비스를 생산 · 유통 · 판매하고, 사증을 받는 절차를 대행하는 행위를 포함하며, 이에 필요한 일체의 경영행위를 하는 여행업체를 말한다. 2014년 현재 방한한 외국인 관광객 1,200만 명을 돌파한 일반여행업은 주로 외래관광객 유치를 위해 국외여행시장을 대상으로 하며, 대부분의 업체들은 중국과 일본을 중심으로 판촉활동을 전개하고 있다. 또한 한류열풍 등으로 관심이 한층 고조된 아시아권, 특히 동남아시장에도 일반여행업체들의 주 전략 대상이 되고 있다. 특히 매년 증가추세에 있는 유럽과 미주지역 등지의 국외여행시장도 다변화시켜나가는 것이 시급한 실정이다. 또한 자본본금은 2억 원 이상이며, 사무실은 소유권 또는 사용권이 있어야 하고, 「관광진흥법」이 정하는 바에 의하여 기초자치단체에 등록해야 한다.

국내의 일반여행업체는 2013년 12월 31일 기준 1,927개 업체가 등록되어 있으며, 수도권에 1,400개, 지방에 527개 업체가 등록되어 있다. 서울을 포함한 대도시와 수도권에 편중되어 있으며, 특히 서울의 경우 1,288개의 업체가 집중되어 있다.

(2) 국외여행업

국외여행업은 국외를 여행하는 내국인을 대상으로 하는 여행업으로서 자본금 6천만 원 이상이며, 사무실에 대한 소유권 또는 사용권이 있어야 하고, 「관광진흥법」 제55조 '권한의 위임 · 위탁조항'에 의거 해당 기초자치단체에 등록해야 한다. 2013년 12월 31일 기준 7,391개의 업체가 등록되어 있으며, 이 중 3,364개 업체가 서울에 집중되어 있다.

(3) 국내여행업

국내를 여행하는 내국인을 대상으로 하는 여행업을 말하며, 자본금 3천만 원 이상이어야 한다. 사무실에 대한 소유권 또는 사용권이 있어야 하며, 「관광진흥법」 제55조에 의거 해당 기초자치단체에 등록해야 한다. 2015년 12월 31일 기준 5,202의 업체가 영업 중인 국내여행업은 내국인을 대상으로 한 국내여행에 국한하고 있으며, 외국인을 대상으로 하거나 내국인을 대상으로 한 국외여행업을 하지 못하게 되어 있다. 따라서 국내 여행상품의 제작 판매와 알선 및 안내를 주 업무로 하고 있으며, 전세버스업을 겸하고 있는 업체가 많다. 대부분의 여행사 형태는 국외여행업과 국내여행업을 겸업하는 형태이다.

도입 3. 우리나라의 여행업 현황

(단위 : 개소)

구 분	계	일반여행업	국내여행업	국외여행업
서울시	6,136	1,875	1,174	3,087
부산시	1,204	104	451	649
대구시	523	59	240	224
인천시	285	64	112	109
광주시	369	50	156	163
대전시	542	54	240	248
울산시	209	16	96	97
세종시	28	2	12	14
경기도	1,037	190	379	468

구 분	계	일반여행업	국내여행업	국외여행업
강원도	273	38	119	116
충청북도	314	28	152	134
충청남도	479	11	243	225
전락북도	387	61	161	165
전라남도	508	35	258	215
경상북도	539	41	280	218
경상남도	845	56	400	389
제주도	1,132	268	729	135
계	14,810	2,952	5,202	6,656

자료 : 문화체육관광부(2016). 2015년 기준 관광동향에 관한 연차보고서

도입 4. 여행업 분야 관광사업체 수 변화추이

(단위 : 계)

	사업체 수
2008년	8,499
2009년	8,569
2010년	9,284
2011년	10,725
2012년	12,438
2013년	11,722
2014년	12,354
2015년	14,607

자료 : 문화체육관광부(2009~2016). 관광사업체 기초통계조사보고서

2) 유통형태에 의한 분류

여행상품의 유통경로와 영업방식을 기준으로, 종합여행사, 도매여행사Wholesaler, 소매여행사Retailer, 직판여행사, 랜드사Land Operator 등으로 구분이 가능하다.

(1) 종합여행사

우리나라 중 · 대형 여행사들의 일반적 형태로, 거의 모든 국내 · 외 여행상품을 취급하고 있다. 도매와 소매(직판 포함)를 겸하고 있는 곳이 많다.

(2) 도매여행사

개별 여행자가 아닌 여행사Retailer를 상대로 영업하는 여행사로, 우리나라에서는 하나투어, 모두투어 등이 대표적인 도매여행사이다.

(3) 소매여행사

타사가 도매Wholesale한 여행상품을 개별여행자에게 판매하고, 그에 따른 일정의 수수료를 도매여행사로부터 수령하는 여행사이다. 패키지상품을 판매하는 우리나라 대부분의 여행사가 이에 해당된다.

(4) 직판여행사

여행상품의 조성에서부터 판매까지를 자사에서 일괄 처리하는 여행사로, 종업원수가 적게는 몇십 명에서 많게는 몇백 명까지 비교적 규모가 큰 여행사이다. 대표적으로 롯데관광개발, 자유투어, 노랑풍선, 참좋은여행 등이 있다.

(5) 랜드사

랜드 오퍼레이터Land Operator 또는 투어 오퍼레이터Tour Operator라고도 한다. 여행사와 거래를 하며 여행상품 구성을 위한 호텔 · 식사 · 버스 · 입장권 등의 현지수배를 전문으로 하는 여행사이다.

3) 업무대상에 의한 분류

(1) 종합상품 판매여행사

모든 여행상품의 판매가 가능하도록 종업원과 시스템을 갖춘 여행사로, 주로 중 · 대형 여행사에 해당된다.

(2) 상용여행사

계약된 특정기업의 고객을 주 영업대상으로 운영하는 여행사이다. 대표적으로

BT&I가 등이 있다.

(3) 부설여행사

항공권이나 여행수요가 비교적 많은 특정기업이 필요에 의해 주로 자체건물 내에 부설하여 해당기업의 여행수요를 전담하며, 또한 외부의 고객도 창출하여 운영하는 여행사이다. 대표적으로 교원여행 등이 있다.

(4) 전문상품 판매여행사

항공권, 박람회, 허니문, 배낭, GSA, 골프, 연수, 특정직역 등의 특정상품을 중점적으로 홍보 및 판매하여 운영하는 여행사로 탑항공, 천도관광, 혜초여행사, 클럽메드Club Med 등이 해당된다.

(5) 외래여행 전문여행사

외국인의 국내여행을 전문적으로 취급하는 여행사로 롯데관광, 서울동방관광, 파나여행사, 한남여행인터내셔날, 금륭여행사, 킴스여행사, 숭인여행사, 창스여행사 등의 해당된다.

4. 여행업의 기능과 역할

1) 여행업의 기능

(1) 알선의 기능

여행업은 여행자 또는 운송시설·숙박시설, 여행에 딸리는 시설의 경영자 등을 위하여 시설의 이용을 알선하는 행위를 한다. 예를 들면, 여행업자는 여행자와 운송사업자 또는 숙박업자의 중간에 서서 항공권의 매매, 호텔의 예약·수배 등 여행서비스를 제공하거나 토산품점, 식당 등 여행에 부수되는 시설의 이용을 알선하고, 이에 대한 일정한 수수료를 받아 사업을 영위하는 알선행위를 행한다.

(2) 대리의 기능

여행업은 여행자 또는 운송시설 · 숙박시설, 여행에 딸리는 시설의 경영인 등을 위하여 여행과 관련되는 계약의 체결 및 수속 등을 대리해 주는 기능을 수행한다. 예를 들면, 여행자 또는 운송시설 · 숙박시설, 그 밖에 여행에 딸리는 시설의 경영인 등을 대리하여 시설의 이용계약을 체결하는 행위 또는 여행자를 위하여 여권 및 사증을 받는 절차, 그 밖에 출 · 입국수속 등을 대행하는 행위 등은 여행업의 대리 기능에 속하는 행위이다.

(3) 여행 편의제공의 기능

여행업은 여행자를 위해 여행에 관한 상담에 응하거나 정보를 제공하는 것, 여행자를 위해 안내 등 여행의 편의를 제공하는 것 등은 여행의 편의를 제공하는 업에 해당된다. 보수를 받고 이러한 업무를 계속적으로 비즈니스로 영위하는 것이 여행업이다.

(4) 여행상품 생산 · 판매의 기능

소극적인 알선업무를 달리하여 적극적으로 여행상품을 직접 생산 · 판매하는 기능을 말한다. 여행업자는 자기가 가지고 있는 다양하고 구체적인 여행정보를 활용하여 독자적으로 여행상품을 생산 · 판매Ready Made하거나, 여행자의 주문에 의해 여행상품을 생산 · 판매Order Made함으로써 보다 많은 수익을 올려 경영의 합리화를 기하고 있는 것이 오늘의 현상이다.

2) 여행업의 역할

(1) 신뢰성의 확보

여행자가 여행사를 통해 사전 예약 · 수배함으로써 출발 전 심리적 불안감을 해소할 수 있으며, 여행전문가를 통해 정확한 정보를 제공받음으로써 여행사를 신뢰하고 안심하고 여행을 떠날 수 있다.

(2) 정보판단력의 제공

여행자는 여행에 대한 다양한 정보 선택을 위해 요망되는 판단력을 여행사에 위임함으로써 보다 유익한 정보를 얻을 수 있다. 또한 여행사는 전문지식, 경험 등의 축척된 노하우를 통해 이를 돕는 역할을 한다.

(3) 시간과 비용절약 효과

통신수단의 발달과 보급 등의 확대로 여행자 스스로가 항공 및 각종 여행예약을 직접 할 수 있게 되었지만, 그러기 위해서는 많은 시간과 비용이 요구될 뿐만 아니라 만족하기도 어렵다. 이러한 점에서 여행자는 여행사를 신뢰하고 모든 사항을 의뢰함으로써 시간과 비용을 절약하는 효과를 얻을 수 있다.

(4) 여행요금의 염가성

여행업자가 대량공급을 통한 가격할인 등을 통해 개인이 직접 수배하여 여행하는 경우보다 훨씬 저렴한 가격으로도 여행이 가능하다. 이러한 경향을 반영하여 최근에는 목적지까지는 교통편과 숙박시설은 미리 준비한 것을 이용하지만, 현지에서 행동은 여행자 각자가 자유스럽게 할 수 있는 여행 형태인 하프 메이드 투어Half Made Tour나 목적지까지의 교통편은 임의 선택하되 목적지에서 합류, 함께 관광하는 형태의 목적지 집결형 관광 등이 개발 · 판매되고 있다.

3) 여행업의 업무

(1) 여행상품의 기획 · 개발업무

상품기획 · 개발업무는 여행상품의 개발방침을 정하고, 관계시설 업자와의 교섭을 통해 판매가격의 결정과 선전활동을 전개하는 업무 등을 포함하는데, 이러한 업무는 여행상품에 있어서 두뇌역할을 수행한다고 할 수 있다.

(2) 상담업무

상담업무는 여행정보를 수집하고 여행상품의 판매 보조수단으로 여행상품을 설명하는 기능을 하며, 유능한 여행상담은 고객에게 만족감을 주고 이를 통해 여행수요를 증가시켜 여행사의 발전에 기여하게 된다.

(3) 예약 · 수배업무

여행과 관련된 각 요소의 수요를 미리 예측하여 여행자를 위한 대리인으로서 예약 및 수배를 하는 기능을 말한다.

(4) 판매업무

시장조사를 통해 여행자의 선호나 욕구를 파악한 후 이에 적합한 여행요소들을 통합하여 여행상품을 생산하고, 이에 적정한 이윤을 붙여 경쟁력 있고 합리적인 가격을 정하여 여행자에게 판매하는 기능을 말한다. 판매방법으로는 카운터판매, 방문판매, 우편판매, 전화판매, 통신판매, 회원조직판매, 대중매체판매 등이 있다.

(5) 수속대행업무

여행자를 대리하여 여행에 필요한 제반 수속을 대행하는 기능으로 여권, 비자, 국외여행보험 가입, 환전 등 고객편의를 대행해 주는 기능이 포함된다.

(6) 예약 및 발권업무

여행시설업자의 상품예약 · 판매 및 판매위탁을 받은 항공권, 철도승차권, 선박승선권 등 각종 쿠폰류를 발행하는 기능이 포함된다.

(7) 여정관리업무

확약된 여행일에 의거하여 원활히 여행을 진행시키는 여행관리 기능을 말한다. 여행관리 기능은 대체로 여행인솔자Tour Conductor 또는 여행사 직원이 담당하는데, 이들은 여행자와 동행하여 고객의 편의 · 안전 및 여정을 조정하는 중요한 역할을 담당한다.

(8) 정산업무

여행비용의 견적, 청구, 계산, 지불 등과 같은 정산과 관련된 제반기능을 말한다.

03 여행시장과 여행업계의 변화

1. 여행시장의 변화

1) FIT시장의 성장

일반적으로 '개별여행'을 FITForeign Independent Tour와 같은 개념으로 받아들이고 있는데, 사전적 정의는 이와는 다르다. 사전상의 FIT는 '개인여행'으로 해석된다. 개인여행은 단체여행의 반대 개념으로 이해하면 된다. 개인여행의 가장 두드러진 특징은 개인 혹은 친구나 가족 등 2~3명 규모의 소그룹이 자신들의 기호와 취향을 적극 반영하여 즐기는 여행형태라는 점이다. 여행업계에서는 단체 혹은 그룹과 대비되는 개념으로 사용하거나, 인원수가 많더라도 자유일정을 즐기는 여행자를 일컫는 용어로 사용하고 있다.

FIT는 패키지여행처럼 여행사가 마련한 현지여정을 따르지 않고 자신들이 직접 결정해 움직이기 때문에 자유롭게 여정을 즐길 수 있으며, 투어 에스코트의 서비스가 수반되지 않는 것이 일반적이다. 이러한 점에서 개인여행은 여러 종류의 사람들이 가이드 인솔 아래 미리 정해진 여정을 즐기는 패키지여행과는 분명한 차이를 보인다. 과거에는 국외여행에 한해 FIT 개념을 사용했지만, 현재는 국내 · 해외 구분 없이 사용되고 있는 추세이다.

이에 비해, 여행업계 종사자들이 일반적으로 FIT와 동격으로 사용하고 있는 개별 여행이라는 명칭의 영문 표현은 'DIYDo It Yourself여행'으로 풀이된다. 사전적 의미의 개별여행은 여행자가 항공권과 숙박장소 등을 사전에 결정한 뒤, 나머지 여정까지 스스로 세우고 진행해나가는 여행 형태를 말한다. 한마디로 여행자 스스로 상품을 기획하고, 수배해 즐기는 여행이라고 보면 된다. 여행사가 개입할 여지가 전혀 없는 여행 형태인 셈이다.

일반적으로 FIT라 불리는 개별 또는 개인여행자는 순수하게 고객의 측면에서 가장 이상적인 형태의 여행 패턴이라고 할 수 있다. 대치되는 개념의 패키지가 여행자 개개인의 취향과 관심, 기타사항을 고려하지 않고 미리 준비되어진 형태로서 비개성화된 상품이라고 할 수 있는데 비해, 개별여행 상품은 여행자 스스로의 의지가 상당부분 반영될 수 있기에 여행자와의 커뮤니케이션이 원활하게 이루어진다면 이것을 취급하는 여행사의 입장에서도 그만큼 고객의 만족도를 높일 수 있으므로, 상품화의 가치가 충분한 프로그램이다.

이와 관련하여 최근 과당경쟁으로 인해 상대적으로 패키지상품의 수익률이 점차 하락하고 있는 여행업계의 상황에 비추어 서비스에 대한 정당한 대가를 요구할 수 있는 개별여행 상품의 수익률은 그에 상응하는 서비스를 제공하기 때문에 적정수익이 보장되는 장점이 있다.

2) 여성 · 실버시장의 성장

근로여성의 증가에 따라 여성들의 소비능력이 증대되고 독신여성의 증가, 만혼 및 출산 감소 등으로 여성들의 여행수요가 급증하고 있으며, 이러한 현상은 향후 더욱 가속화 될 것으로 보인다. 또한 라이프스타일 등의 변화로 인해 젊은 여성들은 태교여행, 출산여행 등과 같은 형태에서 가족여행 형태로까지 다양한 형태의 여행수요가 급증하고 있다. 또한 과학 및 의료기술의 발달로 인한 평균 수명의 연장, 자연출생률의 감소로 인한 노령화사회로의 진전, 복지체계의 향상 등은 실버계층의 여행에 대한 관심과 수요를 증대시켜 향후 주요시장으로 성장하게 될 것으로 보인다.

3) 소비자 욕구의 변화

소비자 욕구는 더욱더 다양화 · 전문화 · 세분화 될 것으로 보인다. 특히 환경에 대한 관심고조로 인해 자연 및 환경친화적 여행 욕구가 증가될 것으로 보이며, 세계화의 진전으로 국가 간 문화교류가 활발하게 진행됨에 따라 역사 및 문화에 대한 관심이 고조될 것이다. 또한 수동적인 '보는 관광'에서 능동적인 '체험 · 참여형 관광'으로 여행 형태의 변화가 더욱 촉진될 것이다. 이 밖에도 건강에 대한 관심증가로 인한 힐링여행, 정보화의 진전 및 인터넷 이용의 확산에 따른 사이버여행, 가상여행 등 첨단 여행상품에 대한 수요도 지속적으로 증가할 것으로 보인다.

한편, 기존의 패키지여행이 일정한 범위의 가격대에서 형성된 반면, 향후 고품격 여행수요 증가와 함께 저렴한 항공권과 숙박권만을 구입하는 이중적 형태가 발생하는 등 여행시장의 가격세분화가 이루어질 전망이다. 또한 다양한 고객의 욕구충족을 위해 개별고객의 주문에 맞춘 기획여행 역시 확대될 것이다. 주문형 맞춤여행상품은 특정지역을 방문하는 여행자들의 내재된 욕구만족은 물론, 특정 관심분야 관광 등 차별화 된 관광서비스를 제공함으로써 고객층을 확대해 갈 것으로 예측된다.

2. 공급자와의 관계변화

1) 소비자와 공급업자(호텔, 항공사)와의 직접거래 증가

공급업자들과의 관계에 있어서 여행업의 가장 큰 위협은, 항공사 · 호텔 등 공급업자들과 소비자의 직접 거래가 증가하고 있다는 것이다. 인터넷 등 정보기술의 급속한 성장은 직거래를 가속화시키는 요인이 되고 있으며, 이미 신라, 하얏트, 노보텔앰배서더, 웨스틴조선, 힐튼호텔 등 국내 대부분의 특급호텔들이 인터넷 홈페이지를 개설 · 예약을 받고 있으며, 대한항공과 아시아나항공은 인터넷을 통해 항공 예약뿐만 아니라, 제반 여행정보를 제공하는 정보라인을 개설 · 운영하고 있다. 또한 대부분의 항공사들이 여행사에 대한 판매수수료를 인하하거나 없애는 등의 방식을 통해 여행사를 통한 항공권 판매비율을 줄이며 직판비율을 확대하고 있다. 또한 항공권 자동판매기, 모바일 등을 통한 항공권 판매 등의 방식으로 항공권 판매방식을 다양화하고 있어 기존 여행시장의 잠식을 예고하고 있다.

2) 항공사, 호텔의 여행상품 판매 및 여행서비스 강화

항공사 간 경쟁이 치열해짐에 따라 직접 여행상품을 개발 · 판매할 뿐만 아니라 총판대리점이나 지정여행사를 통해 소비자를 모집하는 형태가 증가하고 있다. 또한 영국항공이나 콴타스, 뉴질랜드, 싱가포르항공 등은 항공권을 개인적으로 구입할 경우 호텔, 차량, 시내관광 등을 묶어서 판매함으로써 기존 여행사의 영업범위를 크게 위협하고 있다. 따라서 현재 60%에 달하는 여행사를 통한 항공사 선택률 및 50%에 달하는 여행사를 통한 호텔 예약률 등 여행업이 관련 산업에 미치는 영향력이 향후 감소될 가능성이 높다.

3. 여행업계의 변화

1) 새로운 업종의 탄생

정보화의 진전 및 소비자의 기호변화 등으로 인해 기존의 패키지여행사 중심의 업계가 다변화 될 것으로 보인다. 즉 예약전문여행사, 항공권발권전문여행사 등 기능별 업종의 분화가 이루어질 전망이며, 인터넷 이용의 확산에 따라 온라인여행사도 증가할 것이다. 또한 개성 있고 독특한 여행 체험을 기대하는 소비자의 증가로 인해 상품기획전문여행사 등이 출현할 것으로 보이며, 여행컨설팅업체, 여행사 전문인력 양성기관 등 업종의 전문화 및 관련 지원업종의 출현도 기대된다.

2) 다양한 주체의 시장진입

여행산업이 21세기 유망산업으로서 성장이 예상되면서, 시장진입이 비교적 용이하고 아이디어 집약적인 여행업의 특성상 다양한 주체의 시장진입이 촉진될 것으로 보인다. 국내의 경우 이미 백화점, 의류업체, 언론사 등이 여행업에 진출하여 참신한 상품기획과 마케팅전략으로 새로운 시장을 주도하고 있다. 이 밖에도 개인의 능력과 자산을 담보로 한 소규모의 벤처기업이 활성화 될 것으로 예상되는 등 다종다양한 업체의 각축전이 예측된다.

3) 여행상품의 다변화

여행상품의 세분화·전문화로 인한 다변화가 촉진될 것으로 예측되고 있다. 점차 여행 형태가 주유형에서 체류형으로 변화되고, 가족중심의 여가문화가 정착됨에 따라 소규모 맞춤여행이 보편화 될 것으로 보이며, 학습·건강·문화·교양을 중시하는 여행패턴의 보편화로 인해 테마답사여행, 문화·역사여행, 보양관광 등이 각광받게 될 것이다.

4) 공동 여행상품 개발

최근 여행업계에서 공동 여행상품에 대한 관심고조에 따라 다양한 형태의 컨소시엄이 활발히 진행되고 있다. 컨소시엄이란, 기업의 전략적 제휴를 의미하며 새로운 사업을 위해 둘 이상의 기업이 비용, 위험, 수익을 공유하기로 하는 합의를 의미한다. 현재 국내의 여행업계는 과당경쟁 및 저마진구조 등의 부정적 요인에 영향을 받아 산업 전반에 걸쳐 경영상의 위기를 맞고 있다.

이러한 상황에서 여행업계의 공동 여행상품 개발은 항공사와 관계개선을 꾀할 수 있는 효과를 기대할 수 있다. 대기업인 항공사와 소기업인 여행사 간의 거래에서 여행사는 항공사의 압력에 종종 피해를 보고 있는 실정이다. 하지만 이와 같은 컨소시엄의 발전은 소기업인 여행사들의 연합을 통해 항공사와 대등한 거래관계를 정립할 수 있는 근거를 마련해 줄 수 있다. 또한 연합상품은 출발 보장 및 여행상품에 대한 고객의 신뢰도를 향상시켜 고객의 여행상품에 대한 충성도를 제고하는 효과를 거둘 수 있다.

4. 여행업의 발전전략

1) 전문화

개별여행의 급속한 성장에 따라 전문성이 높은 소규모업체들이 업계를 주도해 나갈 것으로 보인다. 이에 따라 여행업의 전문화가 향후 여행업계의 판도를 결정하는 주요변수가 될 것이다. 이에 대한 대응방안으로는 지역별 · 주체별 · 주제별 특화 및 기획 및 상담 전문인력의 양성을 통한 전문성 제고가 시급하다. 또한 도 · 소매의 기능별 분리를 통한 업무영역의 전문화가 요청되며, 근대적 경영방식에서 벗어나 시장조사를 통한 합리적인 마케팅전략 수립과 같은 경영합리화가 시급하다. 이와 관련 연구기능의 강화도 전문성 강화의 전제조건이 될 것으로 보인다.

2) 대형화

중 · 소규모의 여행사들을 중심으로 컨소시엄 구성 등 전략적 제휴를 통한 대형화가 요청된다. 전략적 제휴는 단순한 업무협조의 범위를 넘어 상승효과를 높이기 위한 업무의 제휴를 말하는 것으로, 복수의 여행업체가 영업상의 비용 · 위험 · 수익을 공유함으로써 규모의 경제로 인한 가격경쟁력 향상을 꾀하고, 외국의 대형 여행업체의 진출에도 효과적으로 대비할 수 있는 장점이 있다. 이미 제조업 · 호텔 등에서는 전략적 제휴를 통한 유통망 공유, 공동상품 기획 및 마케팅 등으로 상당한 경영효율화를 달성하고 있다. 전략적 제휴를 통해 중 · 소규모 여행사의 경쟁력을 향상시키고, 항공사 · 호텔 등 공급업자에 대한 대응능력을 향상시킬 수 있을 뿐만 아니라 여행업의 전문화를 촉진하는 등의 부수적 효과도 기대된다.

3) 정보화

인터넷을 통한 여행시장의 점유율은 2006년 7.3%에서 2010년에는 37.1%로 급성장하였다. 따라서 향후 여행업의 성공은 정보화에 대한 대응능력에 달려있다고 해도 과언이 아니다. 여행업의 정보화는 가상여행, 사이버여행 등 첨단여행 형태의 출현뿐만 아니라, 온라인여행사 등 새로운 업종을 출현시키고 있으며 홍보, 마케팅, 상품판매방식 등 영업활동 전과정에 획기적인 변화를 초래하고 있다. 이에 대한 대응방안은 인터넷 홈페이지의 구축, SNS의 적극적인 활용, 소비자 의견조사 등으로 이를 통해 시장조사의 효율성을 높일 수 있다. 또 각종 수배업무 및 현지공급자와의 연락 및 거래방식에도 컴퓨터통신망을 이용할 경우 상당한 인력 및 경비의 절감을 이룰 수 있다.

이 밖에도 홍보, 마케팅, 예약 및 상품판매, 사후관리 등의 전 과정에 컴퓨터통신망을 이용할 경우 상당한 경영효율화를 이룰 수 있을 것이다.

4) 대고객서비스 강화

양적 관광에서 질적 관광, 주류형 관광에서 체류형 관광, 단체관광에서 개별관광 등으로 관광 형태가 변화됨에 따라 점차 여행 경험의 질과 전 과정의 서비스가 여행업의 핵심과제가 되고 있다. 이에 대한 대응방안으로 보다 질적인 서비스 제공과 철저한 사후고객관리가 요청된다. 즉 계약의 전 과정을 총괄책임지고 사후고객의 불만처리까지 담당하는 전문적 고객관리제도의 도입 및 상품기획에 있어서도 차별화된 서비스를 통한 고객만족의 극대화가 요청된다.

최근 국내 대형 여행업체를 중심으로 서비스보증제도 및 마일리지제도 등이 도입되고 있는데, 이러한 제도는 표준약관의 정비 및 소비자 보호체계의 강화 등과 함께 향후 보다 강화되어야 할 여행업의 당면과제이다.

04 국외여행인솔자

1. 국외여행인솔자의 개념

국외여행인솔자T/C : Tour Conductor란, "내국인을 대상으로 국외여행을 인솔하는 사람으로, 여행사가 기획하고 주최하는 단체관광을 동행해서 관광객들이 쾌적하고 보람 있는 관광을 할 수 있도록 도와주며 이에 모든 제반 업무를 수행하는 사람"이다. 그리고 국외를 여행하는 개인 및 단체에 교통, 숙박, 관광지 및 편의시설의 이용에 대해 안내하고 설명하는 역할을 하는 사람이다.

국외여행인솔자와 현지가이드Local Guide의 차이점은, 현지가이드는 여행자의 안전과 편안한 여행안내가 주 업무이며, 국외여행인솔자는 여행자의 일정에 대한 안전과 관리 · 감독이 주 업무이다. 국외여행인솔자의 명칭은 다양하게 표현되며, 다른 표현으로는 Tour Escort, Tour Leader, Tour Master, Tour Director, Tour Manager, 첨승원(텐조인) 등으로 불린다.

2. 국외여행인솔자의 자격요건

① 관광통역안내사의 자격증을 취득할 것

② 소양교육 : 국내여행업체에서 6개월 이상 근무하고, 국외여행 경험이 있는 자로서 문화관광부장관이 정하는 소정의 교육 15시간 이상 이수할 것(2개의 요건 모두 충족하는 자)

③ 양성교육 : 관광고등학교 및 관광 관련학과 전공자 · 복수전공 · 부전공자, 학점은행제 60학점 이상 이수한자, 석 · 박사과정 수료예정자 이상 등 문화관광부장관이 지정하는 교육기관에서 국외여행인솔에 필요한 교육 80시간 이상을 이수할 것

④ 교육내용

- 필수 교육내용 : 여행사실무, 관광관련법규, 국외여행인솔자실무, 관광서비스실무, 세계관광문화, 국외여행 안전관리 중 선택
- 선택 교육내용 : 교육기관 자유선택(단, 국외여행인솔자 교육과정과 관련된 교과과정으로 편성)
- 외국어교육 : 실무영어, 실무일어, 실무중국어 등
- 교육과정 구성 : 교육기관은 위의 필수교육, 선택교육, 외국어교육을 기반으로 교과과정을 편성하며 필수 50%, 선택 30%, 외국어 20%의 비중으로 구성

3. 국외여행인솔자의 기본역량 및 기본자세

역량 및 자세	내 용
정직성	• 국외여행인솔자로서의 성실성 • 경비지불 및 정산, 쇼핑커미션, 공동경비관리 등
기억력(암기력)	• 단시간에 고객이름(특징) 외우기 • 일정표 및 행사동선 파악
결단력	• 단체의 의사결정 및 불확실한 상황
자신감 · 적극성	• 일에 대한 자긍심과 자기 확신 • 적극적인 사고와 행동력
침착함	• 자기감정 억제능력 및 위기상황에도 당황하지 않고 냉정함 유지
경험 · 전문성	• 여러 사례를 통한 원활한 행사진행 • 전문적인 지식전달
리더십	• 친절하고 명확하게 지식을 전달 및 지시 • 전체를 압도하는 부드러운 카리스마 필요
체력 및 건강	• 시차적응, 스트레스 억제능력, 빠른 회복능력 • 업무시간 외 서비스, 찾아가는 서비스 제공
위기대처 능력	• 신속, 정확, 민첩성 필요, 고객과의 갈등 해소 • 천재지변 및 환자관리(응급처치) 능력
유연성	• 일정 변경 및 교통편 지연, 교통사고 등 • 고객 간 이견 및 문제 발생
희생정신	• 가장 늦게 먹고, 가장 늦게 휴식을 취하는 자세 필요 • 자신의 계획은 물론 좌석 및 객실도 포기할 수 있는 자세

역량 및 자세	내 용
단정한 외모	• 단정하고 깨끗한 복장 • 회사를 대표한다는 마음가짐에 따른 이미지관리
준비성	• 사전정보 및 지식습득 • 현지가이드 · 운전기사와 사전협의
대인관계 능력	• 소외된 여행자 파악 • 갈등발생 시 해결자 역할 • 고객 간 단체 및 동료의식 · 공동체의식에 따른 단합

4. 국외여행인솔자의 기본 업무지식

① 여행업과 관련된 전반적인 업무지식 : 여권, 비자, 항공권, 출 · 입국수속 및 통관 규칙, 호텔, 옵션투어, 식사, 사고처리능력 필요

② 여행국가 및 지역에 대한 정보 : 언어, 역사, 지리, 기후, 공항, 숙소, 관광지에 대한 지식 필요

5. 국외여행인솔자의 금기사항

① 특정고객만 대상으로 이야기하거나 친해지면 안 된다.

② 고객의 험담이나 다른 고객과의 이간질을 해서는 안 된다.

③ 인사는 빠짐없이 한다.

④ 금전관계를 명확히 하며, 심한 쇼핑 및 옵셔널 투어Optional Tour를 강요해서는 안 된다.

⑤ 고객과 이성문제를 일으키지 않는다.

⑥ 고객과 논쟁을 일으키지 않으며, 고객 간의 논쟁에는 개입하지 않는다.

⑦ 고객의 질문에 대해서는 반드시 명확하게 답해준다.

⑧ 과음은 절대로 삼가고, 도박과 매춘은 금한다.

⑨ 고객과의 약속은 철저히 하며, 부탁을 받았을 때는 반드시 이행한다.

6. 국외여행인솔자의 출발 전 확인사항

① 단체의 특성을 파악한다(패키지, 협회, 학단, 인센티브 등).

② 인센티브 단체인 경우, 주관기관의 정보 및 여행목적, 팀의 구성과정, 단체장 및 담당자의 성격, 여행경력을 확인한다.

③ 단체의 책임자(담당자) 또는 개인으로부터 특별 요청사항을 확인하고, 단체의 VIP 파악, 여행사와의 특별한 약속 유 · 무를 파악한다.

④ 참가자의 성별, 연령, 직업, 학력, 성격 등 파악할 수 있는 사항은 미리 알아둔다.

⑤ 참가자 중 지병이 있는 고객이 있는지 파악하고, 복용하는 약을 챙기도록 권유한다.

⑥ 사전 설명회를 참석하도록 하며, 참석하지 못할 시 참가자 개개인과 출발 전 미리 연락을 취하여 상품설명 및 유의사항을 전달한다.

⑦ 비자가 필요한 국가를 여행 시 비자확인은 필수이며, 단수여권의 사용 유 · 무도 파악해야 한다. 또한 베트남 입국 시는 1개월 이내에 추가방문 여부도 파악한다.

7. 국외여행인솔자의 세부 체크사항 확인

(1) 호텔

계약한 호텔과 같은 호텔 또는 동급의 호텔로 예약되어 있는지 확인하며, 호텔의 위치, 객실타입, 오션뷰, 마운틴뷰, 시티뷰, 파크뷰 등을 파악하고, 호텔의 주소 및 연락처, 약도 등을 미리 확인한다.

(2) 식사

행사 일정표의 조식 · 중식 · 석식의 메뉴를 확인하며, 조식의 경우 아메리칸 블랙퍼스트American Breakfast, 콘티넨탈 블랙퍼스트Continental Breakfast, 잉글리시 블랙퍼스트English Breakfast, 비엔나 블랙퍼스트Vienna Breakfast인지 미리 숙지한다. 또한 중식과 석식은 뷔페인지, 코스(정찬)요리인지, 일품요리인지, 인솔자의 재량으로 선택하는지 미리 파악한다.

(3) 관광

차량은 몇 인승이며 여유석은 몇 좌석인지 확인하고, 차량의 에어컨 · 히터의 작동 유 · 무를 확인한다. 또한 대중교통 이용 시 관광루트와 승 · 하차 장소를 미리 파악한다. 그리고 관광지 정보는 물론 관광지에서의 소요시간과 안내사 유 · 무를 확인한다.

(4) 이동

항공기의 환승방법을 숙지하고, 공항에서 호텔로의 이동수단과 호텔에서 공항까지의 교통수단을 미리 파악한다.

(5) TIP, Porterage Fee, 공동경비

공항과 호텔, 식당 등에서 TIP과 Porterage의 계산은 여행자가 하는지 인솔자가 공동경비 안에서 지불하는지 그 범위를 명확히 한다. 그리고 Traveler's CheckT/C : 여행자수표 지불인 경우에는 바우처Voucher가 있는지 확인한다.

(6) 열차, 선박

열차 및 선박의 티켓은 어디(특정 사이트 및 대행사)에서 누구의 이름 또는 단체명으로 예약되어 발행했는지 확인하고, 식사장소(식당칸, 도시락 등)를 파악한다.

(7) 옵션여행

이동 및 관광지에서 이루어지는 옵션여행Optional Tour의 종류가 무엇인지 사전에 확인하고, 포함된 옵션여행과 불포함 옵션여행을 파악한다. 그리고 준비는 현지 전문가가 하는지, 인솔자가 하는지를 확인한다. 또한 가격 및 인원수, 가이드 동행 유 · 무 등에 대해서 파악해 둔다.

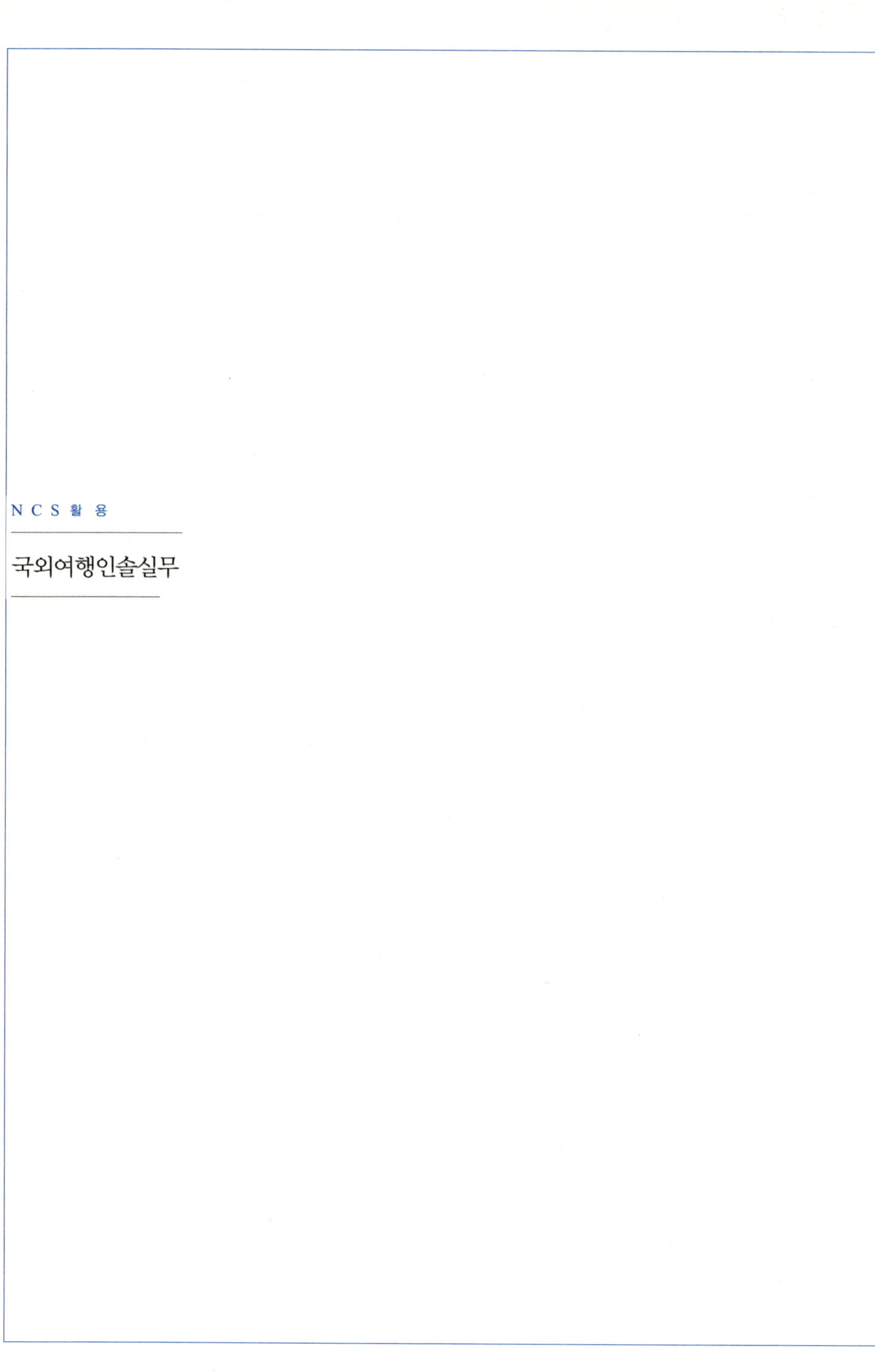
NCS 활용
국외여행인솔실무

CHAPTER 01

국외여행안내 행사확정서 확인

학 | 습 | 목 | 표

국외여행안내를 위해 국외여행 행사확정서를 이용하여 고객정보를 확인하고 여행 목적과 일정, 일정의 조정, 특이사항 등을 확인할 수 있다.

학습모듈의 내용체계

학 습	학습내용	수 준
1. 고객정보 확인하기	1-1. 고객의 단체명 확인	3
	1-2. 고객의 개인정보와 인원수 확인	
2. 여행목적 확인하기	2-1. 여행상품명 확인	3
	2-2 단체특성 확인	
	2-3. 여행내용 확인	
3. 일정 확인 · 조정하기	3-1. 여행일정 전체 확인	3
	3-2. 시간, 동선, 일정 확인	
	3-3. 시간, 동선, 일정 조정	
4. 특이사항 확인하기	4-1. 고객 특별 요청사항 확인	3
	4-2. 여행 일정 특이사항 확인	
	4-3. 행사 진행 요청사항 확인	

01 고객정보 확인하기

1. 고객단체명 확인

1) 행사확정서의 구성

(1) 행사확정서

여행상품이 상품화되어졌을 때 더 이상 변경 및 변동이 없는 상태로 확정되어졌을 때 작성되어지며, 지상수배(현지 교통 · 운송 수단, 숙박, 식당, 관광지 및 방문지 수배, 가이드 배정 등), 항공수배 등의 확정된 사항을 표기해 놓은 최종서류이다. 이는 행사지시서로도 표현되어지며, 국외여행인솔자TC : Tour Conductor에게는 업무지침서로 사용되어지기도 한다. 또한 행사확정서는 상품의 계약서로도 사용되어진다.

행사확정서에 기재되는 내용으로는 ① 행사명, ② 행사날짜, ③ 기간, ④ 출국일과 귀국일, ⑤ 항공편의 출 · 도착시간, ⑥ 항공편명 및 기종, ⑦ 호텔명과 연락처, ⑧ 날짜 · 시간별 교통 및 일정표기, ⑨ 식사(조 · 중 · 석식의 종류) 표기, ⑩ 포함 · 불포함 사항, ⑪ 쇼핑 횟수 및 종류, ⑫ 싱글차지, ⑬ 현지사무소 및 가이드 이름과 연락처 등이 나타나 있어야 한다.

이런 내용들을 국외여행인솔자는 사전에 숙지해야 하며, 확정서대로 행사가 운영되는지 확인하고 그렇지 않을 경우에는 행사에 차질이 없도록 조치를 취해야 한다.

큐슈3일 // 확정서

2017년 6월 9일

ATTN	아세아 투어	요금	1인 750,000원
기간	2017년 6월 9일 ~ 2017년 6월 11일	인원	0명 + 1 MC + 5 T/G + 1대리점인솔자 (FO

포 함	왕복항공료, 호텔(2인1실), 일정표상의 포함식사, 관광지입장료, 전용차량, 스루가이드, 가이드&기사팁, 제2일연회식&노미호다이, MC섭외
불포함	해외여행자보험, 기타개인비용
조 건	1. 가이드 : 전문 TC 2. 호 텔 : 2인 1실 사용 기준입니다. 3. 차 량 : 전용차량 3일 이용 기준입니다. (45인승 또는 49인승//5대) 4. 식 사 : **조식 ¥1,000 X 3회, 석식 ¥2,000 X 1회** 포함조건입니다.
REMARK	**1. 공항이 혼잡하오니 출발전 3시간전에 대한항공 C 카운터 앞에 모여주세요.** **2. 도심공항터미널, 서울역에서 미리 수화물을 붙이실수 있습니다.** 3. **출국작이 혼잡하면 셀프백드랍으로 짐을 붙이실수 있습니다.**

월 일	지 역	교통편	시 간	세 부 일 정	식 사
제1일	인천	KE 132	09:30	인천국제공항 출발	
6/9	후쿠오카		10:50	후쿠오카 국제공항 도착 – 입국 수속	
금		전용차량		고야산에 있던 절을 옮긴 것으로 세계 최대 청동열반상이 있는 남장원 관광	
				일본 여성들이 뽑은 가고싶은 여행지 1위에 선정된 유후인으로 이동	
	유후인			아기자기한 민예품을 팔고있는 상점이 늘어서있는 유후인거리	중 : 현지식
				호수 바닥에서 온수와 냉수가 동시에 솟아오르는 긴린호수 관광	
				동양 최대 온천 휴양지 벳부로 이동 // 석식 후 호텔로 이동	
	벳부			호텔 체크인 후 휴식 – 온천욕♨	석 : 현지식
				호 텔 | 벳부만 로얄 호텔 또는 동급 (2인1실)	
제2일	벳부	전용차량	전일	호텔 조식 후	조 : 호텔식
6/10				벳부시내와 벳부만 전경이 한눈에 들어오는 벳부만전망대 관광	
토				온천의 꽃이라 불리는 천연온천가루 유노하나 재배단지 관광	
				6개의 다양한 온천이 있는 가마도 지옥온천 관광 및 족욕체험♨ 후	중 : 현지식
				세계 최대 칼데라 화산 아소로 이동	
	아소			자연의 신비를 간직한 활화산 분화구 나카다케(편도 로프웨이탑승)	
				광활한 초원이 펼쳐진 쿠사센리, 쌀무덤이라 불리는 고메즈카(차창) 관광	석 : 호텔식
				호텔로 이동	
	후쿠오카			호텔 체크인 후 석식(연회식/가이세키/마이크/노미호다이) – 온천욕♨	
				호 텔 | 겐카이로얄 호텔 또는 동급 (2인1실)	
제3일	후쿠오카	전용차량	전일	호텔 조식 후	조 : 호텔식
6/11				후쿠오카로 이동	
일				학문의 신을 모시고 있는 다자이후 텐만구 신사 관광	
				일본 3대 맥주중의 하나인 아사히 맥주공장 견학 및 시음체험	중 : 현지식
				후쿠오카 유일의 인공해변공원 씨사이드 모모치 관광	
				공항으로 이동	
		KE 133	16:20	후쿠오카국제공항 출발	
	인천		17:50	인천국제공항 도착	

* 상기 일정은 항공 및 현지 사정에 의하여 다소 변경 될 수도 있습니다.

그림 1.1 행사확정서의 예

(2) 일정표

확정서가 여행사에서 확정된 사항을 표기해놓은 최종서류라면, 최종 일정표는 고객에게 제공되는 상품의 설명서와 계약서를 겸하는 서류라고 할 수 있다. 그리고 무형의 여행상품을 가시화시켜 고객에게 여행의 기대를 증폭시키는 기폭제 역할을 하고 상품을 구매하게 만드는 자극제의 성격도 함께 가지고 있다. 이에 여행 일정표는 확정서에 나타난 일정보다 구체적으로 기술되어야 하며, 관광지 및 방문지의 사진을 삽입하여 보다 풍성하게 일정표를 보이게 꾸며야 한다. 그러나 사실이 아닌 허구가 들어가 있을 시 고객의 불평으로 이어지기 때문에 사실이 아닌 내용을 기입하면 안 되며, 작성된 일정표는 행사진행 시 반드시 지켜져야 하므로 행사일정은 물론 포함사항, 불포함 사항, 특전사항 등을 있는 그대로 작성하여 고객으로 하여금 과대포장으로 인한 피해를 주어서는 안 된다.

즉 여행일정표는 무형의 상품을 물리적 여행상품으로 만들어주는 하나의 도구라고 표현할 수 있으며, 여행상품에 대한 자극은 물론 기대심리를 불러일으키는 수단으로서의 역할과, 여행사와 고객과의 최종 계약서의 역할을 함께 병행한다고 볼 수 있다.

상품명	2017년 서유럽 4개국		
기 간	2017년 7월 31일~8월 7일(8일)	상품종류	단독행사
장 소	영국, 프랑스, 스위스, 이탈리아 8일		
총경비	1인 : 3,280,000원		
불포함사항	기사, 가이드팁 80유로/매너팁		
포함사항	• 국제선 왕복 항공료 • 각종 항공 TAX 및 유류할증료(전쟁보험료, 인천공항세, 관광진흥개발기금, 현지공항세) • 1억 원 여행자보험 • 전 일정 호텔숙박비(2인1실) • 현지식 포함 • 현지 유아교육기관 수배비 및 방문비용과 통역비 포함 • 현지 유아교육기관 방문에 필요한 선물비용 • 현지 유아교육기관 방문에 필요한 현수막 • 여행안내 미니가이드북 제작 • 별도 네임텍 제작		
특전사항	• 세느강 유람선 탑승/에펠탑 2층 관광 포함 • 유럽의 지붕이라 불리는 알프스의 영봉 '몽블랑 등정' • 유럽 현지 특식 3번 : 에스까르고, 퐁듀, 스테이크 포함 • 초고속 열차(런던-파리 구간 유로스타/파리-스위스 구간 떼제베(TGV)) 탑승		
여 권	★ 유의사항 꼭! 읽어보세요! ★ 여권 만료기간 6개월 이상과 여권 종류를 다시 한 번 확인 부탁드립니다. - 단수여권(PS)의 경우, 국외여행 경험이 있으신 분은 새로 발급받으셔야 합니다.		
이 동	우즈베키스탄항공(HY)으로 이동합니다.		

날 짜	지 역	교통편	행사 일정
제1일 7/31금	인 천 타슈켄트 (우즈벡) 런던 (영국)	 HY512 HY201 전용버스	07 : 00 인천국제공항 3층 국제선 출국장 J카운터 앞 집결 10 : 10 인천국제공항 출발(약 7시간 30분 소요) 13 : 50 우즈베키스탄 타슈켄트공항 도착 후 트랜스퍼 16 : 20 타슈켄트 출발(약 7시간 30분 소요) 20 : 00 런던 히드로공항 도착 입국수속 후 가이드 미팅 후 호텔 체크인 및 휴식
			중 : 기내식 / 석 : 기내식
			HOTEL : 1급호텔
제2일 8/1토	런던	전용버스	호텔 조식 후, 대영박물관, 국회의사당(= 웨스터민스터궁전), 빅벤, 버킹검궁전, 런던에서 가장 아름다운 다리인 타워브릿지, 런던시민들의 휴식처인 하이드파크 관광  대영박물관 / 웨스터민스터궁전 / 빅벤  버킹엄궁전 / 하이드파크
	파리	Eurostar 전용버스	역으로 이동 Eurostar편으로 런던 출발 파리 도착하여 호텔 체크인 및 휴식
			조 : 호텔식 중 : 현지식 석 : 현지식
			HOTEL : 1급호텔
제3일 8/2일	파리	전용버스	호텔 조식 후 파리시내 관광 – 세계 3대 박물관 중 하나인 루브르박물관  – 슬픈 역사의 콩코르드광장

			–아름다운 가로수와 낭만을 대표하는 샹젤리제거리  콩코드광장 / 샹제리제거리 –나폴레옹의 개선문, 노트르담성당, 몽마르뜨언덕, 성심성당  노트르담성당 / 성심성당, 몽마르뜨언덕 –주간 세느강유람선 탑승, 에펠탑(2층)  세느강유람선 / 에펠탑 석식 후 호텔 체크인 및 휴식
			조 : 호텔식 중 : 현지식 석 : 현지식
			HOTEL : 1급 호텔
제4일 8/3월	파리 제네바 샤모니 밀라노	전용버스 TGV 전용버스	호텔 조식 후, 08 : 02 유럽열차(T.G.V) 탑승하여 파리 출발/제네바 향발 12 : 30 제네바 도착하여 샤모니로 이동, 케이블카편으로 유럽의 지붕이라 불리는 알프스의 영봉 '몽블랑 등정'  몽블랑 하산 후 밀라노로 이동, 밀라노 도착하여 스포르체스코성  스포르체스코성 / 스포르체스코성]

			- 세계 3대 고대양식 중 하나인 밀라노 두오모 관광 - 라스칼라극장(Teatro alla Scala di Milano)  라스칼라극장 / 밀라노 두오모 석식 후 호텔 체크인 및 휴식
			조 : 호텔식 중 : 현지식(미트퐁듀) 석 : 현지식
			HOTEL : 1급 호텔
제5일 8/4화	밀라노 피렌체 로마	전용버스	호텔 조식 후, 꽃의 도시 피렌체로 이동(약 4시간 소요) 피렌체 도착하여 중식 후 시내관광  피렌체 전경 - 미켈란젤로 언덕, 피렌체 두오모(= 산타마리아 델 피오레성당) - 단테의 집, 피렌체의 중앙에 위치한 시뇨리아광장, 베키오궁정 등 관광 피렌체 출발, 로마로 출발(피렌체-로마, 약 4시간 소요) 로마 도착 후, 석식 후 호텔 체크인 및 휴식
			조 : 호텔식 중 : 현지식 석 : 한식
			HOTEL : 1급 호텔
제6일 8/5수	로마	전용버스	호텔 조식 후, 로마 시내관광 : 세계에서 가장 작은 나라인 바티칸시국 관광 - 세계 가톨릭교의 본산지 성베드로대성당, 바티칸박물관  바티칸성당 / 바티칸광장 - 미켈란젤로의 천지창조와 최후의 심판을 볼 수 있는 시스티나 예배당

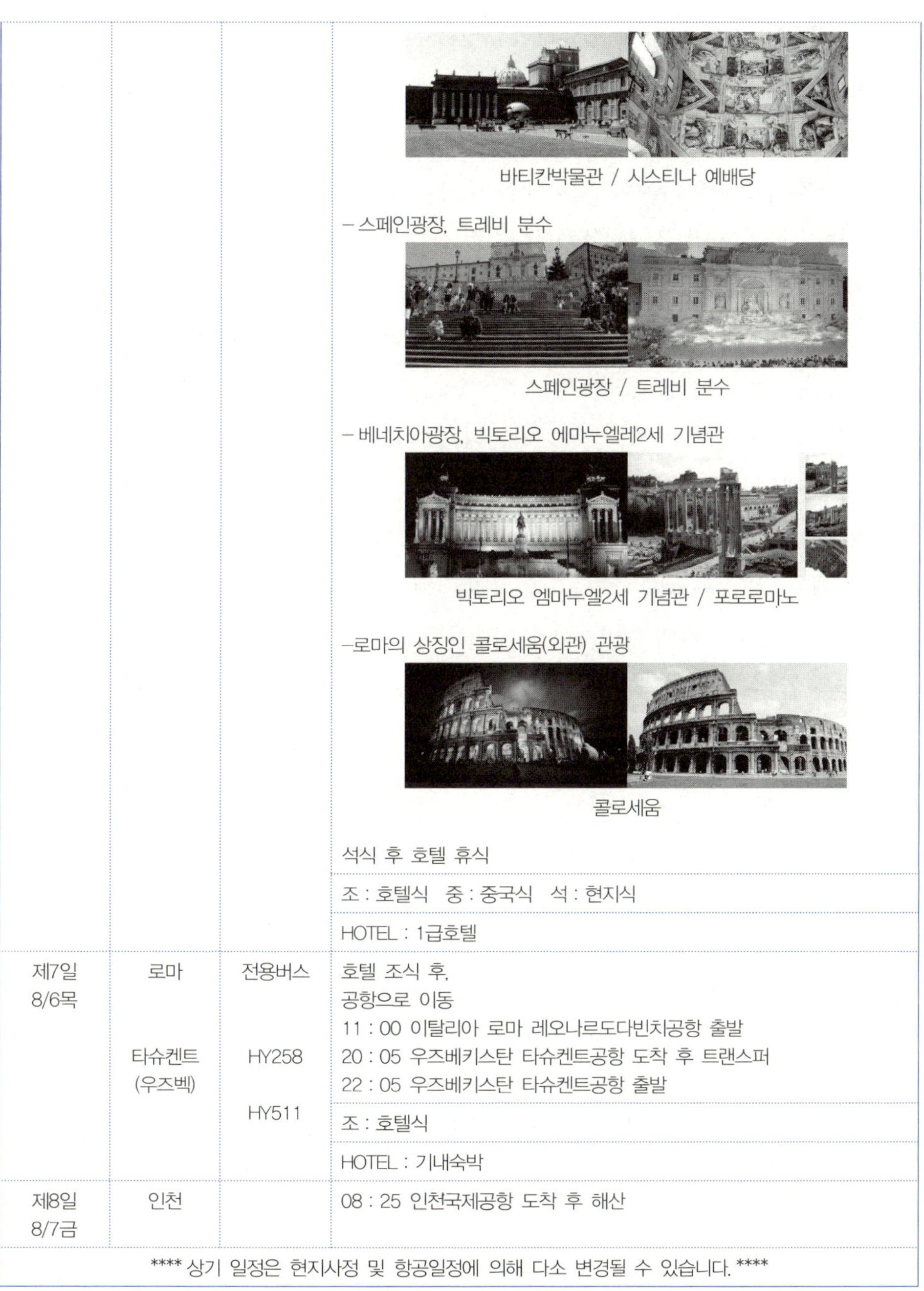

			바티칸박물관 / 시스티나 예배당 – 스페인광장, 트레비 분수 스페인광장 / 트레비 분수 – 베네치아광장, 빅토리오 에마누엘레2세 기념관 빅토리오 엠마누엘2세 기념관 / 포로로마노 –로마의 상징인 콜로세움(외관) 관광 콜로세움 석식 후 호텔 휴식
			조 : 호텔식 중 : 중국식 석 : 현지식
			HOTEL : 1급호텔
제7일 8/6목	로마 타슈켄트 (우즈벡)	전용버스 HY258 HY511	호텔 조식 후, 공항으로 이동 11 : 00 이탈리아 로마 레오나르도다빈치공항 출발 20 : 05 우즈베키스탄 타슈켄트공항 도착 후 트랜스퍼 22 : 05 우즈베키스탄 타슈켄트공항 출발
			조 : 호텔식
			HOTEL : 기내숙박
제8일 8/7금	인천		08 : 25 인천국제공항 도착 후 해산
**** 상기 일정은 현지사정 및 항공일정에 의해 다소 변경될 수 있습니다. ****			

그림 1.2 여행일정표의 예

(3) 예약기록PNR : Passenger Name Record과 전자항공권e-ticket

PNR이란, 여행사나 항공사에서 예약기록 또는 예약번호라고 표현하며, 항공사에 따라선 부킹코드Booking Code라고도 한다. 예약기록 · 예약번호PNR Address or Record Locator는 보통 6자리로 나타나지며, 알파벳과 숫자가 합쳐져서 나타난다. PNR에 표기되어지는 사항으로는 성명, 성별, 항공사, 편명, 클래스, 날짜, 구간, 출 · 도착시간 및 터미널, 비행소요 시간, 좌석번호, 서비스 내용, 현지 연락처, 항공권 번호 등이 기재되어 있다. 그리고 승객 1명 당 1개의 PNR일 부여되며, 2명 이상 또는 단체의 경우 그룹 전체에 1개의 PNR이 할당된다.

PNR은 총 5개의 필수항목이 들어가는데 ① 이름, ② 여정, ③ 연락처, ④ 발권상황, ⑤ 기타로 이루어져 있다. 항공좌석 및 예약 변경 시 PNR을 주로 사용하며, 공항에서 보딩카운터 직원은 PNR확인 후 탑승권을 발행해준다.

그 밖에도 OSIOther Service Information와 SSRSpecial Service Requirement은 기타 승객의 요구사항이나 호텔 및 렌터카의 예약사항을 기재하고, 기내식 관련해서 어린이 식사 및 특별식 요청을 할 수 있다. 그리고 APISAdvanced Passenger Information System : 승객정보사전확인시스템는 미국이나 호주 등의 국가에서 요구하고 있으며, 기타 비자 관련 사항도 이에 속한다.

```
**ELECTRONIC TICKET PNR**
 1. HONG/GILDONG  MDMRE8/MU
 2. *MU9830 B   TU16MAY  PUSPVG UN1   1750 1840      SE --T1 OP-FM830
 3.  MU5044 B   TU16MAY  PUSPVG TK1   1235 1315      SE --T1
 4.  MU787  V   WE17MAY  PVGFCO RR1   1235 1910      E T13
 5.  MU788  T   WE07JUN  FCOPVG RR1   2110 1440+1    E 3 T1
 6.  MU5043 B   FR09JUN  PVGPUS RR1   0920 1135      E T1--
 7.1028705045
 8.1028705045/P1
 9.T
```

그림 1.3 예약기록(PNR) 예

종류	코드	영문표기	한글표기
특별식	AVML	VEGETARIAN HINDU MEAL	야채식(힌두교도)
	BBML	BABY MEAL	유아용
	BLML	BLAND MEAL	저자극식(부드러운 식사)
	CHML	CHILD MEAL	어린이용
	DBML	DIABETIC MEAL	당뇨병 환자
	GFML	GLUTEN INTOLERANT MEAL	글루텐 제한식
	HNML	HINDU MEAL	힌두교도
	KSML	KOSHER MEAL	유대교도
	LCML	LOW CALORIE MEAL	저칼로리식
	LFML	LOW FAT MEAL	저지방식
	LSML	LOW SALT MEAL	저염분식
	MOML	MOSLEM MEAL	이슬람교도
	NLML	LOW LACTOSE MEAL	저유당식
	RVML	VEGETARIAN RAW MEAL	야채식(생야채)
	SPML	SPECIAL MEAL	특별식
	VGML	VEGETARIAN VEGAN MEAL	야채식(우유제품이나 계란을 넣지 않음)
	VLML	VEGETARIAN LACTO-OVO MEAL	야채식(우유제품이나 계란 들어가도 좋음
	VJML	VEGETALIAN JAIN MEAL	야채식(자이나교도)
	VOML	VEGETALIAN ORIENTAL MEAL	야채식(동양인)
기타	INFT	INFANT	유아
	CHLD	CHILD	소아
	BSCT	BASSINET	유아용 요람
	CTCE	CONTACT E-MAIL	이메일 주소
	CTCM	CONTACT MOBILE PHONE	휴대전화번호
	CTCR	REFUSED TO PROVIDE CTC INFO	승객이 연락처 제공을 거부
	DOCS	API-PASSENGER TRAVEL DOCUMENT	여권 등 주요 도항문서 정보
	DOCO	API-PASSENGER OTHER SUPPLEMENTARY INFORMATION	VISA 등의 정보
	DPNA	DISABLED PASSENGER WITHINTELLECTUAL OR DEVEROPMENTALDISABILITY NEEDING ASSISTANCE	탑승 시 도움을 필요로 함, 신체적 · 지적장애인
	DOCA	API-PASSENGER ADDRESS INFORMATION	현지체재지 및 거주지 정보
	DEPA	DEPORTEE(Accompanied by an escort)	호송자를 동반하는 국외 추방자
	DEPU	DEPORTEE(Unaccompanied)	호송자를 동반하지 않는 국외 추방자
	OTHS	OTHERS	기타
	WCHR	WHEELCHAIR RAMP AREA	휠체어이용(승객자신이 승강기 내에서 이동 가능)
	WCHS	WHEELCHAIR STEPS	휠체어이용(승객자신이 승강기 내에서 이동은 불가능 하나 기내에서 이동이 가능)

그림 1.4 자주 사용하는 SSR 코드

예전의 종이항공권은 맨 위장부터 한 장씩 절취선을 따라 찢어서 차례대로 사용했으며, 분실 및 훼손 시 해당 항공사의 지점에서 재발급을 받아야 하는 번거로움이 있었다. 또한 종이항공권 자체가 유가증권이기 때문에, 드물긴 하지만 위조로 인한 승객과 항공사의 피해도 있었다. 이렇듯 승객 입장에서는 불편함을 해소하고, 항공사에서는 종이항공권 인쇄장비의 유지보수 및 특수종이의 구입비를 절약할 수 있어서 비용절감의 효과가 있다.

전자항공권에는 승객명, 성별, 항공사명, 편명, 기종, 전자항공권번호, 예약번호, 출·도착시간, 비행소요시간, 무료수하물 허용, 예약클래스, 예약상태, 운임코드 등이 나타나 있으며, 여행사 상품담당자 및 국외여행인솔자는 행사확정서와 일정표의 출·도착 날짜, 시간, 편명, 예약상태 등을 면밀히 검토하여 행사진행에 차질이 없게 확인해야 한다. 또한 전자항공권의 영문 이름과 고객의 여권에 기재된 영문 이름이 일치하는지도 확인해야 한다. 출국 날짜의 여유가 있으면 항공권을 재발행해야 하고, 탑승권과 교환 후 당일에 발견했다면 출·입국수속이 거절될 수도 있으니 유의해야 한다.

(4) 수배확정서

수배확정서는 수배확인서라고도 하며, 호텔이나 식당, 교통, 관광지, 공연관람 및 기타 여행에 필요한 사항에 대한 계약서류이다. 보통의 경우 수배요청서를 보내어 수배확정서를 받는 형태로 진행되며, 여행사의 수배부서나 랜드사에서 수배 시에 별도로 계약진행을 했을 때 수배확정서를 받는다. 여행사의 경우, 랜드사를 통해 수배를 진행했을 때는 랜드사의 확정서만 확인하면 된다.

수배 요청서

발송일 2017년 05월 14일

<table>
<tr><td rowspan="2">이름</td><td colspan="3">1.HONG/GILDONG MR</td></tr>
<tr><td colspan="3">2.KIM/GONGJU MS</td></tr>
<tr><td>인원</td><td colspan="3">성인 2명</td></tr>
<tr><td>객실타입</td><td colspan="3">2더블 베드</td></tr>
<tr><td>지역</td><td colspan="3">마우이</td></tr>
<tr><td>호텔</td><td colspan="3">마케나 비치 리조트</td></tr>
<tr><td>객실타입</td><td colspan="3">파샬오션뷰</td></tr>
<tr><td>날짜</td><td>2017/06/12 ~ 06/14</td><td>박수</td><td>2박</td></tr>
<tr><td>지역</td><td colspan="3"></td></tr>
<tr><td>호텔</td><td colspan="3"></td></tr>
<tr><td>객실타입</td><td colspan="3"></td></tr>
<tr><td>날짜</td><td></td><td></td><td></td></tr>
<tr><td>항공스케줄</td><td colspan="3">HA 166 12JUN HNLOGG HK2 1436 1515
HA 365 14JUN OGGHNL HK2 1400 1437</td></tr>
<tr><td>기타요청사항</td><td colspan="3"></td></tr>
</table>

그림 1.5 수배요청서

◇ 수 배 확 정 서 ◇

수 신	아세아투어 - 홍길동 과장님	발 신	상해썬여행사 김공주드림
전화번호	02)1234-1234	발송일	2017-06-30
팩스번호	02)4321-4321	연락처	150-1234-4321

피켓명	상해 PTY	출발일	2017년 07월 03일~07월 05일
출발인원	35+2FOC	단체명	상해 3일
루 밍	17트윈 3싱글	상품코드	

DATE	CITY	TRANSIT	TIME	LOCAL SERVICE	MAELS
제1일 07/03	인 천 상 해	OZ361	09:05 10:05	인천 출발 / 상해 도착 **▶타이캉루예술거리 관광** 호텔 투숙 및 휴식 HOTEL :스카이포춘호텔 021-3405-9898	중식:불포함 석식:불포함
제2일 07/04	상 해	BUS	전일	호텔 조식후 **▶홍구공원,신천지,남경로 관광** **▶동방명주+역사박물관** **▶외탄 관광** 호텔 투숙 및 휴식 HOTEL :스카이포춘호텔 021-3405-9898	조식:호텔식 중식:불포함 석식:불포함
제3일 07/05	상 해 인 천	OZ366	16:20 19:20	호텔 조식후 **▶예원+상해옛거리 관광** 상해 출발/인천 도착	조식:호텔식 중식:불포함
지상비	$218/인*35+2FOC=$7630*1050=₩8,011,500				
싱글차지	$90/인*1050=₩94,500				
포함사항	호텔(2인1실) / 기본식사 / 전용차량-53인승2대/ 입장요 /가이드 및 기사비용				
불포함사항	개인비용, 항공 공항세				
쇼 핑	노쇼핑 기준				
현지 가이드	1호차-이도령(남)189-1234-5025 2호차-성춘향(여)134-1234-5125				

현지사정으로 인해 일정이 다소 변경될수도 있습니다. 참고하시기 바랍니다.

그림 1.6 수배확정서

(5) 고객명단Passenger List

여행사에서 행사진행 시 최종 고객명단을 정리하는데, 이는 고객의 인적사항을 적은 표이며, 그 양식은 회사마다 다르다. 통상 그 행사의 단체명, 여행지역, 여행기간, 한글이름, 영문이름, 주민번호, 여권번호, 여권만료일, 연락처 및 주소를 기입하고, 비고란에 특이사항을 기록해 놓는다.

단체명			여행지역			여행기간	
No	한글명	영문명	주민번호	여권		주소	비고
				여권번호	유효기간		
1							
2							
3							
4							
5							
6							
7							
8							
9							
10							
11							
12							
13							
14							
15							
16							
17							
18							
19							
20							

그림 1.7 고객명단의 예

2) 고객의 단체명 확인하기

(1) 행사확정서에 단체명Tour Name이 별도로 표기된 경우

행사확정서에 단체명이 별도로 표기된 경우에는 '단체명'이라고 표기된 부분을 확인하면 되며, 영문으로는 보통 Tour Name 또는 Group Name이라고 적혀있다. 가끔 여행상품의 단체명과 여행상품명을 혼동하는 경우가 있다.

여행 단체명이란, 여행사에서 그 팀의 성격을 잘 나타나게 구분해 놓기 위해 명명해 놓은 것이며, 여행상품명은 고객으로 하여금 그 상품의 내용과 특성, 매력을 나타나게끔 고객을 위해 작성해 놓은 것이다. 단체명과 상품명으로 구분하지 않을 경우, 동일한 상품으로 여러 팀으로 행사진행 시 혼돈되어지는 경우가 발생하기 때문에 단체명과 상품명은 서로 구분되어 표기하도록 되어있다.

(2) 행사확정서에 단체명Tour Name이 별도로 표기되지 않은 경우

행사확정서에 단체명이 표기되어 있지 않을 시, 수배확정서를 확인하면 그 단체의 단체명을 확인할 수 있다. 여행사의 담당자나 랜드사의 경우, 수배업무를 수행할 때 단체가 구성되면 단체명을 부여하고 업무를 진행하게 된다. 규모가 작은 여행사라면 혼선이 적을 수도 있겠지만, 규모가 큰 여행사에서 단체명 없이 상품명으로만 행사를 진행한다면 업무의 혼선으로 인해 일이 마비될지도 모른다. 이에 국외여행인솔자는 확정서나 수배 의뢰서 등을 확인하여 단체명을 숙지해 두어야 하는데, 국내뿐만 아니라 현지에서도 행사진행 시 호텔 투숙할 때나 버스, 식당 등 모두가 단체명으로 진행하기 때문이다.

확 정 서

1. 단 체 명 : 1021 아세아 미서동부 & 캐나다 15일

2. 기 간 : 2017년 10월 21일~11월 04일 (현지 13박14일)

3. 인 원 : 16 ADT + 1 FOC

4. 포함사항

1) 호 텔 : 2인1실 (8개) + 1인1실 (1개) - 일급호텔 외곽기준

날짜		지역	호텔	연락처
제 1 일	10월 21일	뉴저지	COURTYARD BY MARRIOTT SOMERSET	732-271-4000
제 2 일	10월 22일	뉴저지	COURTYARD BY MARRIOTT SOMERSET	732-271-4000
제 3 일	10월 23일	워터튼	BEST WESTERN WATERTOWN	315-700-8000
제 4 일	10월 24일	토론토	TORONTO DONVALLEY	416-449-4000
제 5 일	10월 25일	나이아가라	RADISSON NIAGARA FALLS - FALL'S VIEW	905-356-1000
제 6 일	10월 26일	뉴저지	HOLIDAY INN TOTOWA	973-700-9000
제 7 일	10월 27일	로스앤젤레스	HOLIDAY INN LA MIRADA	714-739-8000
제 8 일	10월 28일	라플린	HARRAH'S LAUGHLIN HOTEL	702-298-4000
제 9 일	10월 29일	캐납	QUALITY INN KANAB	435-644-8000
제 10 일	10월 30일	라스베가스	LUXOR LAS VEGAS	702-200-4000
제 11 일	10월 31일	프레즈노	PICCADILY INN FRESNO	559-375-7000
제 12 일	11월 01일	샌프란시스코	CROWNE PLAZA CONCORD	925-825-7000
제 13 일	11월 02일	샌프란시스코	CROWNE PLAZA CONCORD	925-825-7000
※ 첫날 호텔주소		**250 Davidson Ave, Somerset, NJ 08873**		

2) 차 량 : 대형차량

3) 식 사 : 일정표참조

4) 입장료 : 유니버셜스튜디오, 라스베가스 관람차(하이롤러-낮시간 탑승), 캘리고 은광촌, 요세미티 국립공원
4대 캐년(그랜드캐년, 브라이스캐년, 자이언캐년,엔텔로프캐년)
그랜드캐년 경비행기, 베이크루즈 나이아가라 폭포전망 특식1회(중식), 나이아가라헬기, 혼블로워,
CN타워, 천섬유람선, 뉴욕야경, 자유의여신상, 엠파이어스테이트빌딩

5) 전일정 가이드 & 기사 & 식사 팁

6) 국제선 항공료(부산-인천 포함), 택스

7) 미국내선(샌프란시스코-뉴욕) 항공료, 택스

8) 여행자 보험

9) 가이드 : 김세아 가이드 (201-700-3000) | 이아름 가이드 (213-200-7000)

10) 현지연락처 : 동부 인바운드 총괄 : 조양효 차장 | 서부 업무 담당자: 제이콥 나
TEL: : 1-700-900-1000 , 070-7000-6000 | TEL: 1-200-300-4000 , 200 400 9000

5. 불포함사항

ESTA(무비자승인) 1인 $14 - 대행 요청시 1인 2만원

호텔 & 식사 메너팁, 음료, 주류, 개인경비

미국내선 수화물 차지 1인 1개 23Kg $25 공항에서 보딩시 지불 하시면 됩니다.

미국내선(샌프란시스코-뉴욕) 기내식, 우드베리 아울렛 자유식으로 개인 지불 하시면 됩니다.

6. 특이사항 : 현지에서 옵션 멘트 금지

7. 미팅피켓 : 진우회

그림 1.8 수배확정서의 예

2. 고객의 개인정보와 인원수 확인

1) 고객 개인정보 확인하기

(1) 고객서류로 확인하기

행사확정서에 있는 인원을 확인하여 고객명단Passenger List에 있는 인원과 대조를 해 봐야 한다. 고객명단은 회사마다 양식이 다르나 통상 고객의 이름(한글, 영문)과 성별, 여권정보, 연락처 등이 기재된다. 그리고 비고란에는 고객에 관련된 사항을 적어 놓은데, 고객명단에 있는 가족구성원이나 선납금 및 미수금, 고객의 직업 등을 적어 업무에 필요한 사항이나 고객에 대한 이해를 높이는데 중요한 역할을 한다.

국외여행인솔자는 행사 담당자에게 팀을 배정받으면, 단체의 특성을 파악하고 고객의 이름을 외우는 것이 좋다. 고객의 이름을 부르며 친화력을 가짐으로써 행사를 부드럽게 진행할 수 있다. 또한 고객명단을 잘 정리해 놓으면 여권 분실 시 빠르게 대처할 수 있으며, 항공티켓 발권 시 영문이름의 오타도 한 번에 확인할 수 있는 이점이 있다. 그리고 여권 만기일의 경우, 보통의 국가들이 6개월 이상으로 정해 놓기 때문에 탑승이 거절되는 것을 미연에 확인하여 조치할 수 있다. 고객명단에 연락처가 휴대폰만 기입되어 있을 경우는, 고객과의 전화 통화나 설명회 시간을 활용하여 자택 및 회사, 가족들의 연락처를 받아놓는 것이 좋다. 이는 천재지변 및 만일의 사고가 발생했을 때를 대비하기 위해서이다.

(2) 담당자를 통한 확인 및 전화통화, 설명회를 통한 확인

최종 여행상품의 계약을 체결하고 상품을 상담한 담당직원이 고객의 성격과 스타일 및 특성을 잘 파악하고 있기 때문에, 담당자와의 면담 및 전화 통화를 통해 단체의 특성과 고객 개개인의 자세한 정보를 사전에 파악해 놓는 것이 좋다.

국외여행인솔자는 행사를 진행하기 전 고객과의 전화통화로 첫 인사를 나누며, 본인 소개와 여행 시의 주의사항이나 준비물 안내 및 Q&A 시간을 갖는다. 이때 고객의 특성을 파악하고 알레르기 증상이 있는 고객이나 몸이 불편한 고객, 야맹증이 있는 고객 등 꼼꼼히 파악해 놓아야 행사에 차질이 없으며, 간혹 종교적 특성으로 인해 음식에 대한 준비도 따로 요청해야 하는 경우도 발생한다.

그리고 국외여행인솔자는 행사 출발 전 7일~15일 사이에 설명회를 개최하게 되는데, 상품의 내용에 대해 간략하게 설명하고 주의사항 및 준비물을 안내하게 된다. 이때 고객과 국외여행인솔자와의 첫 대면이 이루어지기 때문에 복장을 단정히 하고, 설명회 진행시 자신감 있는 행동과 어투로 리더십을 보여주어야 하며, 짧은 시간에 신뢰감을 쌓아 친근하게 다가가야 고객이 믿고 의지할 수 있다.

2) 여행 인원에 따른 행사 운영

(1) 소규모 및 대규모 여행 인원

여행사에서는 행사 인원이 10인에서 15인 내·외일 경우에 소규모 단체로 본다. 국외여행인솔자는 10인에서 15인 사이의 인원으로 행사를 진행하기 때문에 행사 운영에 큰 부담은 없으며, 고객의 수가 적기 때문에 기동력 있게 관광 일정을 소화할 수 있으며, 일정의 변경 및 옵션의 운영에 대한 시간적 여유가 많아 고객이나 인솔자 모두에게 만족한 여행이 될 확률이 높다. 다만, 국외여행인솔자 동반 시 FOCFree Of Charge의 적용범위 안에 들어온다면 좋겠지만, 그렇지 못할 경우 N분의 1로 인솔자의 티켓 가격을 나눠야하기 때문에 여행상품가격이 올라갈 수 있다. 항공사마다 다르지만 보통 10명 또는 15명일 경우에 1장의 FOC 티켓을 적용받을 수 있다.

대규모 여행 인원은 25명 이상을 뜻하며, 학교나 기관, 기업에서 요청하는 인센티브 행사일 경우에는 수백 명의 고객과 다수의 국외여행인솔자가 동반하는 경우도 있다. 통상 국외여행인솔자 1인이 진행할 수 있는 행사 적정인원은 30~35인이 적당하며, 40인이 초과할 시 고객의 요구에 대응하기가 어렵다. 행사진행의 속도는 물론 사고발생 확률도 높아지며, 이런 고객들의 안전을 확보하기 위해 인솔자가 아닌 통제자의 역할을 수행해야 하기 때문에 행사의 질이 떨어질 확률이 높다.

(2) 여행인원 확인하기

(단2회! 비자비포함) 여름에 떠나는 장가계
- 장사.장가계 동방항공(MU) 3박5일

수 신			
여행인원	15+0 (7트윈룸 1싱글룸)	행사일자	2017.07.18.(화) ~07.22(토) 2017.08.22(화) ~ 08.26(토)
입금가	₩499,000/인당	특 전	*리무진 차량 22인승 배정 조건 *비자비 포함
포함사항	국제선항공료,호텔(2인1실),TAX,유류세. 전용차량(22인승), 일반단체식사,한국어가이드, 관광지입장료,가이드기사팁 보봉호, 황룡동굴, 중국단체비자, 여행자보험 등		
불포함사항	가이드기사팁($50/인) 선택관광비용 ,기타개인적인 비용 및 매너팁		
비고사항	*쇼핑센타 - 4회(쇼핑컴 정산없음) ◎ 리무진 차량 22인승 배정 조건 ◎필수옵션: 천문산사+귀곡잔도$30,유리잔도$10,매력상서쇼 또는 천문호선쇼$50/인,대협곡 $50/인, 발맛사지$20 - $160 ◎선택옵션: 유리다리$50, 황석채$40, 전신맛사지$30		

그림 1.9 인원 표기의 예

02 여행 목적 확인하기

1. 여행 상품명 확인

1) 여행 상품명 표시와 단체명

여행사가 여행 상품을 고객에게 제시하기 위해 붙인 이름을 여행 상품명이라 하며, 여행 상품명은 생산과 동시에 만들어진다. 그리고 하나의 여행 상품에 여러 단체가 여행 계약을 체결했을 때, 행사진행의 혼선을 막기 위해서 행사명 대신 단체의 특성을 잘 나타내는 단체명을 명명하게 된다. 즉 단체명이란, 고객의 편의를 위한 것이 아닌 여행 상품을 선택한 단체들과의 구분을 하기 위한 것이며, 이러한 단체명으로 여행 공급업자와의 계약을 진행하여 행사하게 된다.

【여행 상품명과 기간 및 인원 표기의 예】

[두 나라 여행] 하롱베이+앙코르왓 6일(베트남 항공)			
기간	2017년 7월 7일(금)~7월 13일(목)	여행인원	17+1 FOC

고객은 여행 상품명으로 여행 상품을 구입해 행사에 참여하기 때문에, 인솔자의 경우 여행 상품명으로 상품을 설명하는 것이 좋다. 그리고 여행 상품명은 여행 상품의 핵심과 매력을 압축하여 표현해야 하기 때문에, 그 상품이 가지고 있는 특성이나 매력이 잘 나타나도록 만들어야 한다. 일반적으로 여행국가나 도시, 유명관광지, 항공편 등의 내용을 담고 있다.

【여행 상품명의 예】

[369프로모션][VJ 신규취항 특가] 하롱베이+앙코르왓 6일◈씨엠립 준특급호텔+툭툭이+비경◈

[긴급모객][특가][두 나라 여행] 베트남 하롱베이+캄보디아 앙코르왓 6일◈전신마사지+툭툭이◈

위에서 보는 것처럼 긴급모객, 특가라는 문구가 가지고 있는 뜻은 시간이 얼마 남지 않아서 가격이 저렴하게 책정되었다는 내용을 담고 있으며, 저렴한 가격에 두 나라 여행이 가능하고 베트남의 대표적인 관광지인 하롱베이와 캄보디아의 대표 관광지인 앙코르왓을 포함하여 6일 동안 행사가 진행된다는 내용이 함축적으로 들어가 있다. 그리고 상품의 매력을 나타내는 전신마사지 및 툭툭이 관광이 포함이라는 내용까지 담고 있다. 그리고 행사명 앞에 명품 · 품격 · 정통 · 특가 · 실속 · 알뜰 · 최저가 보장 · 긴급 등의 명칭을 사용하는데, 이는 여행사마다 그 기준이 다르며 고객이 중요하게 생각하는 요소를 강조하기 위한 수단으로서 활용된다.

2) 여행 상품명의 구분

기획여행 상품은 흔히 패키지여행Package Tour이라고 하며, 여행사가 주체가 되어 여행 상품의 구성요소들을 묶어서 하나의 여행 상품을 만든 것을 말한다.

【기획여행 상품명의 예】

[한정특가] 마닐라 4일 - 팍상한 폭포/따가이따이 ◈ 발마사지+나이트 투어 포함

자유여행 상품은 기획여행과는 달리 항공이나 숙소 또는 현지 교통에 관한 사항만 묶어서 판매를 하고, 현지 일정은 고객의 자유의지로 진행되어 기획여행과의 차이점을 나타낸다.

【자유여행 상품명의 예】

[자유여행][아동반값][한정특가] 나트랑 에어텔 5일 ◈ 빈펄 나트랑 베이 리조트(디럭스 힐뷰)

휴양형 여행 상품은 휴양이 주목적이기 때문에, 상품명에 휴양이 잘 나타나게 상품명을 구성해야 한다. 리조트나 풀빌라, 크루즈여행이 이에 해당한다.

【휴양형 여행 상품명의 예】

[선착순100명 발코니 객실 제공] ★ 코스타 크루즈 빅토리아호 ★ 고품격 한·중·일 7일 ◈ 출발확정

2. 단체 특성의 확인

1) 고객정보에 따른 단체 특성

(1) 구성원 특징에 따른 단체 특성

① 가족 및 부부단체

가족 단체의 경우, 그 가족의 가장 연장자 또는 부부가 의사결정을 주도하기 때문에 인솔자는 가족 중 대표자와 의사소통을 원활히 진행해야 모든 문제가 원만하게 이루어지며, 성공적으로 행사를 진행할 수 있게 된다. 그리고 가족의 경우 구성원 중 어린아이가 있을 경우, 행사의 진행은 어린아이를 중심으로 이루어지는 경우가 많기 때문에 인솔자는 어린아이를 세심히 배려하여 가족들이 즐거운 여행이 될 수 있도록 서비스를 제공해야 한다. 또한 부부가 두 자녀와 행사에 참여했을 경우, 자녀가 크면 출입문이 연결되어 있는 객실Connection Room을 배정해야 하며, 연견된 객실이 숙박지에 없을 시 바로 옆방으로 배정해 줘야 한다. 만약 두 자녀가 어릴 경우에는 큰 방에 배정하고 침대는 트윈더블이 있는지 확인해야 하며, 트윈더블이 없을 시 엑스트라 배드를 추가하여 편안한 잠자리를 제공하도록 노력해야 한다.

② 친구 및 동료단체

친구나 동료단체가 함께 여행하는 경우에는 성별에 따라 객실을 배정해야 하며, 사전에 미리 고객의 정보를 확인하고, 고객의 의사에 따라 객실배정Rooming List 작성을 해야 한다. 특히 이성의 경우에, 고객이 서로 같은 방 배정을 원할 시 혹시 모를 구설에 오를 수 있으니, 인솔자는 이 사실을 함구하여 원활한 행사가 되도록 다른 고객이나 가이드에게 말하지 않도록 한다.

③ 개별 참여단체

개별적으로 여행 단체에 참여하는 경우, 인솔자는 고객에게 관심을 가지고 행사를 진행해야 하며, 혼자 동떨어지거나 고립되지 않도록 해야 한다. 객실배정은 고객의 의사를 반영하여 3명이 같이 방을 사용하게 할 수도 있으며, 고객이 혼자 객실을 사용하기를 원하면 추가비용을 부담하여 1인실을 배정하여 사용할 수 있다.

(2) 고객의 연령 및 사회적 배경에 따른 단체 특성

① 연령에 따른 단체 특성

국외여행은 항공기로 장시간 이동을 하며, 타문화의 사람들과 처음 접하는 음식, 시차적응, 기후적응 등 신체적으로 부담이 생길 수 있다. 특히 고령자가 많은 단체 및 효도여행 상품일 경우, 인솔자는 고령자를 배려하여 휴게소에서의 휴식시간을 여유롭게 하고 차량 승·하차 시 이동 동선을 최대한 가깝게 해야 한다. 또한 객실 배정도 승강기와 가깝게 배정하여 이동의 편의성을 제공해야 한다.

② 사회적 배경에 따른 단체 특성

여행 상품을 선택하여 국외여행을 하는 고객들은 인구통계학적 특성이 두드러지게 나타난다. 성별·연령·사회적 배경·개인의 성격·직업·여행 동반자 등을 고려하여 인솔자는 고객들이 서로 자연스럽게 어울릴 수 있도록 자리를 마련하고, 식사 장소나 여러 이벤트를 활용하는 친해질 수 있는 방법을 구상해야 한다.

2) 여행 상품에 따른 단체의 특성

① 기획여행 상품의 단체 특성

기획여행의 특성상 여행사가 주체가 되어 행사를 진행하기 때문에, 기획여행을 선택한 고객들은 여행 행사 및 인솔자에 협조적인 특성을 가지고 있다. 행사가 무리 없이 진행되어지면, 고객들은 모든 결정을 여행사에 맡기고 편리하게 여행하는 것을 추구하는 경향이 강하다. 그리고 기획여행의 주 고객은 가족단위 여행자나 시간이 부족한 직장인, 가성비를 따지는 여행자들이 주로 선택한다.

② 자유여행 상품의 단체 특성

자유여행은 일반적으로 20~30대의 학생이나 직장인들이 선호하는 경향이 강하며, 단체적으로 움직이는 것을 꺼려하고 여행 일정을 본인이 스스로 계획하고 진행하는 것을 즐기는 고객들이 주로 선택한다. 특히 자유여행을 선택하는 고객들은 국외여행 경험이 여러 번 있는 고객들이나, 신체적으로 건강하고 도전적인 성향의 사람들이 많이 선택한다. 그리고 배낭여행인솔자의 경우에 이러한 고객들을 인솔하게 되는데, 최대한 고객의 특성을 잘 반영하여 자유시간을 충분히 제공하여 개인의 자유재량시간에 확보할 수 있도록 배려해 줘야 한다.

③ 휴양형 여행 상품의 단체 특성

휴양형 여행 상품을 선택한 고객들은 편의시설이 잘 갖추어진 리조트나 풀빌라에서 휴식을 취하길 바라며, 고급스러운 시설과 즐거운 분위기를 선호한다. 특히 가족 단위나 허니문, 기념일 등으로 휴양형 상품을 선택한다. 이러한 여행 상품의 인솔자는 고객들의 시간과 휴양을 최대한 배려해 줘야 하며, 즐거운 시간을 보낼 수 있도록 각종 편의시설이나 여행정보를 제공해야 한다.

3. 여행의 내용 확인

1) 여행 상품에 따른 여행의 내용

(1) 기획여행 상품의 여행 내용

기획여행의 주목적은 관광지 방문이므로 일정이 타이트하게 진행되어진다. 비교적 이른 아침부터 여정이 시작되는 경우가 많으며, 상품에 따라서는 관광지에서의 소요시간이 매우 짧은 경우도 많다. 그리고 숙박시설은 객실수가 많은 규모가 큰 호텔을 선호하며, 고객들이 수영장시설과 기타 부대시설을 선호하기 때문에 고객의 기대를 충족시키기 위해 상품을 구성해야 한다. 그러나 호텔의 위치나 시설에 따라 여행 상품의 가격은 높아질 수도 또는 낮아질 수도 있다.

현지 식사는 주로 아침은 호텔 조식, 중식은 현지식, 석식은 특식이나 한식으로 이루어지며, 중식은 행사진행 도중이라 시간적 여유가 없지만, 석식은 그날의 행사가 마무리된 시점이기 때문에 충분한 시간에 좋은 음식들을 맛볼 수 있다.

(2) 자유여행 상품의 여행 내용

자유여행 상품을 선택하는 고객들은 자유로움을 우선적으로 추구하기 때문에, 인솔자가 동반하는 자유여행 상품이라 하더라도 고객의 자유시간을 최대한 보장해 줘야 한다. 그리고 이러한 여행 상품을 선택하는 고객은 기획여행의 장점과 자유여행의 장점을 모두 누리려는 경향이 강하다. 즉 인솔자를 동반하여 안전함을 추구하고 고급시설을 저렴하게 누리며, 최대한 개인의 행동에 제약을 받지 않으려는 고객들이 주로 이용한다.

(3) 휴양형 여행 상품의 여행 내용

휴양형 여행 상품을 선택하는 고객들은 편안함과 안락함, 고급스러운 서비스를 제공받기를 원하기 때문에, 인솔자가 동행했을 경우에는 최대한 고객의 여행 특성에 맞춰 충분히 휴식을 취할 수 있도록 배려해야 한다.

(4) 맞춤형 여행과 특별 여행 상품의 여행 내용

맞춤형 여행 상품은 주문여행이라고도 하며, 고객이 원하는 내용으로 상품이 구성되어 있기 때문에 일반적인 여행 상품과는 다소 차이가 있다. 고객의 특성에 따라 관광형 · 휴양형 · 골프 · 답사 · 견학 · 연수 등으로 나뉘어 그 목적을 달성할 수 있도록 인솔자는 조력자 역할을 해줘야 한다.

2) 여행 일정에 따른 여행 내용 확인하기

(1) 항공편과 호텔 및 식사 확인하기

항공편은 국적기와 외국항공기 또는 FSC와 LCC로 나눌 수 있는데, 고객들은 국적기인 FSC를 선호한다. 이는 의사소통 문제와 기내식의 차이가 있으며, 기타 기내에서 제공되는 서비스가 높기 때문이다. 그러나 일반적으로 국적기의 FSC를 포함한 여행 상품들은 높은 가격으로 구성된다.

호텔은 확정서 상에 표기되어 있기 때문에, 인솔자는 처음 가보는 호텔의 위치, 부대시설 및 편의시설, 전압 등을 해당 호텔 홈페이지에 들어가서 사전에 조사한다. 식사의 경우도 인솔자는 미리 식사의 종류를 숙지하고 단순히 현지식, 특별식이라고 표현되어 있다고 그냥 넘어가지 말고, 상품 담당자에게 미리 현지식의 종류와 특별식의 종류에 대해 문의하여 숙지하고 있어야 하며, 고객이 물어보기 전에 식사에 대해 상세히 안내해줘야 한다.

확 정 서

발신일 : 2016. AUG. 22.

<table>
<tr><td>수 신</td><td>아세아투어</td><td>발 신</td><td>유럽전문여행사</td></tr>
<tr><td>상 품 명</td><td colspan="3">동유럽 체코 / 헝가리 / 오스트리아 3개국 9일 EK</td></tr>
<tr><td>예정인원</td><td>10ADT+1T.C
인솔자 : 홍길동 HP 010-000-0000</td><td>출 발 일</td><td>2017년 8월 23일 출발</td></tr>
<tr><td>현지피켓명</td><td colspan="3">홍길동 외 10인 유럽 답사</td></tr>
<tr><td colspan="4">** 포 함 사 항 **</td></tr>
<tr><td colspan="2">◈ 국제선 항공료 및 TAX
◈ 정규 일급 및 아메리칸 조식</td><td colspan="2">◈ 대형버스 45인승
◈ 일정상의 포함된 입장료 및 식사
◈ 가이드/기사 팁</td></tr>
<tr><td colspan="4">** 특 전 사 항 **</td></tr>
<tr><td colspan="2">— 부다페스트, 비엔나 —
◈ 부다페스트 다뉴브강 유람선(야간)
◈ 비엔나의 상징 쉔부른 궁전 내부
◈ '클림트의 키스'로 유명한 벨베데레 상궁 내부</td><td colspan="2">— 잘츠부르크, 프라하 —
◈ 알프스의 아름다운 도시
– 잘츠부르크 & 잘쯔캄머굿 관광
– 호엔잘츠부르성 리프트 탑승
◈ 프라하의 아름다운 야경 감상</td></tr>
<tr><td colspan="4">◈ 동유럽 3가지 전통음식 체험
오스트리아 호이리게 정식 & 와인, 헝가리 굴라쉬 & 오부다 정식, 체코 등갈비 & 맥주</td></tr>
<tr><td>불포함사항</td><td colspan="3">▶ 국외여행자보험</td></tr>
<tr><td>옵션사항</td><td colspan="3">부다페스트 : 야간 다뉴브강 유람선(40유로/1인)
비 엔 나 : 비엔나음악회 관람(70~80유로/1인)
잘츠캄머굿 : 아름다운 볼브강 유람(30유로/1인)
프 라 하 : 모차르트가 작곡한 인형극 돈지오반니 관람(40유로/1인)</td></tr>
<tr><td>쇼핑안내</td><td colspan="3">부다페스트 : PALOTA – 건강식품(비타민 등), 꿀, 토카이와인
비 엔 나 : 명 품 관 – 가이거, 쌍둥이칼, 기타 명품
짤쯔부르그 : P&A – 모차르트 초콜릿, 스와로브스키, 잡화
프 라 하 : 쿠기 – 크리스탈 공예품(액세서리, 식기, 샹제리제 등), 비누, 잡화</td></tr>
<tr><td>REMARKS</td><td colspan="3"></td></tr>
</table>

날짜	여행지	교통편	시간	세부관광 일정	식사
8/23 금	인천	EK323	23 : 55	인천공항 출발	
제1일 8/24 토	인천 두바이 프라하 (체 코)	EK139	04 : 25 09 : 05 13 : 25	두바이공항 도착 후 환승 두바이공항 출발 프라하항 도착 ♣ 프라하의 구시가지 광장, 천문시계, 틴교회 등 구시가지 관광 석식 후 아름다운 프라하 야경 감상 호텔 휴식 HOTEL : Clarion Congress Hotel Prague/Tel : +420 211 131 111	기내식 한식 현지식
제2일 8/25 일	프라하 브르노	전용버스	전일	호텔 조식 후, ♣ 프라하 성 & 성비트 교회 현지 대통령의 관저로 이용되고 있는 곳 ♣ 카를교 블타브강에 걸쳐져 있는 가장 유서 깊은 다리 ♣ 바츨라프광장 프라하의 봄의 무대가 되었던 곳 ♣ 프라하의 대중교통 트램 체험 체코 제2의 도시 브르노로 이동(약 3시간 30분 소요) 석식 후 호텔 휴식 HOTEL : Voronez 1 HOTEL PRAGUE/Tel : +420 5 4314 1111	호텔식 현지식 (등갈비) 호텔식
제3일 8/26 월	 브르노 부다페스트 (헝가리)	전용버스	전일	호텔 조식 후, '도나우의 진주'로 불리는 부다페스트로 이동(약 4시간 30분) ♣ 부다왕궁 : 헝가리민족의 상징인 전설의 새 '투룰' 조각상이 있는 곳 ♣ 마챠시성당 : 헝가리 왕의 대관식과 결혼식을 거행했던 곳 ♣ 어부의 요새 : 이곳에 뿌리 내린 7명의 마자르인을 상징하는 첨탑 ♣ 겔레르트 언덕 : 아름다운 부다페스트 전경을 한눈에 볼 수 있는 곳 ♣ 세체니다리 : 도나우강에 놓인 최초의 다리 ♣ 다뉴브강 유람선 탑승(야간) : 유적지를 보면서 아름다운 다뉴브강 유람 석식 후 호텔 휴식 HOTEL : LEONARDO HOTEL BUDAPEST/ Tel : +36 1 477 72 42	호텔식 한식 현지식 (굴라쉬)

제4일 8/27 화	부다페스트 비엔나 (오스트리아)	전용버스	전일	호텔 조식 후, 클래식의 고향, 음악과 예술의 도시 비엔나로 이동(약 3시간 30분 소요) ♣ 벨베데레 상궁(내부) : 클림트의 '키스' 작품이 있는 궁전 ♣ 왈츠체험 : 왈츠의 도시 비엔나에서 왈츠를 배워봅시다. ♣ 슈테판성당 : 오스트리아 최대의 고딕사원이고 비엔나의 상징 ♣ 케른트너 거리 : 비엔나 최대의 번화가로 보행자 천국인 거리 ♣ 시청사 : 1883년에 세운 네오고딕 양식의 멋진 건물 ♣ 국회의사당 : 그리스 신전 양식으로 1883년에 건립 석식(호이리게) 후 호텔 휴식 ※ 호이리게 식사 시 호이리게(그 해 담은 백포도주)를 제공합니다. HOTEL : Holiday Inn Vienna South/Tel : +43 1 605 305 13	호텔식 한식 현지식 (호이리게)
제5일 8/28 수	비엔나 멜크 짤쯔부르크	전용버스	전일	호텔 조식 후, ♣ 쉔부른 궁전[내부] 및 정원 : 합스부르크 왕가의 여름 궁전 아름다운 고성들이 있는 바카우 지역인 멜크로 이동(약1시간 30분 소요) ♣ 다뉴브 강변에 위치한 바로크식 건축물 멜크수도원 영화 "사운드 오브 뮤직"으로 잘 알려진 짤츠부르그로 이동(약 4시간) 석식 후 호텔 휴식 HOTEL : Austria Trend Europa Salzburg/ Tel. : +43 662 88 99 30	호텔식 한식 중국식
제6일 8/29 목	짤쯔부르크 베르히텐스가덴 짤쯔캄머긋 할슈타트 짤츠부르크	전용버스	전일	호텔 조식 후, 독일과 오스트리아 국경에 위치한 독일령의 베르히테스가덴 이동(약 1시간) ♣ 베르히테스가덴 소금광산(※소금광산은 현지 사정에 따라 짤즈부르크 소금광산으로 대체될 수 있습니다.) 빙하가 녹아 만들어낸 76개의 호수와 2,000m가 넘는 알프스에 둘러싸여 있는 한 폭의 그림 같이 아름다운 짤츠캄머긋으로 이동(약 1시간 30분) ♣ 할슈타트 : 예쁜 집들이 어우러진 동화 속 그림 같은 알프스마을 ♣ 할슈타트 호수 : 맑고 깨끗한 아름다운 호수의 절경 감상 영화 "사운드 오브 뮤직"으로 잘 알려진 짤츠부르크로 이동 석식 후 호텔 휴식 HOTEL : Austria Trend Europa Salzburg/Tel. : +43 662 88 99 30	호텔식 현지식 일식

제7일 8/30 금	짤츠부르크 체스키 크롬로프	전용버스	전일	호텔 조식 後. ♣ 미라벨 정원 : 영화 "사운드 오브 뮤직"에서 도레미 송을 불렀던 곳 ♣ 모차르트 생가 : 신이 사랑한 천재음악가 모차르트가 태어난 곳 ♣ 대성당 & 레지던트광장 : 모차르트가 세례를 받은 성당 ♣ 게트라이데 거리 : 독특한 문양의 간판이 많이 있는 아름다운 거리 ♣ 호엔짤쯔부르그 성(리프트) : 구시가지에서 가장 높은 천연요새 세계문화유산으로 지정된 아름다운 중세도시 체스키크롬로프로 이동(약 3시간 소요) ♣ 체스키크룸로프 성(조망), 망토 다리, 구시가지 등 관광 석식 후 호텔 휴식 HOTEL : PARK HOTEL/Tel : +420 387 006 200	호텔식 현지식 (슈니첼) 호텔식
제8일 8/31 토	체스키 크롬로프 프라하 두바이	전용버스 EK140	 16 : 00 23 : 59	호텔 조식 後. ♣ 훌루보카성(외관) : 체코의 귀족 가문이 지은 새하얀 순백의 성 프라하 이동(약 3시간 소요) 프라하공항 출발 두바이공항 도착 및 환승	호텔식 한식 기내식
제9일 9/1 일	두바이 인천	EK322	03 : 30 16 : 40	두바이공항 출발 인천공항 도착	
** 상기 일정은 항공이나 현지 사정에 의해 다소 변경될 수 있습니다. **					

그림 1.10 행사확정서의 예

(2) 포함 사항과 불포함 사항 확인하기

포함 사항은 상품가격에 포함된 사항이며, 고객이 누려야 하는 권리이기 때문에 인솔자는 이러한 사항을 잘 확인하여 행사에 차질이 없도록 해야 한다. 일반적으로 여행 상품에는 왕복 항공료, 세금, 공항 이용료, 숙박, 식사, 차량, 입장료, 여행자보험 등이 기본적으로 포함되어져 있다.

불포함 사항은 상품가격에 포함되지 않은 사항이며, 일반적으로 도착 비자를 요하는 국가와 미국의 ESTA, 매너 팁, 개인 경비가 이에 해당한다.

포함된 선택관광 상품은 상품가격에 포함된 사항이며, 일반적으로 상품 특전으로 다루는 마사지나 특식 같은 종류가 이에 해당한다. 그리고 쇼핑의 경우는 기획여행의 경우 쇼핑 2회, 3회로 정해져 있으며, 인솔자는 정해진 쇼핑 이외에 추가적으로 진행되는 쇼핑의 경우 현지가이드와 조율이 필요하다. 또한 주문여행이라 할지라도 쇼핑이 포함되는 경우와 포함되지 않는 부분이 있는데, 포함되지 않았을 시 고객이 원한다면 협의를 통해 쇼핑을 진행할 수도 있다. 그러나 무리한 쇼핑으로 관광 일정에 차질이 생기지 않도록 해야 한다.

03 일정 확인 · 조정하기

1. 여행 일정 전체 확인

1) 방문 도시로 전체 일정 확인하기

일정 확인인 확정서를 통해 날짜별 방문국가 및 도시를 확인해야 하며, 경유하는 도시가 있을 경우 경유지에 대한 정보도 사전에 파악해야 한다. 그리고 항공편의 출 · 도착 시간과 시차를 확인해야 하고, 출 · 도착 시간의 표기는 모두 현지시간으로 표기되어지며 사전에 고객에게 비행 소요시간 등을 안내해야 한다. 또한 방문 도시의 숙박 여부와 숙박 일수를 확인해야 한다.

2) 지도로 전체 일정 확인하기

지도를 이용하여 전체 일정을 그리면 여행 지역과 일정을 한눈에 파악할 수 있어서 행사 일정에 대한 이해도를 높일 수 있다. 도시 간, 국가 간 거리를 시각적으로 파악하기 때문에 무리한 일정이나 잘못된 동선을 미리 파악할 수 있다. 그리고 처음 도착은 공항이나 기차역에서 당황하지 않도록 위치를 미리 파악해 두고, 내부 지도로 확인해 두면 인솔 업무에 도움이 된다.

- 관광하는 도시를 포함하는 인접국가의 일부가 반드시 나타나는 지도를 준비한다.
- 인천국제공항에서 출발하여 첫 번째 도착하는 도시의 공항 명을 표기하고, 출·도착 시간과 시차를 기록한다.
- 일정 순서대로 화살표를 그리고 도시에서 숙박하는 일수를 기입한다.
- 항공편 이동의 경우 출발·도착 시간을 표기한다.
- 귀국편까지 전체 일정을 그려 넣는다.

2. 시간, 동선, 일정의 확인

1) 일차별 동선 확인하기

행사확정서의 확정된 일정대로 방문지를 확인하고 그 위치를 지도에 표시하면 인

확 정 서

1. 단 체 명 : 1021 아세아 미서동부 & 캐나다 15일
2. 기 간 : 2017년 10월 21일~11월 04일 (현지 13박14일)
3. 인 원 : 16 ADT + 1 FOC
4. 포함사항
   1) 호 텔 : 2인1실 (8개) + 1인1실 (1개) - 일급호텔 외곽기준

날짜		지역	호텔	연락처
제 1 일	10월 21일	뉴저지	COURTYARD BY MARRIOTT SOMERSET	732-271-4000
제 2 일	10월 22일	뉴저지	COURTYARD BY MARRIOTT SOMERSET	732-271-4000
제 3 일	10월 23일	워터른	BEST WESTERN WATERTOWN	315-700-8000
제 4 일	10월 24일	토론토	TORONTO DONVALLEY	416-449-4000
제 5 일	10월 25일	나이아가라	RADISSON NIAGARA FALLS - FALL'S VIEW	905-356-1000
제 6 일	10월 26일	뉴저지	HOLIDAY INN TOTOWA	973-700-9000
제 7 일	10월 27일	로스앤젤레스	HOLIDAY INN LA MIRADA	714-739-8000
제 8 일	10월 28일	라플린	HARRAH'S LAUGHLIN HOTEL	702-298-4000
제 9 일	10월 29일	캐납	QUALITY INN KANAB	435-644-8000
제 10 일	10월 30일	라스베가스	LUXOR LAS VEGAS	702-200-4000
제 11 일	10월 31일	프레즈노	PICCADILY INN FRESNO	559-375-7000
제 12 일	11월 01일	샌프란시스코	CROWNE PLAZA CONCORD	925-825-7000
제 13 일	11월 02일	샌프란시스코	CROWNE PLAZA CONCORD	925-825-7000
※ 첫날 호텔주소		250 Davidson Ave, Somerset, NJ 08873		

그림 1.11 확정서 1일차 일정의 예

솔자는 행사운영 계획을 수립하는데 매우 유용하며, 설명회 때 지도를 보여주며 동선을 설명하면 고객들에게도 상품을 이해하는데 도움을 준다.

2) 일차별 시간 확인하기

지도의 동선을 그린 후 관광지를 연결한 화살표를 활용하여 그 위에 소요시간을 기록해 두면 한눈에 이동 동선과 시간을 확인할 수 있다.

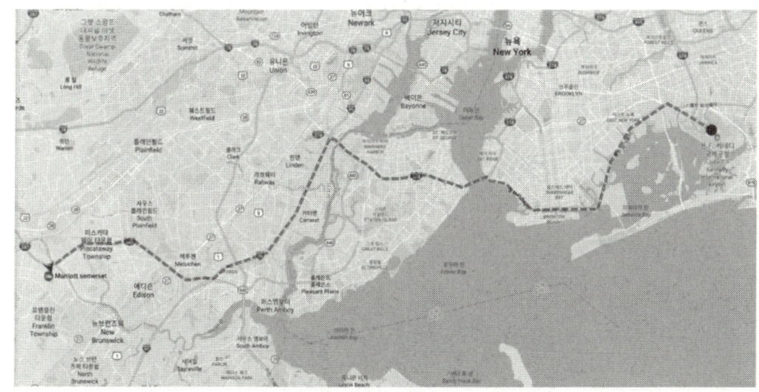

그림 1.12 1일차 동선의 예

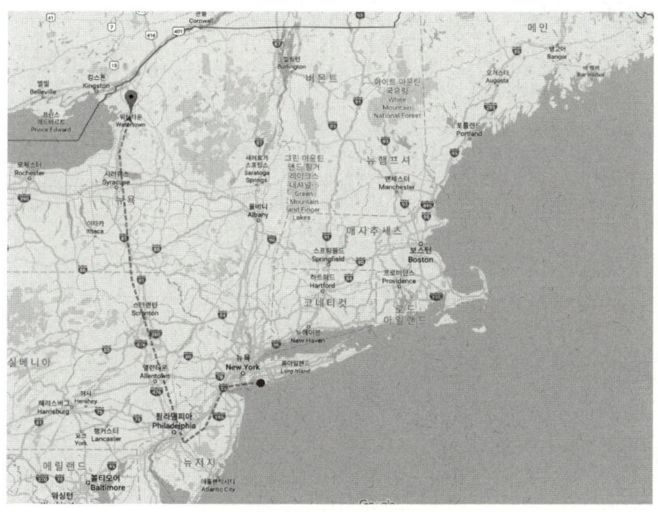

그림 1.13 1~3일차 동선의 예

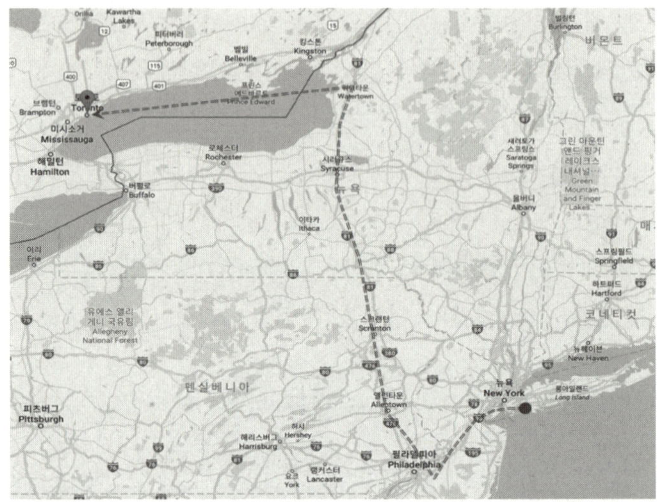

그림 1.14 1~4일차 동선의 예

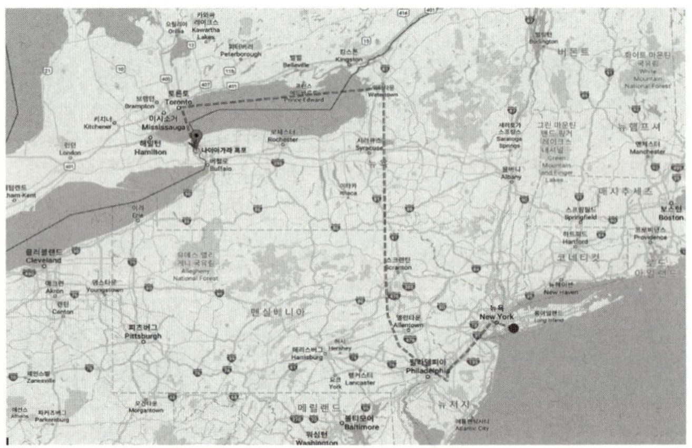

그림 1.15 1~5일차 동선의 예

3. 시간, 동선, 일정의 조정

1) 변동사항의 발생 확인하기

피로누적 또는 고객의 요청이 있을 시 인솔자는 무리하게 행사를 진행해서는 안

된다. 행사 일정표에는 항공시간 이외에는 일정에 관한 사항은 시간이 표기되어 있지 않기 때문에, 행사 일정을 변경하여 고객의 건강과 편의를 도모해야 한다. 또한 현지사정으로 부득이하게 변경된 경우에는 고객에게 양해를 구해야 하며, 이에 상응하는 조치를 취해 고객들이 불만이 쌓이지 않도록 해야 한다.

2) 변동사항에 따른 시간, 동선, 일정을 조절하기

시간과 동선, 일정을 조절하기 위해서는 관광지의 위치와 이동시간을 계산하여 결정하고, 다음 날 행사진행 시간에 여유가 없으면 조금 더 일찍 일어나 행사를 진행하고, 일정이 빨리 끝나는 날은 시간의 여유를 두어 관광지에서 많은 자유시간을 제공한다든지 일정을 빨리 마무리하여 충분한 휴식시간을 제공하여 고객에게 편의를 제공해야 한다. 그리고 관광지의 개장시간과 폐장시간을 맞추지 못하는 경우에는 고객에게 양해를 구하고 일정표의 관광지를 바꾸어 진행하여 다음날 다시 방문하도록 한다. 특히 성수기에는 교통체증과 교통사고로 인해 이러한 일들이 빈번히 일어나는 경우가 흔히 있다.

04 특이사항 확인하기

1. 고객 특별 요청사항 확인

1) 고객의 직접 요청사항 확인하기

(1) 직접 요청사항의 내용

① 기념일 이벤트 요청사항

고객명단에는 고객의 생년월일이 표기되어 고객의 생일을 확인할 수 있다. 국외여행 중 생일을 맞는 고객이 있는 경우, 함께 여행하는 일행이 축하해 주는 경우 축하받는 사람과 축하해 주는 사람들 모두 기분이 좋아져 행사진행에 도움이 된다. 그리고 고객이 동반자의 기념일을 축하해 주기 위해 현지에서 이벤트를 요청하기도 하는데, 이 경우에는 호텔에 요청을 하거나 현지가이드에게 요청을 하여 객실에 깜짝 이벤트를 준비한다.

② 식사 및 객실 관련 요청사항

고객이 특별히 요청한 사항들은 고객명단 비고란에 기재되어 있다. 일반적으로 고객이 채식주의자인 경우와 종교적인 이유의 사례가 많다. 단체여행일 경우에 이들을 위해 따로 특별식을 주문하기가 힘들기 때문에, 미리 현지가이드를 통해 고객이 준비한 음식을 가지고 들어갈 수 있도록 배려해야 한다. 그리고 고객이 객실에 대해 요청하는 경우는 주로 2인실에서 1인실로 추가요금을 부담하고 옮기는 경우와, 추가 침대 Extra Bad를 요청하는 경우이다. 인솔자는 요금에 대한 안내를 정확이 전달해 줘야하며, 현지가이드의 협조를 얻어 호텔의 객실 상황이나 추가 침대의 수량을 미리 파악하여 사전에 준비하도록 해야 한다.

2) 고객의 상황으로 확인하기

(1) 연령 및 신체적 조건 확인하기

우리나라는 고령화 사회로 접어들면서 노인의 국외여행 참여도 활발해지고 있다. 보통 노인들은 가족과 함께하는 경우가 대부분이지만, 건강한 사람도 여행 도중에 무리하여 건강이 나빠지는 경우가 있기 때문에, 인솔자는 전체 일정에 차질을 주지 않는 범위 내에서 행사의 강도와 속도를 조절해야 한다. 그리고 인솔자는 행사 단체의 건강상태와 병력, 신체장애 등을 미리 파악하여 버스의 승·하차 및 관광할 때 이들을 배려해야 한다. 예를 들면, 버스의 앞좌석 배정 및 휠체어를 준비하는 경우가 이에 해당한다.

(2) 정서적 조건 확인하기

단체여행을 하다보면 호텔에서나 관광지에서 늦는 사람이 항상 발생한다. 이때 고객들은 약간의 짜증이 동반되는데, 인솔자는 이런 상황을 빠르게 해결해야 한다. 예를 들면, 이동할 버스나 식당에서 다른 고객들에게 사과를 할 수 있는 기회를 제공하는 것이다. 또한 모르는 사람과 객실을 같이 사용하게 되는 경우, 코골이나 잠버릇이 심한 고객과 트러블이 발생하는 경우가 있다. 이때에도 인솔자가 신속히 고객에게 1인실 사용을 권하거나, 밤 귀가 어두운 사람과 객실을 바꿔 해결하려는 노력을 보여야 한다. 여행 행사 도중에 인솔자에 대한 가장 큰 콤플레인은 사건의 해결과 미해결이 아닌 고객의 소리에 얼마만큼 귀를 기울이고 기울이지 않느냐에 달려있다고 해도 과언이 아니다.

2. 여행 일정의 특이사항 확인

1) 현지의 교통 특이사항 확인하기

현지 행사에서는 일반적으로 여행 일정기간 동안 전세버스를 사용하여 진행되어지며, 상품에 따라 크루즈 · 기차 · 열기구 · 항공기를 이용하여 이동하는 경우가 있다. 인솔자는 사전에 교통수단에 따른 비용은 물론 출 · 도착시간과 소요시간을 파악하고, 타 지역으로 이동 시 현지가이드가 바뀌는 경우도 있으므로 현지 이동에 따르는 책임은 인솔자가 가지고 가야 한다.

그리고 국제선을 이용한 국가 간 이동의 경우, 출 · 입국 절차를 인솔자가 진행해야 하며, 입국하는 국가의 비자정보를 사전에 파악해 놓는 것이 업무에 도움이 된다. 국가에 도착 비자를 발급받거나, 비자 비용 및 사진을 요청하는 국가도 있기 때문이다.

2) 현지 여건의 특이사항 확인하기

날씨의 영향을 받는 일정인 야외공연 관람이나 바다수영, 선상크루즈, 열기구 탑승, 해양스포츠 등 비가 오거나 안개가 짙은 경우에 행사진행에 무리가 있으므로, 고객에게 사전 계약조건을 확인시키고 다른 대체일정이나 개인의 자유시간을 주는 쪽으로 유도해야 한다.

그리고 여행 성수기나 현지 출·퇴근 시간의 영향으로 관광객의 집중 및 교통 혼잡으로 인해 일정에 차질이 생기거나 고객이 지루해 하고 피곤해 할 수도 있다. 또한 관광지 입장 및 크루즈 탑승, 놀이기구를 타기 위해 오랫동안 줄을 서는 경우가 빈번하게 일어나는데, 사전에 고객들에게 이러한 현상들을 사전에 안내하여 마음의 준비를 할 시간을 주고, 인솔자와 현지가이드는 이러한 혼잡을 해결하기 위해 여러 가지 방법을 모색해야 한다.

3. 행사진행의 요청사항 확인

1) 여행사 행사진행의 요청 이유 확인하기

여행 행사의 고객만족은 여행 상품의 질(호텔·관광지·숙박·식사·포함 사항·불포함 사항·특전 등)이 50%를 차지한다면, 나머지 50%는 그 상품을 진행하는 인솔자의 재량이다.

'여행 상품의 성공은 현지 행사에 달렸다'는 말이 있다. 여행사는 인적서비스가 많은 부분을 차지하고 있기 때문에, 여행 상품 상담부터 행사진행에 이르기까지 모든 걸 사람이 통제한다. 그러므로 여행사는 상품 담당자는 물론 인솔자 교육에 신경을 써야 한다. 그리고 인솔자는 확정서의 이해도를 높이고 행사진행이 순조롭게 진행되도록 현지가이드와 협조를 해야 한다. 또한 고객의 불만이 발생했을 때 대처요령 및 현지 호텔·식사·교통·관광지 등에 대한 정보를 많이 가지고 있어 고객에게 안내를 해야 한다.

그리고 여행사에서는 인솔자에게 현지사진 찍어오기, 인터넷에 글 올리기, 고객에게 현지 행사 후 감사편지 쓰기 등으로 고객관리 및 여행 상품관리를 위한 자료와 활동을 요청하는 경우도 있다.

2) 여행사 요청에 부응하는 방법 확인하기

인솔자는 여행사를 대표한다는 마음가짐으로 행사에 임해야 하며, 현지에서 발생하는 모든 책임과 의무는 인솔자에게 있다고 생각해야 한다. 현지 행사의 성패는 모두 인솔자의 판단에 달려있기 때문이다. 그리고 성수기에는 프리랜서Free Lancer 인솔자가 행사를 담당하여 진행할 때가 많은데, 이때 프리랜서 인솔자는 고객에게 프리랜서라고 밝혀서는 안 된다. 이는 고객에게 신뢰감을 저하시킬 수 있는 소지가 있으며, 프리랜서 당사자도 마음가짐이 흐트러질 수 있기 때문이다.

여행사는 인솔자가 국외여행에서 상황 변화에 대해 뛰어난 판단력과 문제 해결력을 가지고 어떠한 상황에서도 만족한 결과를 이끌어내어 주길 바란다. 즉 고객관리, 행사운영 전반에서 발생하는 모든 문제점을 해결하여 성공적인 여행으로 만들어 주길 원한다. 이는 행사 운영에 있어서 인솔자의 관리능력에 절대적으로 의존할 수밖에 없기 때문이다.

평가문제

01/ 행사확정서를 활용하여 고객의 단체명을 적으시오.

02/ 행사확정서를 활용하여 고객의 인원수 및 FOC 인원을 적으시오.

03/ 행사확정서를 활용하여 여행 상품명을 확인하여 적으시오.

04/ 확정서를 활용하여 단체 특성을 확인하여 적으시오.

05/ 확정서를 활용하여 교통 및 식사의 종류를 적으시오.

06/ 확정서를 활용하여 포함 사항을 적으시오.

07/ 확정서를 활용하여 불포함 사항을 적으시오.

08/ 확정서를 활용하여 가이드의 연락처를 적으시오.

09⁄ 확정서를 활용하여 싱글차지에 관항 사항을 적으시오.

10⁄ 확정서를 활용하여 투숙호텔 명과 연락처를 적으시오.

[보기] 확정서의 예

◇ 수 배 확 정 서 ◇

수 신	아세아투어 - 홍길동 과장님	발 신	상해썬여행사 김공주드림
전화번호	02)1234-1234	발송일	2017-06-30
팩스번호	02)4321-4321	연락처	150-1234-4321

피켓명	상해 PTY	출발일	2017년 07월 03일~07월 05일
출발인원	35+2FOC	단체명	상해 3일
루 밍	17트윈 3싱글	상품코드	

DATE	CITY	TRANSIT	TIME	LOCAL SERVICE	MAELS
제1일 07/03	인 천 상 해	OZ361	09:05 10:05	인천 출발 / 상해 도착 ▶타이캉루예술거리 관광 호텔 투숙 및 휴식 HOTEL :스카이포춘호텔 021-3405-9898	중식:불포함 석식:불포함
제2일 07/04	상 해	BUS	전일	호텔 조식후 ▶홍구공원,신천지,남경로 관광 ▶동방명주+역사박물관 ▶외탄 관광 호텔 투숙 및 휴식 HOTEL :스카이포춘호텔 021-3405-9898	조식:호텔식 중식:불포함 석식:불포함
제3일 07/05	상 해 인 천	OZ366	16:20 19:20	호텔 조식후 ▶예원+상해옛거리 관광 상해 출발/인천 도착	조식:호텔식 중식:불포함

지상비	$218/인*35+2FOC=$7630*1050=₩8,011,500
싱글차지	$90/인*1050=₩94,500
포함사항	호텔(2인1실) / 기본식사 / 전용차량-53인승2대/ 입장요 /가이드 및 기사비용
불포함사항	개인비용, 항공 공항세
쇼 핑	노쇼핑 기준
현지 가이드	1호차-이도령(남)189-1234-5025 2호차-성춘향(여)134-1234-5125

현지사정으로 인해 일정이 다소 변경될수도 있습니다. 참고하시기 바랍니다.

국외여행인솔실무

CHAPTER 02

국외여행안내 사전정보 확인

학 | 습 | 목 | 표

국외여행인솔자가 출국 전에 정확하고 구체적인 여행지의 정보를 수집하여 예약사항을 재확인하고 여행 전 필요한 물품을 정확하게 준비할 수 있도록 한다.

학습모듈의 내용체계

학 습	학습내용	수 준
1. 현지정보 수집하기	1.1. 행사확정서를 활용하여 여행일정 파악	3
	1.2. 여행일정에 따라 인터넷, 서적 등을 활용하여 현지정보 수집	3
	1.3. 여행일정에 따라 현지가이드를 통한 현지정보를 수집	3
2. 예약사항 재확인하기	2.1. 행사확정서를 활용하여 여행일정 재확인	3
	2.2. 여행일정에 따라 예약상태 재확인	3
	2.3. 일정상 변경이 필요한 경우 예약상황 변경	3
	2.4. 국가별 VISA 규정에 의거 고객 VISA 확인	3
3. 행사물품 준비하기	3.1. 행사확정서를 활용하여 여행일정에 필요한 행사물품 파악	3
	3.2. 여행일정에 따른 행사물품 준비	3

01 현지정보 수집하기

1. 여행일정 파악

국외여행인솔자는 행사확정서에 나타나 있는 일정을 날짜별로 출국에서부터 귀국까지 정확하게 파악하고 있어야 한다. 왜냐하면, 전체적인 일정에 대해서 고객이 언제, 어디서, 어떤 질문을 하더라도 항상 답변할 준비가 되어있어야 하기 때문이다. 또한 출발 전부터 여행 일정을 정확하게 파악하고 있어야 전체적인 일정의 조건과 진행의 내용을 알 수가 있다(그림 2.1 행사확정서의 예 참조).

1) 여행일정 요소

(1) 행사확정서 내의 요소

전체 일정에 대한 교통편, 이동시간, 현지기온, 환율, 식사종류, 기내식 제공 유 · 무, 기내서비스 제공범위, 방문할 국가에 대한 역사 · 정치 · 교육 · 음악 · 예절 · 풍습 · 사회 · 문화 · 지리 등

(2) 숙박관련 요소

예약호텔의 등급과 위치, 공항에서 호텔까지의 이동시간, 전화번호, 제공되는 부대서비스, 호텔이용 시의 주의사항 등

(3) 관광지의 관련요소

- 휴무일, 방문지 입장료 유 · 무, 입장시간과 퇴장시간
- 관광지에서 주의할 사항(교통사고, 소매치기 등)
- 추천할 만한 선택관광

- 추천할 만한 기념품이나 특산품 등의 쇼핑품목
- 인솔하는 단체의 인원, 성별, 연령, 성향 등

(주)AA TOUR

서울 종로구 내수동 100번지 100호
TEL : 02-123-4567 FAX : 02-123-4568

◆행 사 확 정 서 ◆

상품명: 일본 도야마 온천+단풍 여행 2박 3일(대한항공) 16+1THROUGH GUIDE 성인 ₩870,000 소아 ₩770,000 유아 ₩300,000					
DATE	CITY	TRANSIT	TIME	ITINERARY	MEAL
제1일 11/2 (금)	인 천 고 마 츠 도 야 마	KE775	07:00 09:10 10:50	인천 국제공항 3층 B 카운터 앞 집결 후 출국 수속 인천 국제공항 출발(1시간 40분 비행) 고마츠 국제공항 도착 후 세계 문화 유산인 시라카와 합장촌 관람 후 중식 일본의 3대 명산인 하쿠산 수퍼린도 절경 감상 호텔 투숙 석식(대게 1마리 포함) 및 온천욕 호텔: 야마노유 온천 호텔 www.yamanoyu.co.jp	중:현지식 석:호텔식
제2일 11/3 (토)	도 야 마 가나자와 도 야 마	전용 버스		호텔 조식 후 이시카와 전통 공예촌인 유노쿠니노모리 관람 단풍이 아름다운 바위와 숲으로 둘러싸인 나타데라[Natadera, 那谷寺(나곡사)]관광 가나자와로 이동하여 일본 3대 정원인 겐로쿠엔 공원, 옛 거리의 정취가 남아 있는 부케야시키 관광 후 호텔로 이동하여 석식 및 온천욕 호텔: 야마노유 온천 호텔 www.yamanoyu.co.jp	조:호텔식 중:현지식 석:호텔식
제3일 11/4 (일)	고 마 츠 인 천	KE776	10:00 12:20 14:00	호텔 조식 후 자스코 자유 관광 후 공항으로 이동하여 탑승 수속 고마츠 국제공항 출발 인천 국제공항 도착 후 해산	조:호텔식
*** 상기 일정은 항공 및 현지 사정으로 인하여 동급으로 변경 될 수 있습니다.					
포함 사항	왕복 항공료, 유류 할증료, 전용 차량(1일, 2일째는 전세 버스 3일째는 호텔 버스 24인승 기준입니다) 온천호텔(8방, 2인1실), 식사, 가이드, 관광지 입장료, 인천공항세, 관광 진흥 기금, 전쟁 보험료, 현지 공항세, 1억 원 여행자 보험, 인솔자 겸 가이드(쓰루 가이드) 동행합니다.				
불포함 사항	팁 전체 기사 팁 5,000엔 가이드 팁 10,000엔, 개인비용				
비 고	- 완벽한 행사가 될 수 있도록 최선을 다하겠습니다.				

그림 2.1 행사확정서의 예

2. 현지정보 수집

1) 방문국가의 일반적인 정보수집

방문하고자 하는 국가에 대한 정보를 인터넷과 여행정보 신문, 관련서적, 여행안내서Guide Book 등을 활용하여 수집한 후 숙지해야 한다. 또 각국 관광청이 제공하는 나라별 안내책자 및 지도와 리플릿Leaflet을 비롯하여 외교부의 안전한 국외여행 정보책자 등도 활용한다.

(1) 역사

방문하고자 하는 국가의 역사에 대한 이해는 현지의 관광자원과 여행 일정에 대한 관심을 증가시킬 수 있다. 일반적으로 방문국가의 역사에 대해서는 현지가이드가 설명을 해주고 있으나, 국외여행인솔자에게도 질문하는 경우가 있으므로 방문국가의 역사에 대해 사전에 학습해 두는 것이 고객에게 신뢰를 얻을 수 있는 방법이다.

(2) 정치 · 경제 · 사회 · 문화

관광객들은 방문하고자 하는 국가의 정치 · 경제 · 사회 · 문화에도 많은 관심을 가지고 있다. 그러므로 우리나라와의 외교관계, 무역거래 상황, 화폐단위와 환율 등 방문국가에 대한 전반적인 내용을 숙지해야 한다. 그러나 정치적으로 민감한 사안이나 사생활에 관련된 대화는 삼가는 것이 바람직하다.

(3) 기후와 지리, 면적

고객들이 가장 많이 질문하는 내용이므로 현지에 대한 기후는 기본적으로 파악해야 한다. 현지 기후에 따라서 복장 및 휴대품을 준비하기 때문이다. 또 방문국가의 지리를 우리나라와 비교해서 알아두어야 한다. 예를 들어, '남한 인구의 몇 배, 남한 면적의 몇 배, 그 나라의 수도는 어디?' 이런 식으로 파악하는 것이 좋다.

(4) 시차Time Difference와 서머타임Summer Time : 일광 절약시간제

미국, 캐나다, 유럽 등에서 시행하고 있으며, 우리나라는 1954~1961, 1987~1988년에 시행하다가 1989년에 폐지되었다. 아직도 대부분의 관광객들이 시차와 서머타임에 대해서 익숙하지 않으므로 사전에 정확하게 파악해야 한다.

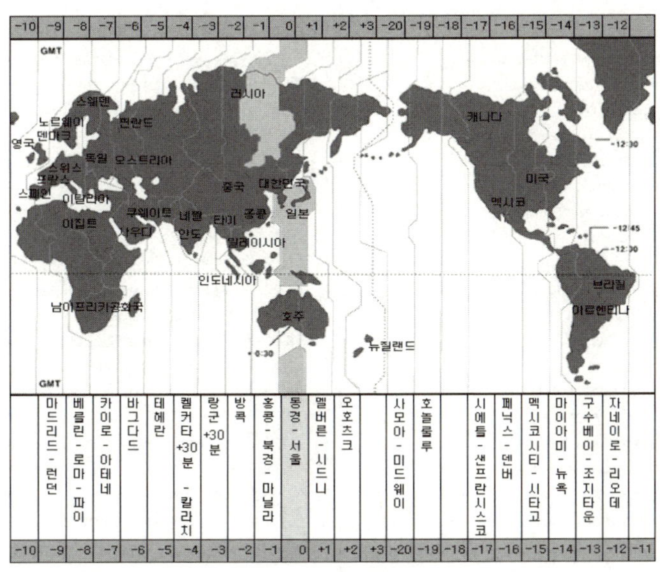

그림 2.2 세계의 시차표

(5) 방문국가의 최근 화제

방문국가의 최근 화제에 대해서도 수집해야 한다. 예를 들어, '월드컵 4강에 진출했다, 대통령 선거에서 누가 당선되었다.' 등의 정보를 수집한다면, 현지에서 대화를 할 때도 훨씬 친밀감을 표현할 수 있기 때문이다.

2) 현지관광에 필요한 정보수집

(1) 방문할 관광지 정보

여행 일정표에 나와 있는 관광지에 대해서 구체적으로 고객에게 설명할 수 있을

정도로 알아야 한다. 관광지에 대한 정보는 인터넷이나 가이드북Guidebook 또는 최근에 방문했던 인솔자를 통해서도 수집할 수 있으며, 다음의 각국의 관광청 홈페이지를 활용하는 것도 좋은 방법이다.

표 2.1 각국의 관광청 홈페이지

캐나다 관광청 http://kr-keepexploring.canada.travel	뉴칼레도니아 관광청 한국사무소 www.new-caledonia.co.kr
타이완 관광청 서울사무소 www.tourtaiwan.or.kr	멕시코 관광청 www.mexico-travel.com
타이완 관광청 www.taiwan.net/tw/	하와이 관광청 www.gohawaii.com/kr
호주 관광청 www.australia.com	필리핀 관광청 한국사무소 www.7107.co.kr
뉴질랜드 관광청 http://www.newzealand.com/kr	타이 관광청 www.visitthailand.or.kr
영국 관광청 www.visitbritain.com	일본정부 관광국 www.welcometojapan.or.kr
스위스 관광청 www.myswitzerland.co.kr	홍콩 관광청 http://www.discoverhongkong.com/kr/index.jsp
프랑스 관광청 http://kr.rendezvousenfrance.com	마카오정부 관광청 http://kr.macautourism.gov.mo/index.php
스페인 관광청 www.spain.info/	네팔 관광청 한국사무소 www.nepal.or.kr
독일 관광청 www.germany-tourism.de	이집트 관광청 한국사무소 www.myegypt.or.kr
이탈리아 관광청 www.italiantourism.com	싱가포르 관광청 http://www.yoursingapore.com
체코 관광청 www.czechtourism.com	베트남 관광청 www.travelvietnam.co.kr
그리스 관광청 www.visitgreece.kr	라오스 관광청 www.tourismlaos.org/kr
핀란드 관광청 www.travel.fi/	미얀마 관광청 http://kr.tourism-myanmar.org
덴마크 관광청 www.denmark.dt.dk/	아르헨티나 관광청 www.turismo.gov.ar
스웨덴 관광청 www.visitsweden.com	남아프리카공화국 관광청 www.southafrica.net
노르웨이 관광청 www.visitnorway.com	괌정부 관광청 www.welcometoguam.co.kr
스코틀랜드 관광청 www.visitscotland.com	마리아나 관광청 서울사무소 www.mymarianas.co.kr
터키 관광청 www.kultur.gov.tr/	이스라엘 관광청 www.goisrael.kr
러시아 관광청 www.russia-travel.com	페루 관광청 www.promperu.gob.pe
헝가리 관광청 www.hungarytourism.hu	

(2) 숙소

투숙하게 될 숙소의 이름, 등급, 위치, 전화번호, 객실 종류Room Type와 객실 수, 공항과 시내에서의 이동시간 등을 알고 있어야 한다.

(3) 식사

일정표에 대부분 조식은 호텔식, 중식은 현지식, 석식은 한식과 같은 형태로 많이 제공되는데, 식사 메뉴가 어떤 종류인지 구체적으로 파악해서 고객에게 알려주어야 한다. 또 기내식이나 도시락으로 대체되는 경우도 있는데, 이러한 경우에는 고객들의 불평이 발생하지 않도록 사전에 반드시 고지하도록 한다.

(4) 출 · 입국수속CIQ 절차

고객들은 어느 나라를 방문하더라도 인솔자에게 대부분 의지하기 때문에, 방문할 국가의 출 · 입국수속 절차에 대해 인솔자는 상세한 정보를 알고 있어야 한다. 출 · 입국수속 시 특정국가에서는 항공권 소지 유 · 무, VISA(입국사증) 소지 유 · 무, 반출 · 입금지 품목, 화폐소지 한도, 검역 등에 대해서도 철저하게 조사하기 때문에, 인솔자는 이에 대비하기 위해 사전정보 수집을 충분히 해야 한다. 일반여권 소지자의 국가, 지역별 무사증 체류기간 현황은 다음과 같다.

표 2.2 아시아지역 무사증입국 국가

국 가	일반여권	관용여권	외교관여권	무사증입국 근거	비 고
뉴질랜드	90일	90일	90일	협정	
대만	90일	90일	90일	상호주의	
동티모르	×	무기한	무기한	일방적 면제	
라오스	15일	90일(협정)	90일(협정)	일방적 면제/협정	
마카오	90일	90일	90일	상호주의	
말레이시아	90일	90일	90일	협정	
몽골	30일	90일(협정)	90일(협정)	일방적 면제/협정	최근 2년 이내 4회, 통산 10회 이상 입국자에 한함
미얀마	×	90일	90일	협정	
방글라데시	×	90일	90일	협정	
베트남	15일	90일(협정)	90일(협정)	일방적 면제/협정	
브루나이	30일	30일	30일	상호주의	
싱가포르	90일	90일	90일	협정	
인도	×	90일	90일	협정	
인도네시아	30일	14일(상호주의)	14일(상호주의)	일방적 면제/상호주의	
일본	90일	90일(협정)	90일(협정)	상호주의/협정	
중국	×	30일	30일	협정	
캄보디아	×	60일	60일	협정	
태국	90일	90일	90일	협정	
파키스탄	×	3개월	3개월	협정	
필리핀	30일	무제한(협정)	무제한(협정)	일방적 면제/협정	
호주	90일	90일	90일	상호주의	전자여행허가(ETA) 사전신청 필요
홍콩	90일	90일	90일	상호주의	

표 2.3 미주지역 무사증입국 국가

국 가	일반여권	관용여권	외교관여권	무사증입국 근거	비 고
가이아나	90일	90일	90일	상호주의	
과테말라	90일	90일	90일	협정	
그레나다	90일	90일	90일	협정	
니카라과	90일	90일	90일	협정	
도미니카(공)	90일	90일	90일	협정	
도미니카(연)	90일	90일	90일	협정	
멕시코	90일	90일	90일	협정	
미국	90일	×	×	상호주의	전자여행허가(ETA) 사전신청 필요
바베이도스	90일	90일	90일	협정	
바하마	90일	90일	90일	협정	
베네수엘라	90일	30일	30일	협정	
벨리즈	90일	90일(협정)	90일(협정)	일방적 조치/협정	
볼리비아	×	90일(협정)	90일(협정)	협정	
브라질	90일	90일	90일	협정	
세인트루시아	90일	90일	90일	협정	
세인트빈센트그레나딘	90일	90일	90일	협정	
세인트키츠네비스	90일	90일	90일	협정	
수리남	90일	90일	90일	협정	
아르헨티나	90일	90일(협정)	90일(협정)	상호주의/협정	
아이티	90일	90일	90일	협정	
안티구아바부다	90일	90일	90일	협정	
에콰도르	90일	3개월(협정)	업무수행기간(협정)	상호주의/협정	
엘살바도르	90일	90일	90일	협정	
온두라스	90일	90일	90일	상호주의	
우루과이	90일	90일	90일	협정	
자메이카	90일	90일	90일	협정	
칠레	90일	90일	90일	협정	
캐나다	6개월	6개월	6개월	상호주의	전자여행허가(ETA) 사전신청 필요(2016.3.15~)
코스타리카	90일	90일	90일	협정	
콜롬비아	90일	90일	90일	협정	
트리니다드토바고	90일	90일	90일	협정	
파나마	90일	90일	90일	협정	
파라과이	30일	90일(협정)	90일(협정)	상호주의/협정	
페루	90일	90일	90일	협정	

(5) 방문국가의 축제 및 공휴일

국외여행인솔자는 방문할 국가의 축제일이나 공휴일에 대해서도 정확한 사전정보를 수집해야 한다. 때로는 축제나 공휴일로 인해 방문지의 입장이 되지 않는 경우도 있기 때문이다.

(6) 방문국가의 출·퇴근시간 및 매장 영업시간

관광지로 이동 시 출근시간이나 퇴근시간에 걸리지 않도록 주의해야 한다. 특히 공항으로 이동할 경우에는 미리 교통정보를 파악하여 비행기를 놓치는 일이 없도록 해야 한다. 또 관광지나 숙소 주변의 매장 영업시간을 사전에 확인하여 고객에게 알려준다면 고객들이 편리한 시간에 매장을 이용할 수가 있다.

(7) 방문국가의 금기사항

관광활동을 하면서 문화와 전통이 다른 세계 각국의 사람들을 만날 때 종교나 관습에 의해 관광지에서 하지 않아야 할 사항들을 사전에 파악하여 고객들에게 고지해야 한다. 국제교류 간에 유의해야 할 국가들의 금기사항을 살펴보면 다음과 같다.

① 일본

- 일본인에게 선물할 때는 흰종이로 포장하지 않으며, 흰꽃도 선물하지 않는다.
- 일본인에게 칼(자살, 단절)은 선물하지 않는다.
- 약속을 중시하며, 약속을 지키지 않는 것은 명예를 훼손하는 것이다.
- 개인의 신상(결혼여부, 가족관계, 나이)에 대한 질문은 결례가 된다.
- 상대방에게 자신의 젓가락을 사용하여 음식을 건네는 것은 결례가 된다.

② 중국

- 박쥐는 행운을 전해주는 것으로 여긴다.
- 괘종시계는 장례식의 의미가 있으므로 선물하지 않는다.

- 자신이 사용하던 젓가락으로 음식을 집어주는 습관이 있다.
- 손수건은 슬픔과 눈물을 상징하므로 선물하지 않는다.
- 꽃은 생명이 짧고 장례용으로 사용하므로 선물하지 않는다.
- 현금을 줄 때 축의금과 선물은 짝수의 금액으로, 부의금은 홀수의 금액으로 줘야 한다.
- 백색과 청색은 장례식의 의미가 있으므로 사용하지 않는다.

③ 홍콩

- 두 개는 행운을 뜻하므로 선물할 때는 두 개의 선물을 하면 좋다.
- 접시에 놓인 생선은 뒤집지 않는다(배를 뒤집는다는 의미).

④ 대만

- 흰색과 숫자 4를 싫어한다.
- 중국대륙과 관련된 이야기는 피하는 것이 좋다.
- 초대를 받았을 때는 아이들을 위한 선물을 가져간다.
- 선물을 받았을 때 준 사람 앞에서 열어보지 않는 것이 매너다.

⑤ 몽골

- 티베트 불교인 라마교를 신봉하며, 타종교에 배타적인 편이다.
- 우호적인 관계를 가지려면 관습적으로 권유하는 마유주를 나눠마셔야 한다.
- 몽골인들은 물고기를 먹지 않는다.
- 불길한 일에 대해서는 언급하지 않으며, 칭찬을 많이 한다.

⑥ 베트남

- 정이 많은 민족이므로 외국인에게 우호적이다.
- 숫자 9를 좋아하고, 13을 액운의 숫자로 생각한다.
- 체면을 중시하고, 자존심이 강해서 사과 대신에 변명을 많이 한다.

⑦ 태국

- 아이가 귀엽다고 머리를 만지면 안 된다(신체에서 가장 높은 부분).
- 발로 사물이나 물건을 가리키지 않는다(신체에서 가장 낮은 부분).
- 사원을 출입할 때 반바지, 짧은 스커트, 민소매 차림은 금물이다.
- 여성 관광객은 승려와 악수를 하거나 물건을 건네는 것은 금물이다.

⑧ 싱가포르

- 법률과 규정이 많고 엄격하게 집행한다.
- 체면을 중시하고, 약속시간 늦는 것을 모욕이라고 생각한다.
- 길거리에서 침을 뱉거나 휴지를 버리면 벌금을 부과한다.
- 아주 친하지 않으면 선물을 하지 않는다.
- 애완동물을 데리고 차에 탈 수가 없다.

⑨ 인도네시아

- 왼손은 부정한 손으로 간주하므로 사용하지 않는다.
- 돼지고기나 술은 입에 대지 않는다.
- 노출이 심한 복장은 결례가 된다.
- 무의식중에 사람을 툭툭 치는 행위를 해서는 안 된다.
- 머리를 신성시하므로 함부로 만지지 않는다.

⑩ 필리핀

- 영어를 사용하며, 악수가 보편적인 인사다.
- 필리핀 가정에 방문했을 때 연장자 순으로 인사한다.
- 음식은 개인접시에 덜어 오른손으로 먹는다.
- 식사 후에 트림을 하는 것은 음식이 매우 맛있다는 뜻을 의미한다.
- OK 사인은 돈을 의미한다.

⑪ 인도

- 외모로 사람을 판단하는 관습이 있으므로 복장에 신경을 써야 한다.
- 힌두교도는 소고기를 먹지 않으며, 소를 신성시한다.
- 음식을 전할 때는 오른손을 쓴다. 왼손은 화장실에서만 사용한다.
- 차도르 차림의 여성을 사진 찍는 것은 실례이다(사전에 양해를 구함).

⑫ 터키

- 사전에 약속을 해야만 상담이 가능하다.
- 손님에게 항상 차를 대접한다.
- 음식을 식힐 때 입으로 불지 않는다.
- 음식에 코를 대고 맡지 않는다.

⑬ 영국

- 줄서서 기다리는 것에 익숙해져야 한다.
- 저녁약속은 적어도 1개월 전에 해야 한다.
- 식사매너가 엄격한 편이다. 음식을 권하면, 처음 한 번은 사양하는 것이 에티켓이다.
- 소리 내어 웃는 것은 신사가 아니라고 여긴다.
- 집으로 초대를 받으면 초콜릿 등을 준비해가면 좋다.

⑭ 프랑스

- 남의 물건에 손대는 것은 실례이다.
- 관공서나 공공장소를 갈 때는 정장을 한다.
- 와인에 대한 상식을 가지고 있으면 좋다.
- 사전에 약속을 해야만 사람을 만날 수 있고, 초대받았을 때 특별한 언질이 없으면 부부동반이 상식이다.

⑮ 스페인

- 신발을 벗어 발을 보이는 것은 실례다.
- 우정, 의리, 신뢰를 중시한다.
- 약속을 하면 1, 2시간을 기다리는 것은 기본이다.
- 옷을 잘 입어야 대접을 받는다.
- 점심식사는 2~4시, 저녁식사는 9~11시 사이에 한다.

⑯ 이탈리아

- 내용보다는 형식을 중시한다.
- 식사 도중 팔을 식탁 밑으로 내리지 않으며, 팔꿈치는 식탁 위에 올리지 않는다.
- 악수를 할 때는 팔꿈치를 붙잡고 한다.

⑰ 그리스

- 머리를 끄덕이는 것이 'No'의 표시이고, 좌우로 흔드는 것이 'Yes'의 표시다.
- 작별을 할 때 손을 흔드는 동작은 멸시와 모욕을 의미한다.
- 오후 4~6시 사이에는 낮잠을 즐기므로 방문이나 전화를 삼가 한다.

⑱ 독일

- 악수는 강하고 짧게 흔들고, 고개를 숙이는 일은 없다.
- 꽃을 선물할 때는 홀수로 하되, 13송이는 삼가 한다.
- 장미는 구애를 뜻한다.
- 선물을 할 때 흰색, 검은색, 갈색 포장은 실례다.
- 여성이 방에 들어오면 연령이나 지위에 관계없이 일어선다.

⑲ 러시아

- 면담 약속은 금요일과 월요일은 피한다.
- 경로사상이 강하고 가부장적인 사회다.

- 향수, 계산기, 지갑 등의 선물을 좋아한다.

⑳ 미국

- 공공장소에서 여성을 배려한다.
- 엘리베이터에 여성이 타고 있으면, 남성은 모자를 벗어야 한다.
- 신발을 신는 것을 옷의 연장으로 생각하기에 신발을 벗지 않는다.
- 약속시간은 1주일 전에 하는 것이 좋다.
- 비즈니스를 할 때는 정장을 입어야 한다.
- 택시를 탈 때 운전자 옆자리는 절대 앉지 말아야 한다.
- 선물을 받았으면 즉시 풀어보는 것이 매너다.
- 미국은 팁 문화가 발달된 나라다(금액의 10~15%를 팁으로 건넨다).
- 남성이 실내에서 모자를 쓰는 것은 실례다.
- 점심은 간단히 하고 저녁을 풍성하게 먹는다.
- 백합은 선물하지 않는다.

㉑ 캐나다

- 언어나 정치적인 이야기는 피한다.
- 상대방의 가정에 대한 질문도 피한다.
- 팁 문화가 일반화되어 있다.
- 백합은 선물하지 않는다.

㉒ 멕시코

- 회사나 관공서를 방문할 때는 비서를 통해 약속한다.
- 노란색 꽃은 선물하지 않는다.
- 은제품의 선물은 피하는 것이 좋다.
- 관공서는 3~5시까지 점심시간이다.

㉓ 브라질

- 식사 중에는 이야기를 하지 않는 것이 매너다.
- 검은색이나 자주색의 선물은 피한다.
- 넥타이 착용은 신분이나 지위를 나타낸다.
- 비즈니스 할 때는 편안한 복장을 좋아한다.
- 'OK'라는 제스처를 취하지 않는다.

㉔ 호주

- 공공장소에서 음주, 방뇨, 성적 행동은 위법이다.
- 대부분의 건물과 공공장소는 금연구역이다.

㉕ 뉴질랜드

- 원주민인 마오리족은 코를 맞대고 비비는 인사를 한다.
- 외국인에게 우호적이고, 사람만나는 것을 좋아한다.

㉖ 이집트

- 이슬람 여성들과는 대화를 자제한다.
- 공공장소에서 날고기나 돼지고기를 먹는 것을 자제한다.
- 남자가 금반지를 끼는 것은 금물이다.
- 여성에게 사진을 찍자고 요청하는 것은 금물이다.

3. 현지가이드를 통한 정보수집

현지가이드를 통하여 방문국가에 대한 정보를 수집한다. 방문국가에 대한 정보 가운데 인터넷과 서적을 활용하고도 모자라거나 최근의 부족한 정보에 대해서는 현지가이드Local Guide를 활용하여 수집하도록 한다. 또한 각종 테러 및 안전사고, 소매치기, 관광객의 건강관리와 관련이 있는 주의사항이나 안전에 관한 최근의 정보를 현지 가이드를 활용하여 수집한다.

이를 위해서는 한국에 있는 여행사에 문의하여 해당국가의 가이드 이름과 전화번호, 이메일 등을 파악하여 직접 연락하고 최근의 궁금한 사항들에 대해 사전에 필요한 정보를 수집해야 한다.

4. 세계의 문화관광

1) 문화의 정의

우리는 주변에서 문화라는 단어가 포함된 용어들을 쉽게 접할 수 있다. 문화유산, 대중문화, 문화정책, 문화시민, 전통문화, 동양문화, 서양문화, 문화체험, 인터넷문화, 문화산업, 문화예술, 문화콘텐츠, 문화교류 등에서부터 앞으로 학습하려고 하는 문화관광에까지 일상생활 다방면에서 문화는 우리생활과 밀접한 관계가 있음을 알 수 있다.

'문화'라는 단어의 뜻은 서구의 관점에서 접근하자면 라틴어의 Cultura에서 파생된 단어인 Culture를 번역한 말로서 경작이나 재배의 의미를 가지고 있다. 문화의 정의를 내린 사람은 영국인 에드워드 버넷 타일러Edward Burnett Tylor로서 1871년에 출간한 그의 저서 『원시문화Primitive Culture』에서 "문화란 지식 · 신앙 · 예술 · 도덕 · 법률 · 관습 등 인간이 사회의 구성원으로서 획득한 능력 또는 습관의 총체"라고 정의를 내렸다. 그렇다면 문화라는 단어가 왜 농사를 짓는다는 뜻에서 기원하였는지에 대해서 생각해 볼 필요가 있다.

동양에서 문화의 개념은 우선 문화를 의미하는 한자어를 그대로 풀이했을 때 '文化'라는 한자어는 "문화란 문자화가 되는 것"을 뜻한다. 그러므로 서양에서 문화를 정의하는 시점을 인간이 한 곳에 정착하여 생활하면서 형성된 생활양식에서부터라고 볼 수 있다면, 동양적 관점에서 문화는 문자가 발명되어 선조들의 생활양식이 문자로 기록되기 시작한 것을 문화로서 인지했다고 볼 수 있다. 사전에서는 "자연상태에서 벗어나 일정한 목적 또는 생활 이상을 실현하고자 사회구성원에 의해 습득, 공유, 전달되는 행동양식이나 생활양식의 과정 및 그 과정에서 이룩해 낸 물질적 · 정신적 소득을 통틀어 이르는 말로써 의 · 식 · 주를 비롯하여 언어, 풍습, 종교, 학문, 예술, 제도 따위를 모두 포함한다."라고 설명하고 있다.

문화에 대한 정의를 보면서, 문화란 그 범위가 상당히 방대하며 포괄적이고 총체적인 개념을 가지고 있다는 것을 알 수 있다. 19세기 말까지 문화에 대한 연구는 철학에서 다루어졌으나, 20세기부터 학문분야의 체계화와 과학의 급속한 발달로 과학적인 새로운 학문분야가 다양하게 발전하였다. 오늘날 문화를 연구하는 학문은 사회학, 인류학, 고고학, 언론학, 심리학, 정치학 등을 비롯하여 인문, 경영, 예술 분야에 이르기까지 많은 분야에서 각자의 학문 완성을 위해 인간현상을 심도 있게 연구하려는 노력이 시도되고 있다.

2) 문화의 지역적 분류

세계의 문화를 지역적으로 분류한다면, 크게 아시아 문화권, 유럽 문화권, 아메리카 문화권, 아프리카 문화권, 오세아니아 문화권 등 다섯 개의 문화권으로 분류할 수 있다.

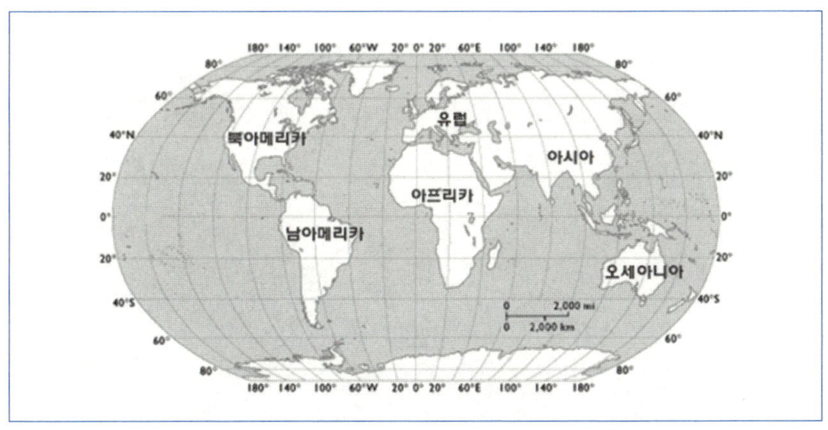

그림 2.3 세계의 문화권역 구분

1) 아시아의 문화권

아시아대륙의 지역적 경계는 아프리카-유라시아의 거대한 땅덩어리에서 유럽과 아프리카를 제외한 부분이다. 그 경계선은 유럽과의 경계에서 명확하지 않으며, 아프리카와 아시아는 수에즈운하 근처에서 만난다. 아시아와 유럽의 경계는 다르다넬스해협, 마르마라해, 보스포루스해협, 흑해, 코카서스, 카스피해, 우랄강(혹은 엠바강), 그리고 우랄산맥과 노바야제믈랴섬까지를 경계로 한다.

아시아는 역사적으로 세계 최대의 인구를 가진 지역이다. 현재도 전 세계의 인구 60%가 아시아에 살고 있다. 47개 국가가 아시아권에 속해 있으며, 특히 인도와 중국만 합해도 약 20억이 넘는다. 이렇게 많은 인구가 살고 있는 것은 전통적으로 벼농사를 하기 때문이다. 벼농사는 면적 당 인구 부양력이 클 뿐만 아니라 많은 노동력을 필요로 하기 때문이다. 따라서 아시아의 인구분포를 보면, 벼농사를 주로 하는 충적평야 지역에 인구가 집중되어 있고, 유목에 의존하는 건조 지역은 상대적으로 인구밀도가 낮다.

아시아의 동북부 지역을 지정하면, 좁은 의미로는 한국과 일본, 중국으로 한정하고 넓은 의미로는 중국 둥베이 지방과 몽골, 러시아 극동 지역을 포함한다. 구체적으로는 대한민국과 북한, 일본, 중국, 타이완, 몽골, 러시아 극동 지역과 시베리아 지역을 가리킨다.

그림 2.4 아시아의 문화권역

동북아시아 문화의 특징은 유교적 가치관을 바탕으로 한 역사적 배경으로 인해 예절을 중요시 하고 남성중심적 사상이 강하다. 종교는 역사적으로 볼 때 불교가 가장 많은 영향을 끼쳤다. 또한 동북아시아 국가들은 한자문화권에 속하여 중국의 한자를 시초로 하여 각 국가별로 독특한 한자의 생성, 구조의 변경, 발성에까지 다양하게 변형시켜 사용하였다.

(1) 중국의 문화적 배경

중국은 북의 고비사막과 알타이산맥, 서쪽의 천산산맥과 타림분지, 서남의 티베트 고원과 히말라야산맥, 남의 인도차이나산맥, 동남의 동중국해 등 험준한 산맥과 사막, 그리고 바다에 둘러싸여 외부로부터 고립된 형태의 국가이다. 실크로드가 서방세계와의 교류를 도모하였으나, 거리와 위험성에 있어서 민간인이 자유로이 왕래할 수 있었던 루트로 발전하기에는 많은 제한이 있었다.

중국인은 황하강을 기반으로 황하문명을 탄생시켰고, 이에 비해 중국의 주변 국가들은 중국보다 늦은 문명의 발달로 인해 중국인들은 스스로가 우월하다는 민족의식을 가지게 되었다. 이런 이유로 중국이라는 국가명도 '세상의 중심국가'라는 의식에서 시작되었다. 중국이 세상의 중심이며 가장 영화롭다는 중국의 중화사상은 중국이 처했던 지리적 · 역사적 환경에 의해서 만들어졌다고 볼 수 있다.

중화사상中華思想, Sinocentrism이란, 중국이 자국의 문화와 국토를 자랑스러워하며 타민족을 배척하는 사상이다. 여기서의 중화는 '세계 중심의 우수한 나라'라는 뜻이며, 그 밖의 나라는 오랑캐로 여기어 천시한다. 따라서 화이사상(華夷思想)이라고도 한다. 이 사상은 춘추전국시대부터 진(秦) · 한(漢) 시대에 걸쳐 형성되었다. 특히 한대(漢代)의 공양학(公羊學)에서 두드러졌다. 한족의 문화 전통을 지키겠다는 취지에서 불교를 배척하고 유교사상을 강화했는데, 이것이 바로 주자학(朱子學)이다. 중국은 주변민족을 동이, 북적, 남만 등으로 불리며 무시하는 경향을 띠었다. 그 후 만주족(滿洲)이 중국을 통치하며 청나라가 건국되었고 반만사상(反滿思想)이 재연되었다. 또한 서양제국과의 외교 교섭을 가지려 하지 않았기 때문에, 서양문화의 수용을 저해하였다. 그러나 차츰 서양문화의 가치를 인식하게 되었고, 왕조체제의 붕괴와 함께 기존의 중화사상은 사라졌다.

그러나 20세기 이래로 중국 내부에서 다수의 한족과 지배받는 나머지 소수민족이 갈등관계에 놓이자, 때때로 한족 사이에서 중화사상과 같은 것이 발현되기도 하였다. 이것이 티베트인의 반중국 시위 등을 유발하는데 일정 부분의 역할을 하였다. 하지만 20세기 국제정세에 맞게 민족적으로 중화사상이 일부 있는 부분도 있으나, 중화사상을 유화하고 개방적으로 받아들이려는 움직임이 일어나고 있다.

(2) 동남아시아 지역

동남아시아 문화권에 속하는 국가로는 태국, 필리핀, 싱가포르, 말레이시아, 인도네시아, 베트남 등이 있다. 적도에 가까이 위치하고 있어 대부분의 국가가 열대성 기후의 환경을 가지고 있다.

동남아시아는 종교적으로도 매우 복잡한 구조를 가지고 있는 지역이다. 인도와의 교역으로 힌두교와 불교가 들어왔으며 태국, 미얀마, 캄보디아, 라오스, 인도네시아 일부지역 등이 대표적인 불교국가이다. 이슬람교는 인도네시아 총인구의 88%가 이슬람교도인데, 그 수가 약 1억 명에 달할 것으로 추정된다. 말레이시아는 50%의 인구가 믿고 있으며 말레이시아의 국교가 이슬람교이기도 하다. 필리핀은 동남아시아에서 유일한 그리스도교 국가이다. 16세기에 스페인의 식민지가 되면서 스페인의 종교인 가톨릭이 전파되었고, 19세기 말에 미국의 지배하에 들어갔었지만 가톨릭교가 가장 큰 비중을 차지하고 있다. 또한 동남아시아 주요 도시에는 대거 거주하는 화교들에 의해서 유교, 도교, 불교가 큰 대립 없이 베트남, 싱가포르 등의 국가에서 병존하고 있다.

(3) 인도

인도는 세계에서 역사가 가장 일찍이 발달한 나라들 중 하나로, 기원전 2500년 무렵에 인더스Indus강 유역에 청동기 도시문명이 형성되었다. 그리고 기원전 7세기 무렵에는 불교와 자이나교가 흥기하는 등 인도의 특색 있는 문화와 사회 형태가 만들어졌다. 그 뒤 마우리아Maurya 제국이 인도의 통일제국을 이룩하였다.

1765년부터 인도는 영국의 식민지 지배를 받기 시작했다. 영국은 1858년 명목상 동인도회사를 통한 식민지배를 직접 통치로 전환하였다. 제1차 세계대전 후 간디의 지도하에 비폭력적인 저항운동이 시작되면서부터 젊은 사람들 사이에 사회주의나 공산주의 사상이 퍼져 나갔으며, 노동운동이나 농민운동도 활발해졌다. 1947년 8월 힌두교와 이슬람교의 대립으로 인도는 인디아공화국과 파키스탄공화국으로 분리해서 각각 독립하였다.

인도는 풍부한 인적 · 물적 자원을 바탕으로 한 자급자족적인 경제구조, 국민경제의 농업 의존성, 격심한 빈부격차 등을 특징으로 한다. 그리고 독립 이래로 사회주의적인 혼합경제 체제를 유지해 오고 있다. 그러나 인종 · 종교 · 언어의 다원성과 이질적 문화의 공존, 카스트제도 등으로 인해 경제발전이 침체되어 있다. 풍토조건이 상이한 광대한 지역, 지방에 따라 다양한 인종과 180여 종의 복잡한 언어, 종교 간의 갈등, 격심한 빈부격차와 68%의 높은 문맹률, 생활 저변에까지 깔려 있는 사회적인 신분제도(카스트제도) 등의 많은 이질성 · 다양성, 그리고 갈등요소를 가진 복합사회이고, 원칙적으로 외국 이민이나 거주를 목적으로 하는 장기체류 외국인들을 받아들이지 않는 국가이기도 하다.

2010년 말 기준으로 중국의 인구가 13억 4천만으로 집계되었고, 인도는 12억 1천만 명으로 세계에서 두 번째로 인구가 많은 국가로 인구증가 비율로 봤을 때 앞으로 10년 안에 중국의 인구를 넘어설 것으로 예상하고 있다.

(4) 중앙아시아 지역

중앙아시아는 카자흐스탄, 우즈베키스탄, 투르크메니스탄, 타지키스탄, 키르기스스탄, 몽골, 중국의 신장 위구르 자치구, 티베트 자치구로 구성되어 있다. 텐산산맥과 높은 고원 및 카라쿰사막, 키질쿰사막, 타클라마칸사막 등의 넓은 사막, 나무가 없는 초원지대 등으로 이루어져 있다. 대부분의 땅은 너무 건조하거나 거칠어 농사에 적합하지가 않다. 인구 대부분이 목축으로 살아가며, 산업 중심지는 지역 중심의 도시에 있다.

주민들은 주위의 여러 산지에서 흘러내리는 하천들이 산기슭에 이르러 사막으로 흡수되는 지점에 살면서, 이들 강물이나 지하수를 이용하여 보리나 채소를 재배하고 과수원을 운영한다. 사막 속의 섬, 즉 오아시스를 형성하며 산 중턱이나 골짜기 사이에 펼쳐진 스텝 지역에서는 유목이 생활의 기반이 된다. 이 지역의 역사는 오아시스를 중심으로 이루어졌으며, 오아시스의 주민들은 대상에 의한 중계무역을 통하여 고립된 환경과 생산부족에서 벗어날 수가 있었다. 유목생활 역시 대상활동을 중심으로 발전하였다.

중앙아시아는 아리아인의 시대에서 투르크인에 의한 이슬람문화가 번영하였고, 그 뒤 몽골의 후손인 티무르에 의해서 티무르제국이 중앙아시아의 주도적 역할을 하였다. 티무르 왕조시대의 수도인 사마르칸트는 국제적인 상업도시로서 번영하여 왕년의 바그다드를 능가할 정도로 번영했다. 예술 · 문화면에서는 이란문화의 영향이 강하고, 역대 군주의 보호 및 장려에 의해 티무르풍(風)의 이슬람문화가 발달했다. 건축양식에서는 중국식의 탑과 유목민족의 천막을 조합한 독특한 사원이 만들어졌고, 회화에서는 이란풍의 미니아튀르(세밀화) 예술이 발달했다. 이란의 문학에서는 티무르왕조시대에 시인 자미의 이름이 가장 알려졌고, 아라비아수학 · 천문학 · 의학 · 지리학 · 역사학 등도 발달하여 이슬람세계에 커다란 영향을 주었다.

(5) 오리엔트 지역

오리엔트 문명은 세계에서 가장 오래된 역사를 가지고 있다. 그 이유는 인류역사의 대부분을 차지하는 자연의존적인 수렵과 채집생활에서 벗어나 농경과 목축이라는 정착형 생산경제로 전환한 데에 있다. 그 결과, 생활에 여유가 생겨 분업이 생기고 건축, 도자기 제조, 기계 등의 기술이 발달함으로써 이집트, 시리아, 팔레스타인 지방에서 메소포타미아에 걸친 '기름진 초승달지대'가 고대 오리엔트 문명의 모태가 되었다. 문명 발생을 설명하는 요소로는 국가의 성립, 문자 사용, 야금술이나 기념건조물의 발달 등을 들 수 있다.

오리엔트 문명의 위치는 이집트와 서아시아 일대를 총칭하며, 이 지방의 중심지는 티그리스 · 유프라테스강의 유역인 메소포타미아와 나일강 유역인 이집트로서, 두 지방 모두 BC 3000년 전 · 후에 국가가 성립되고 문명이 시작되었다. 오리엔트 문명에 대한 연구는 18세기 후반부터 오리엔트 각지에 남아 있는 유적들이 서양인들의 주목을 받아, 그곳에서 발굴된 조각품이나 점토판문서 등에 대한 조사로 시작되었다. 1822년 프랑스인 J.F. 샹폴리옹은 이집트의 성각서체(신성문자)를 해독하고, 1847년 영국인 H.C. 롤린슨은 설형문자를 해독함으로써 고대 오리엔트에 관한 문헌 연구가 본격화되었다.

19세기 중엽부터 유적의 발굴조사는, 수천 년 간 토사(土砂)에 파묻혀 있던 고대도시와 신전, 궁전, 분묘 등을 발굴하여 역사적 사실을 밝혀냈다. 이후 문헌학, 고고학의 양면에 걸친 연구에 따라 고대 오리엔트 문명에 대한 연구는 큰 진전이 있었다. 오늘날에는 고대 오리엔트 문명을 제외하고 인류문화사를 논할 수 없게 되어 있으며 그 세계사적 의의는 매우 크다.

2) 유럽의 문화권

유럽은 46개의 국가가 모여 있는 인구 약 7억 3천만 명(2002년 기준)이 살고 있으며 오세아니아 대륙보다 조금 넓은 면적인 1,018km^{2}이다. 유럽의 지리적인 위치는

그림 2.5 유럽의 문화권역

유라시아의 서쪽 1/5에 해당하는 지역을 의미한다. 서쪽에는 대서양, 북쪽에는 북극해, 동쪽에는 우랄산맥과 우랄강, 남동쪽에는 카스피해, 캅카스산맥, 흑해, 남에는 지중해 등이, 동쪽으로 아시아, 남쪽으로 아프리카와 경계를 이룬다. 유럽은 대륙 및 그 주변의 크고 작은 섬들과 해역을 포함한다.

유럽은 서유럽과 동유럽, 남유럽과 북유럽으로 나눌 수 있다. 동유럽은 러시아, 루마니아, 몰도바, 벨라루스, 불가리아, 슬로바키아, 체코, 폴란드, 헝가리 등의 국가로 구성되고, 서유럽은 네덜란드, 독일, 룩셈부르크, 리히텐슈타인, 모나코, 벨기에, 스위스, 오스트리아, 영국, 프랑스, 아일랜드가 속한다. 남유럽은 에게해 제도와 이오니아 제도를 포함하여 그리스, 마케도니아, 모나코, 몰타, 불가리아, 산마리노, 세르비아, 스페인, 안도라, 알바니아, 이탈리아, 지브롤터, 포르투갈, 프랑스가 포함되어 있다. 북유럽에 속하는 국가로는 노르웨이, 스발바르제도, 덴마크, 리투아니아, 스웨덴, 아이슬란드, 에스토니아, 영국, 핀란드 등이 있으며, 중앙유럽에는 독일, 리히텐슈타인, 스위스, 슬로바키아, 슬로베니아, 오스트리아, 체코, 폴란드 등의 국가들로 구성되어 있다.

3) 문화관광의 개념

문화관광이란 협의로는 연구여행, 예술문화여행, 축제일 기타 문화행사 참여, 유적지 및 기념비 방문, 자연 · 민속 · 예술연구여행, 성지순례들과 같은 문화수준을 향상시키고 새로운 지식, 경험, 만남을 증가시키는 등 인간의 다양한 욕구를 충족시키는 의미에서 인간의 모든 행동을 포함하는 것이다. 문화관광에 대한 개념을 피력한 학자들의 견해를 보면 다음과 같다.

> "유적, 유물, 전통공예, 예술 등이 보존되거나 스며있는 지역 또는 사람의 풍요로웠던 과거에 초점을 두고 관광하는 행위이다. 계획적인 전략으로 문화관광은 지방과 국가 복지, 기업체 그리고 환경요건과 관광객의 욕구와 균형을 맞추면서 그 지방 주민과 방문객을 위해 풍요로운 환경을 창출하기 위해서 시도되기도 한다." 〈안종윤, 1985〉

> "문화관광이란, 인간의 정신과 물질세계 전반을 포함하는 총체적 개념으로 이해할 수 있다." 〈이선희, 1996〉

"문화관광은 좁은 의미에서는 연구관광, 무대예술, 문화여행, 축제와 그 외의 문화행사, 역사적인 장소와 유적, 자연과 민속, 예술을 배우는 여행, 순례 등의 문화적인 동기에 의한 인간행위가 포함된다. 광의로 볼 때, 문화관광에는 인간의 움직임 모두가 포함되는지도 모른다. 왜냐하면, 모든 인간의 움직임은 인간의 다양한 요구를 충족하고 그에 따라 많은 경우 문화수준을 높이고 지식과 경험 및 만남의 기회를 넓히는 것이 되기 때문이다." 〈WTO, 1985〉

진정한 관광발전을 위해서는 인간과 문화 차원에서 관광사업의 중요성이 표출되고 강조되어야 한다. 따라서 서민사회의 희로애락, 미풍양속, 농경사회의 관습 등을 잘 나타내는 우리 문화의 근원을 잘 살펴봄으로써 아름다운 우리 문화를 우리들이 다시 발견하여 계승·발전시켜 나가고, 외국인들에게는 우리 문화의 우수성을 보여주는 의미에서 값진 문화유산을 발굴해서 이를 활성화하는 것이 문화관광의 입장에서 주된 관심사이다.

역사로 볼 때, 한 나라의 문화는 그 나라를 찾아온 모든 관광객에게 관심대상이 되거나 표적이 되며, 그것은 직·간접으로 관광이라는 이문화(異文化) 체험을 통해 그 나라의 정치·사회·문화·예술 등 사회 전반에 관한 폭넓은 식견과 상호이해의 바탕을 구축하는데 매우 유용한 수단이 되었다. 따라서 문화는 오늘에 이르기까지 관광의 본질로써 그리고 관광활동 그 자체가 문화의 중요한 한 부분으로 우리들에게 주는 의미는 매우 크다.

(1) 현지 문화

현지 문화란, 관광객을 받아들이는 사회의 문화이다. 관광에 의해서 자연환경이나 문화적 전통이 파괴된다는 식으로 관광이 현지사회에 미치는 영향을 부정적으로 보는 시각이 많다. 그러나 관광이 어떤 종류의 문화 변용을 초래한다는 이유만으로는 설명이 불충분하다.

각 지방은 나름대로의 독특한 문화를 가진다. 곧 현지 문화이다. 오랜 세월 동안 윤색되고 강조되어 왔기 때문에, 전반으로 다른 문화와는 같지 않은 문화 유형을 가진다. 관광산업이 발전시키고 추구하는 것은 바로 이 독특한 자원인 것이다. 이것은 다른 것과는 비교될 수 없는 상품인 것이다. 그러므로 각 지방과 그의 문화 및 외적인 자원은 독특한 것이어야 하며 다른 곳에서 효과가 있었던 것이어서는 안 된다. 이러한 독창성이 외래인의 현지 유입을 유도하며 관광현상을 창출시킨다.

현지 문화만을 볼 때는 상대적으로 간단하다. 그러나 관광이 필요로 하는 문화의 만남이 문제로서 제기되면 문제는 보다 복잡해진다. 그러므로 더 많은 연구를 해야 하는 부분들은 둘 다 외래 문화인 관광객 문화와 수입 문화를 어떻게 수용해서 균형이 깨지지 않게 하는가 하는 것이다.

(2) 관광객 문화

스미스Smith는 “관광객이란 변화를 경험하기 위해 집에서 떨어진 장소를 자발적으로 찾아가는 일시적으로 여가상태에 있는 사람”이라고 했다. 집에서 멀리 떨어진 장소로 이동한다는 것은 평소에 익숙한 공간에서 낯선 공간으로 이동하는 것을 뜻한다. 이러한 시간적 · 공간적 이행을 통해 관광객이 추구하는 것은 변화의 경험이다. 평상시와 다른 경험, 이것이 관광의 본질을 구성한다.

관광객 문화란, 관광객이 여행 도중 행하는 생활방식을 말한다. 분석한다는 목적에서 보면 관광객을 배출한 문화(수입 문화)는 이에 포함되지 않는다. 특정 국민 및 특정 지방과 관련된 다른 문화와는 다르게 관광객 및 그들의 문화는 경계선을 인정치 않는다. 이것은 문화 표현으로, 한 가지 생활방식으로써 관광객 개인에게는 성격상 일시적이지만 대상국가의 입장에서 볼 때는 관광객 문화는 독특한 성을 가진 것으로서 꽤 오래 계속되는 것이다. 관광객 문화 및 그 수행자들은 쉽게 인식할 수 있으며 여러 가지 방식으로 묘사될 수 있다. 한 예로, 관광소비는 현지인에게 추가적인 수입을 창출시키고 그로 인한 생활의 변화를 초래하지만, 이 변화는 지역사회의 안정을 위협할 정도의 심각한 양상으로 전개될 수도 있다.

현지인들은 외래객들의 과소비 형태에 노출되고 이들과 접촉할 기회가 많아짐으로써 그들이 유지해 온 전통적인 생활양식을 모방하려는 심리가 생길뿐더러 전통적으로 유지해 온 가치에 대한 자부심마저도 상실하는 상황에 이르게 된다.

(3) 수입 문화

수입 문화란, 관광객의 모국 문화를 말한다. 관광객은 나름대로의 현지 문화를 가진 지방에 도착하지만, 그들의 개인으로나 단체로 그들의 모국 문화에 영향을 받는다. 곧 그들은 자신의 문화적 보따리를 가지고 온다. 이 '보따리' 문화는 앞에 언급한 문화들과는 달리 '한 가지 문화'라고 편리하게 말할 수는 없다. 국제관광의 경우, 외래객과 현지인 간에 일어나는 경제적 불평등은 가진 자와 못 가진 자 간의 관계이다. 다시 말해, 가진 자는 못 가진 자의 생활을 관람하는 대가로 현금을 지불하는데, 이로써 현지인들은 경제적 · 문화적 열등감과 함께 박탈감도 경험한다. 관광객은 그들의 모국 문화를 현지 문화에 이식시킴으로써 많은 사회 · 경제적 영향을 현지 문화에 미친다. 이러한 수입 문화는 문화접촉, 문화전파, 문화접변, 문화지체 현상으로 나타난다.

4) 세계의 관광지 문화

(1) 중국

세계 4대문명 발상지이기도 한 중국은 광대한 영토를 가지고 있어 아한대, 온대, 아열대, 열대의 기후대에 있고, 계절풍 등의 영향으로 기후가 복잡하고 다양하여 지역에 따른 기온차가 현저하다. 약 56개의 소수민족이 각자 다양한 문화를 가지고 살아가고 있지만, 대부분의 중국인들의 성격은 느긋하며 대범하다. 중국인들은 신용을 중시하기에 중국 사람들을 대할 때에는 서로를 이해하려는 노력과 많은 시간을 투자해야 한다.

중화인민공화국People's RepLlblk of A ii na은 북경에 수도를 두고 있고, 1949년 10월 1일 건국되었으며, 인구는 12억 947만 명으로 세계인구의 약 1/5에 해당한다. 한족과 소수민족으로 구성되어 있으며, 여기에 조선족은 192만 명으로 소수민족 1/3을 차지하고 있다. 언어는 중국어를 사용하지만, 지역이 광활한 관계로 언어에도 많은 차이를 보이고 있고, 민족자치구에서는 소수민족의 언어를 병용해서 사용하기도 하며, 종교로는 불교 · 도교 · 회교 · 기독교 등이 있다.

중국의 매력은 국토가 넓다는 것이며, 중국의 동쪽 끝 도문에서 서쪽 끝의 이닝까지 기차와 버스를 이용하여 1주일이 걸리고, 남서쪽 끝인 카슈가르까지는 8~9일이 걸린다. 음식은 다양하고 푸짐하며 값이 싸다. 현실을 중시하는 특성이 많아 복잡한 형식이나 겉치레를 싫어하고, 실속을 우선시하며 모든 것에 있어서 절차보다는 실질적인 내용을 중시한다.

중국은 “4개의 다리를 가진 물체는 책상 빼고 다 먹는다.”라는 말이 있을 정도로 음식문화가 발달해 있는데, 크게 산동요리, 사천요리, 절강요리, 광동요리 4가지로 구분할 수 있다. 산동요리는 황하강 유역과 북경, 하남 일대의 요리로 색이 선명하고 맛이 담백하다는 특징이 있다. 사천요리는 장강 상류의 사천성 일대의 요리로 매우 맵고, 시고, 쓰고, 짜며 강한 맛을 가지고 있다. 절강요리는 장강하류의 소주, 항주, 상해 지방의 요리를 일컬으며, 굽거나 삶는 요리가 많다. 광동요리는 강서성 일대의 음식을 말하며 일일이 나열하기 힘들 정도의 다양한 재료가 그 특징이다. 쥐, 고양이, 뱀, 코끼리 등 그 재료는 우리의 상상을 초월한다.

(2) 일본

일본은 동북아시아에 위치하고 있고, 북쪽은 아열대로 남북으로 길게 뻗은 모양의 지역적 특성으로 인해 지역차가 현저하나, 대부분 지역은 해양성의 온화한 기후를 가지고 있으며, 동경 122도에서 154도, 북위 20도에서 46도 사이에 위치해 있는 총 국토면적 377,708km^{2}로 한반도의 약 1.8배에 해당한다. 전체 국토는 홋카이도, 혼슈, 시코쿠, 큐슈 등 4개의 큰 섬과 남서쪽 중부 등 약 500개의 작은 섬으로 구성되어 있고, 전 국토의 1/3이 산지로 구성되어 있으며, 화산대가 발달되어 있어 지진의 위험을 안고 사는 나라다.

일본은 사방이 바다로 가로 막힌 섬나라이기 때문에, 큰 내분이 생기면 공멸할 수도 있다. 이러한 불행한 사태를 방지하기 위해 일본 고대국가 시절 쇼토쿠(聖德) 태자가 604년에 일본의 최초헌법 제1조에서 강조한 것이 ‘와(和)’ 사상이다. 이것은 ‘禾(벼)+口(입 = 입, 사람)’으로 “사람들이 사이좋게 밥을 나누어 먹는다.”는 데서 유래하였으며, 결국 사람들끼리 사이좋게 지내는 것을 의미하는 말이기도 하다. 이 같은 ‘인간과 인간의 부드러운 관계’는 일본의 건국이념이자 가장 중요한 가치의 기본을 이루고 있는 것으로 '와(和)'는 일본을 지배한 이념으로써 일본인의 사고방식의 바탕을 이루면서 오늘에 이르기까지 일본을 지배한 사상이기에 일본인의 사고방식이나 생활태도를 결정짓는 가장 중요한 요소이고 일본인을 분석하고 이해하는 열쇠다.

일반적인 일본인들의 특성은 상·하 관계를 중시하고 의식하며 자신의 입장과 동떨어진 사람은 싫어하는 경향이 있고, 악수 대신 90도로 절을 하며 철저하게 자신을 낮추고 상대방에게 피해가 되는 행동은 하지 않는 경향이 있다.

(3) 베트남

북쪽은 중국, 서쪽은 라오스 및 캄보디아와 접하고, 동쪽은 바다를 바라보고 있다. 베트남은 인도차이나반도 동단에 남북으로 약 1,600km에 걸쳐 길게 뻗어 있다. 국토는 크게 북부 고원지대, 홍강 삼각주의 통킹 삼각주, 안남산맥, 해안저지대, 메콩강 삼각주의 다섯 지역으로 이루어진다. 행정구역은 하노이, 호치민, 다낭, 하이퐁, 껀더의 5개 직할시와 59개의 성으로 이루어져 있다.

베트남은 동남아시아에 있는 사회주의 국가로서 동남아시아 본토 중에서 가장 인구가 많은 나라이다. 수도는 하노이이며, 최대 도시는 호치민시이다. 이 나라의 명칭은 월남(越南)인데, 이것은 오늘날 베트남 북부와 중국 남부를 지배했던 옛 베트남 왕조인 'Naln VIet(南越)'의 명칭을 거꾸로 쓴 것이다. 또한 같은 혈족인 중국계의 위에족(越族)도 고대에 중국 남부에 가까이 살던 이름이다.

베트남은 동남아시아에서 유일하게 이웃한 중국의 영향을 받은 한자문화권에 속해, 인도의 문화적 영향을 많이 받은 다른 동남아시아 국가들과는 큰 대조를 이룬다. 베트남이 오늘날의 영역으로 통합된 것은 근대의 일로, 그 전에는 유교 및 한(漢)문화의 영향을 받은 북부와 베트남의 주 종족인 킨족 외에 인종적으로 말레이계에 속하는 참파인의 국가였던 참파가 있었던 중부문화권, 그리고 크메르제국의 영역에 속했던 남부 등으로 나누어져 있다. 그리고 중국의 유교 영향을 많이 받았음에도 윗사람과 아랫사람이라는 상·하 개념은 없고 서로 스스럼없이 대한다.

베트남의 요리는 매우 적은 기름과 많은 야채를 쓰기 때문에 맛이 풍부하고 건강에도 좋다. 주 요리의 재료는 대개 쌀과 간장, 생선소스 등이다. 베트남요리의 특성은 긴 해안선을 낀 지리적 영향으로 씨푸드요리와 많이 알려진 국수요리, 고기요리 및 오랜 기간 동안의 중국지배와 프랑스의 식민지 영향으로 인해 중국, 프랑스풍의 요리도 흔히 볼 수 있다.

베트남의 종교로는 불교, 유교, 천주교, 개신교 등이며, 제일 많이 믿는 종교는 불교와 천주교, 개신교 순이다.

(4) 필리핀

필리핀은 아시아대륙 서태평양에 위치해 있는 7,100여 개의 크고 작은 섬들로 이루어진 나라이며, 수도는 마닐라이다. 남북으로 최장 길이는 약 1,850km이며, 동서로 가장 넓은 곳은 약 1,128km이다. 태평양에 둘러싸여 있으며, 동쪽은 필리핀해, 남쪽은 셀레베스해, 남서쪽은 술루해, 서쪽은 남중국해와 접한다. 2개의 주요 섬은 북부에 있는 면적 104,688km의 루손섬과 남부에 있는 면적 94,650km의 민다나오섬이다. 필리핀 중부의 비사얀제도는 파나이 · 네그로스 · 세부 · 레이테 · 사마르섬으로 구성되며, 민도로섬은 루손섬 바로 남쪽에 있고, 팔라완섬은 서부에 외따로 떨어져 있다. 필리핀은 동남아시아에서 전략적 위치에 놓여있으며, 북과 동으로부터 외부국가의 동남아 국가 접근을 막고 있다. 바로 이 점 때문에 필리핀이 전략적 요충지로서 중요한 역할을 담당하며, 지리적 위치로 인해 역내에서도 상품교역의 중심지 역할을 하고 있고 문화의 집합점이기도 하다. 그래서 자연적으로 상업중심지가 되었다.

마닐라와 세부는 이 지역 무역의 중심지다. 동쪽으로는 광대한 태평양이 있고, 서쪽에는 캄보디아와 태국을 포함하는 인도차이나 왕국들이 있으며, 남서쪽에는 말레이시아가 있다. 필리피노로 불리는 대다수 주민들은 주로 중국인과 혼혈이거나 미국인 또는 스페인계와 혼혈인 말레이인종이다. 공식 언어는 타갈로그어(전체 인구의 1/3이 마닐라 일대에서 사용하는 언어)를 기초로 한 필리핀어와 영어이다. 일로카이노어, 힐리가이노어, 비콜어 등 수십 종의 다른 언어들이 쓰인다.

평균수명은 남자가 66세, 여자가 70세이다. 농촌에서 도시로의 대규모 이동은 특히 대도시 마닐라에 심각한 과밀현상을 초래했다. 전체인구의 절반 이상이 도시에 살고 있으며, 해외로 나가는 수많은 이민 가운데는 고도로 숙련된 인력들이 포함되어 있지만,

이민을 가는 사람과 이주해 오는 사람들은 대체로 서로 간에 균형을 유지하고 있다.

필리핀은 수세기에 걸쳐 스페인의 지배를 받았고, 반세기동안 지속된 미국의 통치하에서 그들의 영향을 강하게 받았지만, 동남아 고유의 정신적 지주는 뚜렷하게 남아있다. 스페인 식민지시대에도 많은 필리핀 노래와 춤이 유지되거나 재해석되었으며, 바야니한Bayanihan과 같은 합주단들은 이러한 전통예술을 공연하여 전 세계 청중들에게 널리 알려왔다.

(5) 몽골

몽골은 50만 년의 역사를 자랑하고 있다. 중앙아시아 초원지대의 유목민으로부터 강력한 몽골제국의 형성에 이르기까지, 또한 몽골리아공화국의 점진적인 출현에 이르기까지 몽골의 역사는 싸움과 갈등 속에서 이어져 내려왔다. 몽골문화의 특징은 유목문화로 특징된다. 최근 전통적인 유목생활을 하는 사람들의 비율은 전 인구의 1/4(약 60만 명) 정도로 감소한 것으로 알려졌다. 그 배경으로는, 가혹한 자연 상황과 현대문명이나 사회정세의 변화 등의 이유로 유목생활을 계속해 가는 것이 곤란해진 것이 주원인이다.

유목생활의 일부라고 말할 수 있는 가축을 육성하는 목초지는 자연의 대지이기 때문에, 가장 소중히 여기고 그 대지를 지켜보는 하늘을 숭배해 왔다. 유목 사이클은 연 4회 계절마다 지역을 바꾸어 이동한다. 정착된 농사는 불가능하며, 그나마 가장 오래 한 곳에 머무르는 기간은 10월부터 4월 말까지이다. 남성의 일은 방목과 식량의 준비 등이며, 여성은 착유나 가사 등의 작업을 한다. 유목민에 있어 나무와 펠트로 된 조립식 이동주거 게르Ger는 생활의 거점이기 때문에 중요하다. 집이라고 하는 의미의 게르 구조는 원형의 목제 뼈대 위에 방수성의 천을 씌우고, 굴뚝을 통과시키는 작은 둥근 구멍이 있다. 겨울에는 홀골이라고 불리는 양의 똥을 마루 밑에 깔고, 양의 똥을 굳힌 고형연료를 태워 몸을 녹인다.

(6) 인도

인도는 불교, 힌두교 등의 발상지이고, 각 지역마다 여러 언어를 사용하는 다문화국가이며 빈부의 차와 교육 수준의 차이가 매우 심해 문맹률이 높다. 불교의 발상지이지만, 국민 대다수는 힌두교를 믿고 신분제도인 카스트가 있다. 힌두교를 탄생시킨 베다문화(BC 1500~600)가 유명하고, 특히 기원전 1500년 무렵의 힌두문화가 인도의 대표적인 문화라 할 수 있다. 인도 문명의 기원은 기원전 2500년경의 인더스 문명에서 발원한다. 그러나 기원전 1500~1200년경 아리아인들이 이란고원을 넘어 인도로 침입하여 인더스문명은 파괴되었다.

아리인들은 갠지스강 유역에 정착하여 도시를 건설하기 시작했으며 오늘날의 델리 근처를 중심으로 세력을 형성해 나갔다. 남부인도에서도 역시 이슬람계 바만 왕조가 성립되어 1527년까지 명맥을 유지했으며, 이와 함께 힌두왕국인 비자야나가르 왕조가 1336년에서 1556년에 걸쳐 인도의 남부지방을 양분하며 통치했다. 1857년부터 60여 년 동안 대다수의 인도인들이 영국의 지배에 순응했으나, 제1차 세계대전 이후에는 이슬람교도와 힌두교도 모두 영국의 식민통치에 반대하기 시작했다. 1920년 간디가 이끄는 인두 국민회의가 영국의 식민통치에 대한 비협력운동을 전개하자, 영국은 1919년과 1955년 인도 「행정법」을 통해 인도에 제한된 범위의 자치권을 허용하는 조치를 취했으나, 간디를 비롯한 인도인들은 완전 독립과 인도의 통일을 요구했다.

이러한 노력의 결과 1947년 8월 15일 독립을 했으나 힌두교도와 이슬람교도 사이의 종교적 통합은 이루지 못했다. 이러한 분열은 힌두교도가 대다수인 인도공화국과 이슬람교도가 대다수인 파키스탄으로의 분리를 초래했다. 펀자브와 벵골은 주민들의 종교성향에 따라 각각 2개로 분리되어 양국에 포함되었으며, 카슈미르는 아직까지도 분쟁이 계속되는 상태에 있다. 인도에서는 네루를 총리로 한 국회가 1952년 선거를 통해 구성되었다.

(7) 호주

오스트레일리아는 주민의 대부분이 연안지대, 특히 남동부에 편재하는 여러 도시에 살고 있다. 제2차 세계대전 전 · 후로 집단 이주한 유럽계가 대부분을 차지한다. 오스트레일리아는 사회보장제도가 발달되어 있어 근대적 복지국가의 표본이 되어 있다. 국민복지를 위한 정부역할이 증대하여 고령자연금 · 장애연금 및 산업수당제도를 도입하였다.

무료의무교육제도는 오스트레일리아에서 처음으로 실시되었으며, 기간은 초등 · 중등과정 10년(6~16세)이다. 대학을 제외한 공립 교육과정(12년)은 무상으로 실시되며, 대학의 재정은 연방 · 주의 보조금과 민간의 보조금 · 기부금으로 충당되며 각종 장학금도 많다. 오스트레일리아는 기본적으로는 다민족 · 다문화사회를 지향하나, 예술은 오랫동안 유럽의 전통에 기초해왔으며 부분적으로는 환경, 역사, 원주민의 문화 및 이웃나라들과의 관계에도 영향을 끼쳤다.

(8) 뉴질랜드

뉴질랜드의 역사는 700년 전 폴리네시아인인 마오리족이 정착하면서 시작되었고, 첫 유럽탐험가가 1642년 도착하면서 18세기 이후부터 탐험가 · 항해가 · 상인 등이 꾸준히 방문하였다. 1840년 영국과 마오리추장들 사이에 조약이 서명되면서 뉴질랜드는 영국의 식민지가 되었고, 마오리 사람들은 영국 국민으로서의 권리를 인정받았다.

20세기부터 유럽과 아시아 이민자들이 급증하면서 전쟁을 거치고 유럽식 경제 및 법률이 들어서면서 많은 마오리족 소유의 토지들이 영국인의 소유로 넘어가고 말았다. 현대의 뉴질랜드는 크리켓, 럭비, 스키, 골프 등 야외스포츠는 청정자연환경과 더불어 매우 활발하며, 주류 소비는 엄격한 규제가 있고 음주를 수반한 오락시설은 거의 없다.

스포츠 중 럭비는 뉴질랜드의 국기(國技)적 지위를 차지하고 있으며, 영국 등 유럽 이민자들이 국민의 주류를 구성하고 있어 서구적 문화 · 예술전통과 가치관이 지배적이지만, 한편으로는 원주민인 마오리족 문화 또한 잘 융화되어 있다. 마오리족의 출생률은 백인보다 높아 노동력의 중요한 공급원 역할을 하며, 교육에서는 백인과 차별이 없고 사회 각 방면에 진출해 있다.

(9) 영국

영국의 최대 인종집단은 잉글랜드인이며, 스코틀랜드인 · 아일랜드인 · 웨일스인도 전체 인구에서 상당부분을 차지한다. 또한 인도 및 서인도제도, 파키스탄, 방글라데시, 아프리카로부터의 이주민들과 그들의 후손들도 국민의 일부를 이루고 있다.

공용어는 영어이지만, 웨일스어와 스코틀랜드 게일어 또한 사용된다. 종교는 영국국교회와 스코틀랜드 장로교가 포함되는 개신교, 로마 가톨릭, 기타 그리스도교 종파를 아우르는 그리스도교가 우세하다. 또한 이슬람교, 힌두교, 시크교, 유대교도들도 있다. 금융 및 서비스업이 발달하였고, 어업과 출판산업 또한 중요한 경제 분야이다. 영국의 정치 형태는 양원제를 채택한 입헌군주제이며, 국가원수는 국왕이고 정부수반은 총리이다. 펍Pub이라고 불리는 영국의 술집문화는 유명하며, 19~20세기 초반까지 '해가 지지 않는 나라'로 불리운 만큼 문화적 자부심이 크다. 스포츠로는 축구 및 크리켓의 인기가 매우 높다.

(10) 프랑스

프랑스의 문화는 켈트, 그리스-로마, 게르만의 요소들이 복합된 고대문명에서 유래한다. 19세기 말에 초등교육의 무상의무제가 도입되어 국민 대다수가 최소한 문맹을 면함으로써 전반적인 문화수준이 향상되었다. 제2차 세계대전 후 16세까지 중등교육을 무상의무제로 실시하고, 빈민층에 대해 재정지원을 강화한 결과 저소득집단들의 지적·사회적 성장에 상당한 기여를 했다.

프랑스에서 파리는 과거부터 문화의 중심지였으나 다른 지방도 문화색이 강하다. 최근 들어 특히 1960년대에 북아프리카로부터 건너온 이민들이 프랑스 문화에 영향을 미치고 있다. 파리와 마르세유를 중심으로 형성된 이슬람공동체들은 회화·음악·무용·문학에 기여했다.

프랑스의 요리는 지방에 따라 독특하며, 일부지방 요리는 세계적인 명성을 얻고 있다. 대표적인 것으로 마르세유의 해산물 수프인 부야베스, 리옹의 소시지 일종인 앙두예트, 알자스의 양배추절임 요리인 슈크루트, 보르도의 오리가슴살 요리인 마그레 드 카나르 등을 들 수 있다. 이런 요리에는 부르고뉴, 보르도, 론 계곡의 포도주들이 곁들여진다.

(11) 독일

국민의 대다수는 게르만계로서 종교는 프로테스탄트교, 가톨릭교, 이슬람교 등이 있다. 독일에서 여가는 하나의 산업을 이룰 정도는 아니더라도, 독일인의 생활에서 매우 중요한 부분을 차지한다. 전통적인 종교축제일과 공휴일의 휴무, 40시간이 채 안 되는 주당 평균 노동시간, 5~6주의 유급휴가 등으로 독일인들은 서유럽의 어느 나라 국민들보다 많은 여가를 누린다.

레크리에이션의 형태에서는 전통적인 것과 현대적인 것이 공존하는 특징을 보인다. 놀랍게도 고도로 공업화된 국가임에도 로마 가톨릭교 지역과 개신교 지역을 가릴 것 없이 옛 축제나 풍습이 지금도 광범위하게 남아있다. 남부지역의 '파싱'과 라인란트의 '카르네발'이 그 대표적인 예이다. 부활절 · 성탄절 · 오순절(모두 국가 공휴일임)과 로마 가톨릭교 지역의 성체성혈대축일 · 성모승천대축일 등의 종교 축제일 외에도, 지역마다 포도주 축제, 맥주 축제, 추수 축제, 사냥 축제와 같은 오랜 역사를 지닌 민속제가 널리 행해진다.

전통에 충실한 한편, 독일인들은 보다 현대적인 여가와 오락, 휴식에도 눈을 돌리게 되었고, 여행이 으뜸가는 소일거리로 등장했다. 따라서 유럽의 최대 관광아웃바운드 국가는 단연 독일이다. 적어도 연중 한 번 여행을 떠나는 사람이 성인의 절반을 넘고, 연중 몇 차례나 국외여행을 떠나는 사람도 아주 많다. 노인들은 공휴일 여행 외에도 흔히 휴식과 건강회복을 위해 온천으로 요양을 떠나며, 여행의 즐거움을 위해 해외로 떠나는 독일인들도 나날이 늘고 있다. 서독지역에서는 여가 활동비가 가구당 소득의 약 1/5에 이르며, 정부와 학교 · 교회 · 기업이 여가선용에 필요한 시설을 제공하고 자극을 준다. 현재 여가활동은 교육 · 직업훈련 · 주택 · 건강보험 · 장애보험 · 연금과 마찬가지로 사회복지정책의 중요한 요소로 여겨지고 있다.

(12) 그리스

현대 그리스는 고대 그리스문명에 뿌리를 두고 있다. 이 땅은 민주주의와 서양철학, 올림픽, 서양문학, 역사학, 정치학, 수많은 과학적 · 수학적 원리, 희극이나 비극 같은 서양희곡 발상지이다. 오스만투르크에 정복당한 그리스는 오스만투르크제국의 일부가 되었고, 1821년에 독립전쟁을 일으켰다. 이때부터 1970년대까지 그리스는 혼돈스러운 역사를 겪는데, 끊임없는 내란에 군부 쿠데타, 터키의 재침공 등 평온한 날이 없었다.

이후 1981년 유럽공동체에 가입하면서 조금씩 안정을 되찾았고, 2004년 올림픽을 성공적으로 개최하면서 낡은 도시의 제반시설이 현대화되고 보수적인 분위기가 개방적인 분위기로 변모하였다. 과거보다 물가가 올랐다고 하지만, 서부유럽에 비해서 여전히 싼 편이라 국제관광객에게는 매력요소로 작용하고 있다. 사립학교를 제외한 초등학교부터 대학까지 공립학교는 무상교육이며 종합대학교는 총 19개이고 대부분이 중등교육을 마치고 직업학교에 진학한다.

전통요리로는 수블라키와 무사카가 있는데, 수블라키는 고기와 야채를 꼬치구이한 것이고, 무사카는 다진 고기에 소스를 뿌려서 먹는 것으로 서민적 분위기의 식당이나 노점에서 맛볼 수 있다. 전통술 우조는 한국의 소주와 비슷한데, 물을 타서 마시기도 한다. 그리스 사람들은 대체적으로 삶을 즐기려는 여유 있는 자세를 가지고 있으며, 밤늦게까지 식사하면서 담소하고 파티를 즐기는 성향이 있다.

(13) 스페인

스페인은 수많은 국가와 민족의 영향을 받아 다양한 문화유산으로 널리 알려져 있다. 본질적으로 이베리아반도 고유의 문화는 이베리아반도 자체의 인종과 켈트족 및 서고트족의 영향에 더해 로마 가톨릭, 이슬람문화에 바탕을 두고 발전하였다고 여겨진다. 과거에도 마찬가지였지만, 중앙으로 세력을 끌어들이려는 카스티야와 외부 지방과의 긴장 내지는 다툼이 스페인문화의 특성을 발휘하는 요인이 되었다.

스페인은 기원전 1세기 말부터 500여 년간 로마제국의 지배를 받았고, 8세기에는 이슬람의 지배를 700여 년 정도 받았기 때문에 유럽 내에서도 독특한 문화적 색채를 띤다고 할 수 있다. 자연적으로는 지중해와 대서양에 가까운 자연자원이 문화 형성에 절대적인 영향을 끼쳤다. 투우는 전 세계적으로 유명하며, 남부 안달루시아 지방의 로마인에게서 유래했다는 플라멩코라는 춤과 노래도 유명하다.

스페인은 이탈리아 다음으로 유네스코 세계유산이 많은 나라다. 아울러 스페인에는 각 지방마다 향토색이 짙은 음식이 발달해 있으며, 육류 및 해산물을 이용한 음식이 많고 올리브유, 마늘, 고추 등을 많이 사용하여 한국인의 입맛에도 맞는 편이다.

(14) 캐나다

캐나다에는 영국계와 프랑스계 문화전통이 공존할 뿐만 아니라, 이민자들로 사회가 구성되어 있고 인구가 넓은 영토에 산재해 있어 문화적 다양성이 유지되고 있다.

캐나다에 대한 영국의 진출은 1628년 본격화되었으며, 한편 프랑스의 진출은 1608년부터 퀘벡 및 몬트리올 등의 식민지를 통해 이루어졌다. 영국과 프랑스 간 식민지 전쟁 결과 영국이 승리하였으며, 이민국가인 만큼 매우 다양한 인종이 살고 있어 '인종의 모자이크 사회'라고 불린다. 미국이 인종의 도가니로 비유되는 것과 견주어 볼 때, 모자이크로 비유되는 이유는 2개 국어 병용(영어와 프랑스어)의 테두리 안에서 다문화주의가 형성되었기 때문이다. 즉 영국계와 프랑스계 캐나다인이 고국의 문화를 유지하면서 '캐나다'라는 한 국가를 형성하고 있다.

(15) 미국

미국사회의 특성은 종종 거대한 '인종의 도가니'로 묘사되어 왔다. 즉 많은 나라와 문화를 배경으로 하는 사람들이 '미국인'이라는 하나의 이름 아래 한데 섞여있는 것이다. 오늘날의 미합중국 지역에 정착한 사람들은 본래 2만~5만 5,000년 전 아시아에서 이주해온 아시아인들이었다. 이들의 후손이 나중에 유럽 식민통치자들에게 아메리카 인디언으로 알려지게 되었다. 스페인인들이 16세기에 북아메리카에 최초의 유럽식민지를 세웠으나, 인구가 대량으로 유입된 것은 17세기 초 영국인들이 정착하면서부터였고, 이와 함께 아프리카 흑인들이 신세계에 수송되어오면서 비중 있는 소수집단을 형성하게 되었다.

1820~60년 사이에 유럽에서 건너온 500만 명의 이주민 중에는 영국, 아일랜드, 독일 출신이었다. 그러나 남북전쟁 이후 보다 많은 수의 이주민들이 이탈리아, 폴란드, 러시아, 스웨덴, 발칸 제국, 오스트리아, 기타 국가에서 몰려들기 시작했다. 이러한 이민 유입으로 인해 전체인구에서 로마 가톨릭교도의 비중이 확대되었으며, 상당수

의 유대인 소수집단도 가세하였다. 1920년대에 법적인 제한이 가해지면서 이주민이 눈에 띄게 줄었으나, 제2차 세계대전 이후 몇 십 년간 점차 증가하기 시작했다.

(16) 멕시코

멕시코인은 흔히 낙천적이고 즐기기를 좋아한다고 알려져 있다. 연중 날씨가 온화하고 농축산물이 풍부한 천연 자연조건이 사람이 살아가기에 적합하기 때문에, 멕시코인들은 낙천적이고 파티를 자주 개최한다. 실제 멕시코 사람들이 주최하는 파티에서는 노인에서 어린이에 이르기까지 참석자 모두가 적극적으로 행사에 참여하며 흥겨워하고, 또한 어느 정도 소비적인 것을 발견할 수 있다. 음악, 춤 그리고 술과 음식이 전통 인디오 문화와 스페인 문화가 혼합된 매우 독특한 형태로, 그리고 사회계층별로(백인, 혼혈, 인디오 원주민) 각자의 문화를 고수하는 형태로서 잘 혼합되어 있다.

(17) 브라질

세계에서 다섯 번째로 큰 나라로, 아메리카 대륙지역에서 유일하게 포르투갈어를 사용하는 나라이며, 포르투갈어 사용국가로는 세계에서 가장 많은 인구수를 가진 국가다.

첫 수도는 살바도르, 그리고 두 번째 수도는 리우데자네이루였으나, 해안지역에 집중된 인구를 내륙으로 분산시키기 위해 1960년부터 새로 건설된 브라질리아가 새로운 수도가 되었다. 삼바와 카니발의 본고장이기도 하며 축구강국이기도 하다. 포르투갈의 지배를 받았기 때문에 에스파냐어를 사용하는 라틴아메리카 국가들과는 달리 포르투갈어(브라질 포르투갈어)를 공용어로 사용한다. 주변에 에스파냐어를 쓰는 나라가 많으므로 에스파냐어 사용도 늘고 있으며, 지역적으로 이탈리아어나 독일어가 사용되는 곳도 있다. 지역적인 차이가 크고, 빈부격차도 심해서 교육이 제대로 보급되지 않은 곳도 많아 문맹률이 높은 편이었으나, 해방신학자들이 지배계급과 교회의 우민화에 대한 항의로 문맹이 심각했던 빈민 거주지역에서 교육사업을 실시하면서 문맹률은 많이 낮아졌다. 브라질은 대표적 다인종국가로 인종은 백인, 갈색인으로 분류하며(백인과 흑인의 혼혈이 다수임), 흑인, 황인, 브라질 원주민 등으로 구성되어 있다.

(18) 이집트

이집트는 고대 이집트 문명과 그 산물인 기자의 피라미드와 대 스핑크스 등 세계적인 문화유산으로 유명하다. 남부도시 룩소르에는 카르낙 신전이나 왕들의 계곡 등 고대 유적이 수없이 많다. 또 이집트는 중동에서 중요한 정치적·문화적 영향력을 행사하는 국가이다. 또 경제부문에서도 매우 앞선 나라로서, 국가생산에서 관광, 농업, 산업, 서비스업 부문이 각각 거의 비슷한 비중을 차지한다. 그리하여 이집트 경제는 빠르게 성장하고 있는데, 이는 투자유치를 위한 입법, 사회 및 정치안정, 근래의 무역 및 시장개방 덕분이기도 하다. 1922년에 입헌군주국으로 독립하였으며, 1956년 육군 장교인 나세르가 쿠데타를 일으켜 공화국을 선언하게 된다. 현대 공용어로는 아랍어(이집트, 아랍어)이고, 고대에는 고대 이집트어(문자는 이집트 상형문자를 사용)를 사용하였다.

02 예약사항 재확인하기

1. 예약사항 재확인

1) 예약 재확인제도

예약 재확인Reconfirmation제도는 국내선·국제선 전 항공권에 대해 출발 72시간 전까지 승객이 예약을 재확인하도록 하는 제도로서, 국제항공운송협회IATA : International Air Transport Association의 권고사항으로 이른바 '예약부도'를 막기 위해 세계 여러 항공사가 채택하고 있는 제도이다. 그러나 대한항공은 1999년 6월 14일부터 예약 재확인제도가 폐지되어 재확인 할 필요는 없다.

2) 예약사항 재확인 항목

(1) 참가인원

단체여행을 준비하다보면 출발 2~3일 전까지도 출발이 불확실한 고객도 있으므로 최종 참가인원을 정확하게 재확인해야 한다. 고객명단Name List을 작성할 때도 그림 2.6처럼 성인(만 12세 이상), 소아(만 12세 미만에서 만 2세 이상), 유아(생후 14일에서 만 2세 미만)를 반드시 구분해야 한다.

NAME LIST					
12/13(토) 인천-방콕 대한항공 KE659편 18:50-22:55				OK	
12/16(화) 방콕-인천 대한항공 KE652편 22:45-05:50+1DAY				OK	
NO	이 름	성별	여권 번호, 유효 기간	생년월일	비 고
1	정기호 JUNG, KI HO	M	M2398○○○○ 16NOV2012-31DEC2016	620705	
2	김남순 KIM, NAM SOON	F	M7547○○○○ 16NOV2010-16NOV2015	620928	
3	전현민 JEON, HYUN MIN	M	M7841○○○○ 22JUN2012-31DEC	600712	
4	김민희 KIM, MIN HEE	F	M3341○○○○ 19NOV2009-18SEP2014	630816	
5	조형철 CHO, HYUNG CHUL	M	M8010○○○○ 22JUN2012-31DEC2016	710323	
6	한성숙 HAN, SUNG SOOK	F	M8251○○○○ 22APR2010-19AUG2014	730127	
7	조미경/CHD JO, MI KYUNG	F	M7243○○○○ 28NOV2012-31DEC2016	070418	CHILD
8	이용수 LEE, YONG SOO	M	M9276○○○○ 29DEC2009-29DEC2014	590718	
9	민동숙 MIN, DONG SOOK	F	M7468○○○○ 15JUN2012-31DEC2016	620313	
10	김지훈 KIM, JI HUN	M	M1943○○○○ 12NOV2013-31DEC2016	720909	
11	박준희 PARK, JUN HEE	F	M3501○○○○ 20APR2009-20APR2014	760122	
12	김민지/CHD KIM, MIN JI	F	M6161○○○○ 21APR2009-21APR2014	061126	CHILD
13	김현수 KIM, HYUN SOO	M	M0712○○○○ 13JUN2012-13JUN2017	640316	
14	유성희 YOO, SUNG HEE	F	M9055○○○○ 03NOV2010-03NOV2015	641228	
15	김세웅 KIM, SE WOONG	M	M5950○○○○ 20NOV2012-20NOV2017	640225	
16	김미숙 KIM, MI SOOK	F	M4112○○○○ 14NOV2012-20NOV2014	680325	
17	장상호 JANG, SANG HO	M	M1838○○○○ 13NOV2013-13NOV2018	630511	
18	최미경 CHOI, MI KYUNG	F	M2721○○○○ 02DEC2011-02DEC2016	660309	
19	한원희/TC HAN, WON HEE	M	M8187○○○○ 19DEC2011-19DEC2016	601009	TC

그림 2.6 고객명단 샘플

(2) 항공 예약 재확인

① 행사확정서에 예약되어 있는 항공 예약을 재확인 할 수 있다. 일반적으로 대부분의 항공사는 탑승 72시간 전에 항공 예약을 재확인하도록 되어 있다. 특히 성수기에는 항공사의 사전 통보 없이 예약이 취소되는 경우도 있기 때문에 항공 예약 재확인을 철저히 해야 한다.

② 컴퓨터 예약시스템CRS : Computer Reservation System상의 PNRPassenger Name Record을 통하여 고객의 영문 성명, 성별 및 타이틀MR, MS, MRS, MISS, MSTR을 재확인한다.

③ 항공편명, 출발시간, 도착시간을 재확인한다.

④ 참가인원 전체의 명단을 재확인한다.

⑤ FOC 제공여부를 재확인한다.

⑥ 일행 중에 개별 귀국자가 있는지 재확인한다.

(3) 호텔

행사확정서에 예약되어 있는 호텔 예약을 재확인할 수 있다. 대부분의 단체여행일 경우, 현지여행사Tour Operator에서 호텔 예약을 해 주지만, 국외여행인솔자는 출발 전에 현지여행사를 통해서 호텔 예약을 재확인하는 것이 좋다. 특히 호텔 지불증명서Voucher가 필요한 경우에는 철저하게 재확인하고 지불증명서를 잘 보관한다.

(4) 버스와 운전기사

행사확정서에 예약되어 있는 버스와 운전기사를 재확인할 수 있다. 버스와 운전기사 역시 현지여행사에서 예약해 주지만, 인솔자는 출발 전에 버스와 운전기사를 재확인해야 한다.

(5) 주요 관광지

국외여행인솔자는 단순하게 고객을 인솔하는 것만이 아니기 때문에 행사확정서에 예약되어 있는 관광지에 대해서도 정확하게 재확인해야 한다. 때로는 현지에서 예기치 않은 사태로 인해 관광지 입장이 금지될 수도 있기 때문이다.

(6) 포함 사항과 불포함 사항

어떠한 성격의 단체 여행일지라도 계약 사항에 명시되어 있는 포함 사항과 불포함 사항을 철저하게 재확인해야 한다. 여행 진행 중에 고객들과 분쟁의 원인이 될 수도 있기 때문이다. 기획여행의 경우, 2014년 7월 15일부터 여행 상품 총액 표시제(여행 상품을 표시, 광고, 안내 시 실제로 부담해야 할 총 금액을 소비자가 쉽게 알 수 있도록 유류할증료, 공항시설 이용료 등이 포함된 총액으로 제공하도록 의무화한 제도)가 시행되었으므로 분쟁의 소지는 다소 사라졌다.

(7) FOCFree of Charge 제공 여부

일반고객들도 이제는 15+1, FOC라는 용어를 많이 알고 있다. 그러나 최근에는 일부항공사들이 비용을 줄이기 위한 방법으로 그동안 여행사에 제공했던 FOC를 점진적으로 폐지하고 있는 추세이다. FOC로 제공된 항공권은 항공사의 FTBSFrequently Traveller Bonus System : 상용고객우대제도에 따른 마일리지 적립이 되지 않기 때문에 고객과 분쟁의 소지가 되기도 하므로, 국외여행인솔자는 해당 항공사의 FOC 제공 유 · 무를 정확하게 재확인해야 한다.

(8) 식사 종류와 식당

확정일정표에 나와 있는 식사 종류(호텔식, 현지식, 한식)와 식당을 재확인해야 한다. 한국 관광객들은 한식이라 해도 종류가 다양하므로 구체적으로 설명해 주는 것이 좋으며, 호텔식도 종류가 다양하므로 American Breakfast, Continental Breakfast별로 충분히 설명해 주는 것이 좋다. 현지식일 경우 입맛에 맞지 않는 고객도 있으므로 사전에 설명해 주는 것이 바람직하며, 적당한 밑반찬을 준비해 가도록 안내한다.

(9) 팁

일정을 진행하다보면 팁과 관련된 분쟁도 많이 발생한다. 그러므로 국외여행인솔자는 출발 전에 팁이 포함되어 있는지, 현지에서 별도로 지불해야 하는지 분명하게 재확인해야 한다.

(10) 가이드와 운전기사의 객실

코치 투어Coach Tour : 장거리 버스여행를 진행하다보면 운전기사와 가이드의 객실배정이 없는 경우도 있어서 국외여행인솔자와 함께 투숙하는 일도 있다. 그러므로 사전에 분명하게 재확인해야 한다.

(11) 식수(물)

일정을 진행하다보면 물을 마시게 되는데, 어떤 여행사는 포함되어 있고 그렇지 않은 여행사도 있으므로 반드시 재확인하여 불편한 일이 발생하지 않도록 한다.

(12) 가이드 연락처

가이드의 전화번호, 이메일 등을 재확인해야 한다.

2. 예약사항 변경

(1) 항공예약 변경

일행 중에 개별적으로 귀국할 고객이 있다면 서울 본사나 현지가이드의 도움을 받아 항공 예약을 변경하도록 한다. 이때 항공요금의 변동이나 원하는 날짜에 좌석이 없는 경우도 있으므로 신중하게 변경하도록 한다.

기본적으로 국외여행인솔자는 CRS를 활용할 줄 알아야 하며, 전자항공권도 판독할 줄 알아야 한다. 또 전자항공권에 기재되어 있는 사항들에 대해서도 충분히 이해해야 한다. 비행기를 환승(갈아타기)하거나 경유지 등에서 재확인 할 때도 PNR판독은 반드시 할 줄 알아야 한다.

(2) 호텔예약 변경

행사확정서에 명시된 호텔이 아니고 다른 호텔로 부득이하게 변경할 경우에는 고객에게 변경 사유를 충분히 설명하고 불평불만을 최소화 할 수 있는 호텔로 변경한다. 이 경우에도 비용문제는 정확하게 확인해야 한다.

서울특별시 용산구 OOOOO □□□□□빌딩
TEL: 02-715-0000

HOTEL VOUCHER (호텔숙박권)

Issued by Naeiltour/Hotel Dolphins Tel: 82 2 6262 5900 Fax: 82 2 6262 5901
Booking reserved and payable by Jac Travel

BOOKING Details

CONFIRM NO	**JCAP10077643**		
HOTEL	**Carlton Hotel**		
ADDRESS	76 BRAS BASAH ROAD, SINGAPORE 189558 SINGAPORE SINGAPORE **TEL** : 65-6338-8333 **FAX** : 65-6339-6866		
CHECK IN	**2018-01-13**	CHECK OUT	**2018-01-14** / 1 Night(s)
ROOM	1 Twin		
CONDITION	Bed and Buffet Breakfast		
Booking NO	1712200E5		

ROOMING LIST

ROOM	Guest Name (First / Last Name)
Executive	Gil-dong, Hong

Any Charges Incurred shall be paid by the Client directly to the hotel or Service Provider.
please present this voucher to the hotel on arrival.

바우처 사용안내

1. 상기 바우처(숙박권)를 호텔 체크인시 프론트데스크에 제시하기 바랍니다.
2. 호텔 체크인시 신용카드 제시요구는 미니바, 룸서비스, 전화사용, 호텔물품 등에 대한 개런티 요금이며, 전혀 사용내역이 없으면 100% 환불됩니다.
3. 취소마감일 이후의 취소시에는 호텔 취소 규정에 따라 취소 수수료가 발생합니다. 취소 수수료는 특별약관이 적용되는 경우 숙박기간 전체 요금이 부과될 수 있으며, 정확한 취소 수수료는 예약 담당자와 확인하시기 바랍니다.
4. 현지 호텔 투숙 중 남은 숙박에 대한 취소 시 원칙적으로 환불이 불가합니다.
   다만 예외적으로 반드시 호텔담당자의 Sign 과 No Charge for unused nights 를 명시한 호텔증빙서를 제출해주시면 변경 수수료(USD 10/ EUR 10/ JPY 1000) 를 제외하고 환불이 가능합니다.
5. 현지 체크인시 호텔자체의 비정기적인 세일로 인한 차액 환불은 요구할 수 없으며, 현지 발생 문제제기는 체크인 기준 한 달 경과시에는 접수처리가 불가능합니다.
6. 항공, 기차, 버스 등의 지연으로 인하여 호텔 체크인 예정 시간이 자정을 넘어갈 경우 반드시 호텔에 연락을 하여 체크인 예정시간을 알려주셔야 합니다. 호텔에 연락 없이 자정 이후 혹은 다음날 체크인 하실 경우 NO-SHOW 로 간주되어 호텔에서 임의대로 예약을 취소할 수 있습니다.
7. 룸타입 안내 : DOUBLE/TWIN 은 2인용 객실로, **호텔 객실상황에 따라 룸타입이 보장되지 않을 수 있으며**, TRIPLE 은 3인용 객실로 호텔 객실상황에 따라 다양한 침대 조건의 객실이 배정이 되며, 특정지역의 경우 별도의 추가 침대 없이 2인실에 3명의 투숙객을 허용하는 경우도 있습니다. 특히 Novotel 의 경우 트윈룸은 더블베드+소파베드로 제공되는 경우가 많습니다.
8. 현지 호텔 체크인 시 예약상 문제 발생시,
   현지사무소(**Jac Travel / 44 20 3376 6600**) 또는 비상연락망 82 10 3466 5232 으로 연락주시기 바랍니다. 비상연락망을 통한 예약 변경 및 신규 예약은 불가합니다.
9. 일부 도시의 경우 City Tax, Local Tax, Resort Fee, Registration Fee 등의 추가 비용이 발생하며, 이는 호텔요금에 포함할 수 없는 별도의 요금이며, **호텔 투숙시 현금으로 직접 지불**하셔야 합니다.

서울특별시 용산구OOO 5층ㅁㅁㅁㅁ빌딩
TEL: 02-714-9999

HOTEL VOUCHER (호텔숙박권)

Issued by Naeiltour/Hotel Dolphins Tel: 82 2 6262 5900 Fax: 82 2 6262 5901

Booking reserved and payable by RMG TOURS

BOOKING Details

CONFIRM NO	**DOLTMA171233721(HBMA1712000417^VBMA1712000778)**		
HOTEL	**Carlton Hotel**		
ADDRESS	76 BRAS BASAH ROAD, SINGAPORE 189558 SINGAPORE SINGAPORE **TEL** : 65-6338-8333 **FAX** : 65-6339-6866		
CHECK IN	**2018-01-13**	**CHECK OUT**	**2018-01-14** / 1 Night(s)
ROOM	2 Twin		
CONDITION	Breakfast		
Booking NO	1712200E7		

ROOMING LIST

ROOM	Guest Name (First / Last Name)
Deluxe	OOO OOO YOO
	OOO OOO KIM

Any Charges Incurred shall be paid by the Client directly to the hotel or Service Provider.
please present this voucher to the hotel on arrival.

바우처 사용안내

1. 상기 바우처(숙박권)를 호텔 체크인시 프론트데스크에 제시하기 바랍니다.
2. 호텔 체크인시 신용카드 제시요구는 미니바, 룸서비스, 전화사용, 호텔물품 등에 대한 개런티 요금이며, 전혀 사용내역이 없으면 100% 환불됩니다.
3. 취소마감일 이후의 취소시에는 호텔 취소 규정에 따라 취소 수수료가 발생합니다. 취소 수수료는 특별약관이 적용되는 경우 숙박기간 전체 요금이 부과될 수 있으며, 정확한 취소 수수료는 예약 담당자와 확인하시기 바랍니다.
4. 현지 호텔 투숙 중 남은 숙박에 대한 취소 시 원칙적으로 환불이 불가합니다.
   다만 예외적으로 반드시 호텔담당자의 Sign 과 No Charge for unused nights 를 명시한 호텔증빙서를 제출해주시면 변경 수수료(USD 10/ EUR 10/ JPY 1000) 를 제외하고 환불이 가능합니다.
5. 현지 체크인시 호텔자체의 비정기적인 세일로 인한 차액 환불은 요구할 수 없으며, 현지 발생 문제제기는 체크인 기준 한달 경과시에는 접수처리가 불가능합니다.
6. 항공, 기차, 버스 등의 지연으로 인하여 호텔 체크인 예정 시간이 자정을 넘어갈 경우 반드시 호텔에 연락을 하여 체크인 예정시간을 알려주셔야 합니다. 호텔에 연락 없이 자정 이후 혹은 다음날 체크인 하실 경우 NO-SHOW 로 간주되어 호텔에서 임의대로 예약을 취소할 수 있습니다.
7. 룸타입 안내 : DOUBLE/TWIN 은 2인용 객실로, **호텔 객실상황에 따라 룸타입이 보장되지 않을 수 있으며,** TRIPLE 은 3인용 객실로 호텔 객실상황에 따라 다양한 침대 조건의 객실이 배정이 되며, 특정지역의 경우 별도의 추가 침대 없이 2인실에 3명의 투숙객을 허용하는 경우도 있습니다. 특히 Novotel 의 경우 트윈룸은 더블베드+소파베드로 제공되는 경우가 많습니다.
8. 현지 호텔 체크인 시 예약상 문제 발생시,
   현지사무소(**+65-64231535**) 또는 비상연락망 82 10 3466 5232 으로 연락주시기 바랍니다. 비상연락망을 통한 예약 변경 및 신규 예약은 불가합니다.
9. 일부 도시의 경우 City Tax, Local Tax, Resort Fee, Registration Fee 등의 추가 비용이 발생하며, 이는 호텔요금에 포함할 수 없는 별도의 요금이며, **호텔 투숙시 현금으로 직접 지불**하셔야 합니다.

그림 2.7 호텔바우처의 예

(3) 현지 교통수단(기차, 버스 등)의 변경

현지에서 예약되어 있는 기차시간의 변경이나 차량의 불량 등으로 인해 교통수단을 변경할 경우에도 고객에게 변경 사유를 충분히 설명하고 불평불만을 최소화 할 수 있는 교통수단으로 대체 변경하도록 한다.

(4) 운전기사, 가이드의 변경

현지투어 진행 중 운전기사나 가이드를 변경할 때도 있다. 변경 사유는 운전기사가 초보이거나 여행코스를 전혀 모르는 경우에 변경할 수 있으며, 가이드의 경우도 경험이나 자격이 없거나 고객에게 충분한 안내를 하지 못해 고객들의 변경 요청이 있을 때는 즉시 현지여행사나 서울 본사에 요청해서 변경할 수 있다.

(5) 관광지의 변경

갑작스런 기후 변동(폭염, 폭우 등)으로 인해 현지에서 관광 일정을 변경하고자 할 경우에도 변경 사유를 고객에게 충분히 설명한 후 그에 상응하는 대체 관광지를 추천하여 변경하도록 한다.

3. 여권 및 비자 유효기간 재확인

1) 여권의 이해

(1) 여권의 정의

여권Passport은 외국을 여행하는 국민에게 정부가 발급하는 신분증명 서류로서 여행자의 국적과 신분을 증명하고, 국외여행을 허가하며, 외국에 대해 자국민이 국외여행을 할 때 여행자를 보호하며 구조를 요청하는 일종의 공문서이다. 여권 규격은 가로 8.8cm, 세로 12.5cm이다.

(2) 여권의 기재사항

여권에 기재되어 있는 사항으로는 여권의 종류, 발행국, 여권 번호, 성, 이름, 국적, 생년월일, 주민등록 번호, 성별, 발급일, 기간 만료일, 발행 관청이 영문과 한글로 기재되어 있다.

(3) 여권의 종류

「여권법」 제4조(여권의 종류)에 의하면, 여권의 종류는 일반 여권, 관용 여권, 외교관 여권으로 하되, 이를 각각 1회에 한하여 외국 여행을 할 수 있는 여권(이하 '단수 여권'이라 한다)과 유효기간 만료일까지 횟수에 제한 없이 외국 여행을 할 수 있는 여권(이하 '복수 여권'이라고 한다)으로 구분할 수 있다. 관용 여권과 외교관 여권의 발급 대상자는 대통령령으로 정한다.

(4) 여권의 유효기간

「여권법」 제5조(여권의 유효기간)에 의하면, 일반 여권은 10년 이내, 관용 여권은 5년 이내, 외교관 여권은 5년 이내로 규정하고 있으며, 여권 종류별 유효기간의 설정 등에 필요한 사항은 대통령령으로 정한다.

(5) 단수 여권의 발급

「여권법」 제6조(단수 여권의 발급)에 의하면, 외교부장관은 다음 각 호의 어느 하나에 해당하는 경우에는 1년 이내의 유효기간이 설정된 단수 여권을 발급할 수 있다. 〈개정 2013.3.23.〉

① 여권 발급 신청인이 요청하는 경우

② 「여권법」 제12조제4항(국외에서 대한민국의 안전 보장 · 질서 유지나 통일 · 외교정책에 중대한 침해를 야기할 우려가 있는 경우로서 다음 각 목의 어느 하나에 해당하는 사람

- 출국할 경우 테러 등으로 생명이나 신체의 안전이 침해될 위험이 큰 사람

- 「보안관찰법」 제4조에 따라 보안관찰 처분을 받고 그 기간 중에 있으면서 같은 법 제22조에 따라 경고를 받은 사람에 따라 여권을 발급하는 경우

③ 「병역법」에 따라 국외여행의 허가를 받아야 하는 사람으로서 대통령령으로 정하는 사람에게 여권을 발급하는 경우

④ 「여권법」 제11조제2항(발급받은 여권을 잃어버린 경우)의 확인기간 내에 유학생의 학사 일정에 따른 출국 등 부득이한 사유로 국외여행을 해야 할 필요가 있다고 인정되는 사람에게 여권을 발급하는 경우로 규정하고 있으며, 단수 여권의 발급에 관한 세부사항은 대통령령으로 정한다.

(6) 여권의 발급 신청

「여권법」 제9조(여권의 발급 신청)에 의하면,

① 여권을 발급받으려는 사람은 「여권법」 제8조(여권 업무의 수행에 필요한 정보의 수집 · 보관과 관리)의 정보를 제공하면서 외교부장관에게 여권의 발급을 신청해야 한다. 다만, 지문을 채취할 수 없는 부득이한 사정이 있는 등 대통령령으로 정하는 경우에는 지문을 제공하지 아니할 수 있다.〈개정 2013.3.23.〉

② 제1항에 따른 여권의 발급 신청은 본인이 직접 해야 한다. 다만, 외교부령으로 정하는 사람에 대해서는 대리인으로 하여금 신청하게 할 수 있다.〈개정 2013.3.23.〉

(7) 여권의 효력 상실

「여권법」 제13조(여권의 효력 상실)에 의하면, 여권은 다음 각 호의 어느 하나에 해당하는 때는 그 효력을 잃는다.

① 여권의 유효기간이 끝난 때

② 여권이 발급된 날부터 6개월이 지날 때까지 신청인이 그 여권을 받아가지 아니한 때

③ 여권을 잃어버려 그 명의인이 대통령령으로 정하는 바에 따라 재발급을 신청한 때

④ 여권의 발급 또는 재발급을 신청하기 위해 반납된 여권의 경우에는 신청한 여권이 발급되거나 재발급 된 때

⑤ 발급된 여권이 변조된 때

⑥ 여권이 다른 사람에게 양도되거나 대여되어 행사된 때

⑦ 여권의 발급이나 재발급을 받은 사람이 외국 국적을 취득하여 「국적법」에 따라 국적을 상실한 때

⑧ 「여권법」 제19조에 따라 여권의 반납 명령을 받고도 지정한 반납기간 내에 정당한 사유 없이 여권을 반납하지 아니한 때

⑨ 단수여권의 경우에는 여권의 명의인이 귀국한 때

(8) 여권 발급신청 구비서류

여권 발급신청 구비서류는 여권 발급신청서(소정 양식), 여권용 사진(가로 3.5cm 세로 4.5cm) 1매, 신분증(주민등록증이나 운전면허증) 등이 필요하다.

(9) 여권발급 수수료

「여권법」 제22조(수수료)에 의하면,

① 여권 등(관용 여권 및 외교관 여권을 제외한다. 이하 이 조에서 같다)의 발급, 재발급과 기재사항 변경을 받으려는 사람은 외교부장관에게 수수료를 납부해야 한다. 다만, 제21조제1항에 따라 여권 사무를 대행하는 지방자치 단체의 장에게 여권 등의 발급, 재발급과 기재사항 변경을 신청하는 경우에는 그 지방자치 단체의 장에게 수수료를 납부해야 한다.〈개정 2013.3.23.〉

② 제1항 단서에 따라 납부하는 수수료 중 사무의 대행에 소요되는 비용에 상당하는 금액은 그 지방자치 단체의 수입으로 한다.

③ 제1항과 제2항에 따른 수수료의 납부방법, 수수료의 금액과 그 중 사무의 대행에 소요되는 비용에 상당하는 금액 등은 대통령령으로 정한다.

2) 비자(VISA = 입국 사증)의 이해

(1) VISA의 정의

비자는 방문하고자 하는 상대국의 대사관이나 영사과에서 입국해도 좋다는 일종의 입국허가증을 말하며, 여권의 사증란에 스탬프나 스티커를 부착해서 인증해 주는 것을 말한다. 그러나 비자를 발급받았다고 해서 상대국에 100% 입국이 보장되는 것은 아니다. 왜냐하면, 상대국 공항이나 항만에서 별도의 입국심사를 하기 때문이다.

(2) VISA의 종류

비자는 방문 국가나 방문 목적에 따라 다양하게 분류된다.

① 여권 종류에 의한 비자
- 일반 비자 : 일반 여권 소지자에게 발급되는 비자
- 관용 비자 : 공무 목적으로 여행하는 관용 여권 소지자에게 발급되는 비자
- 외교관 비자 : 외교를 목적으로 여행하는 외교관 여권 소지자에게 발급되는 비자

② 입국 횟수에 의한 비자
- 단수 비자 : 유효기간에 상관없이 1회에 한하여 입국할 수 있는 비자
- 복수 비자 : 유효기간 내에 횟수의 제한 없이 사용할 수 있는 비자

③ 거주 여부에 의한 비자
- 이민 비자 : 상대국에서 영구적으로 거주할 때 사용하는 비자
- 비이민 비자 : 이민을 목적으로 하지 않는 비자

 행사물품 준비하기

1. 행사물품의 개념

행사물품은 국외여행 인솔을 준비하거나 일정표에 따라 현지여행을 진행하는 데에 있어 필요한 물건을 말한다. 패키지여행의 행사물품은 예약된 고객의 성별과 연령에 따라 준비하고, 인센티브 투어의 행사물품은 그 팀의 성격, 성별, 연령, 목적에 따라 준비한다. 또한 출국일에 임박해서 파악하지 말고 여유 있게 준비하고 정리해야 한다.

2. 행사물품의 항목과 관리방법

① 행사확정서 : 출국 전날까지 변동사항이 없는지 정확하게 재확인한다.

② 여권 : 고객의 책임 하에 고객이 직접 관리하도록 한다.

③ 비자 : 중국 단체 비자를 제외하고 고객이 관리하도록 한다.

④ 항공권 : 인솔자가 보관한다.

⑤ 여행자보험 증권 : 인솔자가 보관한다.

⑥ 출 · 입국신고서E/D Card : Embarkation and Disembarkation Card : 대부분 기내에서 배포하므로 견본을 미리 수집한 후 작성해 본다. 인원이 많을 때는 고객의 도움을 받아서 작성한다.

⑦ 세관 신고서Customs Declaration Form : 국가마다 세관 신고 규정이 다르므로, 출국 전에 해당국가의 세관 규정에 대해서 파악한다. 기내에서 배포한다.

⑧ 단체 명단Name List : 여러 장 복사한다.

⑨ 방 배정표Rooming List : 여러 장 복사한다.

⑩ 호텔 바우처Voucher : 인솔자가 보관하되 호텔 이름과 인원수, 체크인, 체크아웃

날짜가 정확한지 점검한다.

⑪ 카메라 : 인솔자가 준비한다.

⑫ 상비약 : 소화제, 해열제, 감기약, 밴드, 연고, 두통약, 멀미약, 소독약, 안약, 위장약 등을 준비한다.

⑬ 수하물 꼬리표Baggage Tag : 여행사에서 제작한 것을 인원수보다 조금 더 많게 준비한다.

⑭ 세면도구 : 인솔자와 고객이 각자 준비한다.

⑮ 접는 우산 : 날씨가 어떻게 변할지 모르므로 항시 소지한다.

⑯ 현지 화폐 : 한국 원화나 미국 달러를 받지 않는 지역도 있으므로, 해당국가의 화폐를 소액 환전해 가면 유용하게 쓸 수 있다.

⑰ 바늘과 실 : 자주 사용하는 물건은 아니지만 만일의 경우에 대비해서 준비한다.

⑱ 인솔자용 손가방 : 일정 진행 중에 서류나 상비약, 휴대품을 소지해야 하므로 항상 준비한다.

⑲ 행사 보고서 : 그날그날 진행사항을 기록해야 하므로 항상 가지고 다닌다.

⑳ 비상 연락망 : 언제 어디서 무슨 일이 발생할지 모르므로 항상 준비한다.

㉑ 관광지 지도 : 관광지에 대해서 현지가이드가 설명하겠지만, 인솔자도 해당 관광지의 지도를 항상 준비한다.

㉒ 여행 계약서 : 여행 계약서 작성은 의무사항이므로 반드시 준비한다.

㉓ 명함 : 일정 진행 중에 항상 필요하므로 반드시 영문으로 된 명함을 준비한다.

㉔ 정장 1벌 : 고급 레스토랑이나 이벤트에 참여하게 되면 필요하므로 반드시 준비한다.

㉕ 사무용품 : 필기도구와 메모지, 편지봉투 등은 항상 준비한다.

㉖ 여행사 판촉물 : 여행사에서 제작한 판촉물이 있으면 고객을 위해 준비한다.

㉗ 선물 : 산업시찰Technical Visit 시 꼭 필요하므로 방문국가의 수준에 맞는 선물을 준비한다.

평가문제

01/ 현지정보를 수집하기 위한 방법에 대해 설명하시오.

02/ 현지가이드를 통해 얻을 수 있는 현지정보에는 어떤 것들이 있는가?

03/ VISA가 필요한 국가는 어느 나라인지 조사하여 설명하시오.

04/ 여행 중 필요한 행사물품에는 어떤 것들이 있는지 설명하시오.

NCS활용

국외여행인솔실무

CHAPTER 03

출국장업무

학 | 습 | 목 | 표

고객을 맞이하고 탑승수속을 하며, 출국장 이용을 안내할 수 있다.

학습모듈의 내용체계

학 습	학습내용	수 준
1. 고객 맞이하기	1-1. 고객성향 파악	3
	1-2. 고객맞이 장소 사전 파악	
	1-3. 고객맞이 준비물품 점검	
	1-4. 고객 도착 시 환영 응대	
2. 출국교통편 체크인하기	2-1. 탑승 수속 절차	3
	2-2. 탑승 수속 장소 파악	
	2-3. 탑승 수속 관련 사항	
3. 출국장 이용 안내하기	3-1. 출국장 이용 시설 · 위치 파악	3
	3-2. 필수 안내장소 안내	
	3-3. 필수 이외의 장소 안내	

01 고객 맞이하기

1. 고객의 성향

1) 고객의 성향 파악하기

국외여행인솔자TC는 출장 중 업무를 제대로 수행하기 위해서는 출장 전 철저한 사전준비가 무엇보다도 중요하다. 특히 여행자에게 최상의 서비스를 제공하기 위해 고객의 신체적 · 정신적 상태나 요구를 파악하여 출발 시점부터 귀국 시까지 여행 중에 발생할 수 있는 다양한 상황에 대처하기 위해 인솔할 단체의 규모 및 특성은 물론이고 고객별 성향을 파악하여 세밀하게 사전준비를 해야 한다.

국외여행인솔자는 여행 출발 전에 출발단체의 구성원이 몇 명인지, 구성원들의 연령대, 성별의 구성비, 여행 목적, 단체의 성향들을 사전에 반드시 확인하여 단체 구성원의 팀컬러Team Color에 따라 인솔자의 통솔방법을 달리해야 한다. 그리고 단체의 성격이 일반적인 패키지여행자들로 이루어진 단체인지, 친목회나 동호회 같은 인센티브Incentive 단체인지 또는 산업시찰Technical Visit과 같은 특수목적의 단체인지 등에 따라 인솔방법을 달리해야 한다.

2) 고객의 성향 파악방법

(1) 개별 접촉

고객 성향 파악을 위해 고객의 이름과 고객관리 정보대장을 활용하여 각 고객의 연령, 경력, 직업 및 사회적 지위, 가족 구성, 출신지역 및 학교, 병역관계 등을 알아두는 것은 인솔업무를 수행하는데 매우 유용하다. 예를 들어, 인솔자와 같은 지역(지방) 출신의 고객들이라면 사투리나 공통된 공감대를 통해 친밀감을 느낄 수도 있으며, 이러한 공감대를 통하여 단체여행의 즐거운 분위기를 형성할 수도 있다. 따라서 인솔자는 고객과의 상호 공감대를 형성할 수 있는 요소를 찾아내야 한다.

실질적인 고객과의 첫 만남은 공항에서 이루어지나, 사전에 여권정보 등을 통해 얼굴과 이름을 매치시켜두면 단체여행 업무가 원활하게 진행될 수 있다. 또한 사무실 직원이 사전에 작성해 둔 고객명단을 수령하여 여행자의 연령, 성별, 직업, 동반인 원수 등을 미리 파악해두며, 출국 전 설명회에 참석하지 못한 여행자를 위해 공항에서 만나기 전에 미리 여행자와 통화하여 필요한 요구사항들을 점검하고 고객성향을 파악해 둔다.

여행자 중에 병력이나 지병 등이 있는 고객을 미리 파악하고, 다소 불평이 많은 성향을 가진 고객이 있는지의 여부도 파악하여 대책을 마련해 두면 인솔에 큰 도움이 된다. 이는 단체 여행자의 기호에 맞게 기내에서나 현지 행사 시 식당 등에서 좌석을 배치할 때도 필요하다.

(2) 단체 접촉

① 출국 전 설명회를 통한 접촉

여행설명회는 통상 출발 1주일에서 3일 전에 주최 여행사가 개최하며, 여행자에게 설명회 개최의 공지사항을 알리고 참여하도록 유도한다(단, 패키지여행의 경우 요즘은 생략하는 경우가 많다).

국외여행인솔자는 가능한 설명회에 참석하여 본인의 소개는 물론, 고객들의 이름과 얼굴을 익히고 고객의 성향을 파악하는 기회로 활용한다. 특히 인센티브 여행자일 경우 팀의 리더Group Leader와 연락하여 친밀감을 쌓고, 고객들 가운데 개인적인 특성이 있는 고객들이 있는지 특별히 주의해야 할 점은 없는지 등을 미리 파악하여 대처한다.

설명회는 기본적인 여행일정(관광지 정보, 호텔정보 등)에 대한 소개를 바탕으로 여행준비물(환전, 보험 등)에 대한 안내와 여행 시 준수해야 할 국제매너와 에티켓, 공항에서의 출·입국 절차와 서류 작성법, 기내에서의 매너 등에 대한 부분과 기타 주의사항 등에 관한 자료를 고객에게 배부하고 중요한 요점을 설명한다. 그리고 출국당일 공항의 미팅장소와 집결시간을 명확하게 공지하여 출발시간에 늦지 않도록 안내해야 하고, 현지 관광에서 진행되어지는 선택관광 및 쇼핑에 대한 충분한 설명과 안내를 통해 향후에 이와 관련하여 불만이 발생되지 않도록 사전에 반드시 양해를 구해야 한다.

② 출국장 설명회를 통한 접촉

출발 전 설명회를 실시하지 않은 행사를 진행할 경우에는, 출발 당일 공항 미팅 시 간단하게 설명회를 진행한다. 다만, 공항은 번잡하고 단체인원수가 많을 경우엔 제대로 된 설명이 이루어지지 않을 수도 있으므로 기본적인 내용은 미리 유인물을 만들어 미팅물품과 함께 전달하는 방법도 있으며, 반드시 알아야 하는 내용은 간단하게 구두로 재확인을 해준다. 또한 일정과 호텔 등에 대한 갑작스런 변동 등으로 고객에게 미처 알리지 못한 사항이나 변경사항이 있을 경우에는, 현지 도착하기 전에 반드시 설명회에서 보고하여 양해를 구한다. 이와 같이 설명회 업무를 진행하면서 고객의 성향을 계속 파악한다.

③ 여행사와의 논의

고객과 가장 많은 접촉을 하게 되는 여행사 직원을 통해 고객별 성향에 대한 정보를 확인할 수 있다. 실질적으로 여행자에 대해서 가장 많이 알고 있는 사람은 여행사의 여행상품 판매 직원이다. 여행사의 상품 판매 담당직원은 여행상품 판매를 위해서 가장 많은 접촉이 발생하며, 사전에 해당 부서나 담당 직원으로부터 여행자 명단을 입수하여 고객의 개인별 성향이나 단체의 성격에 대해 논의해야 한다.

3) 고객의 성향 파악요소

① 최적의 고객서비스를 제공하기 위해 그 범위와 수준을 파악해야 한다. 구체적으로는 다음과 같은 항목들이 있다.

- 단체의 규모 : 15명 미만, 16명 이상, 32명 이상, 48명 이상 등
- 연령대 : 20대, 30대, 40대, 50대 이상, 혼합단체, 가족동반 등

- 성별의 구성비 : 여성단체, 남성단체, 부부동반, 가족동반 등
- 여행목적 : 단순패키지, 친목회, 사회단체, 산업시찰, 효도관광, 신혼여행 등
- 단체 구성원의 성향 : 직업적 특성, 여행경험의 유 · 무 등

② 고객들 중에 몸이 불편한 여행자가 있는지, 상시 약복용자가 있는지 등을 파악하여 필요한 것들은 미리 준비하도록 안내한다.

③ 도매여행사Wholesale 상품인 경우에는 여행신청 영업소, 판매대리점과 여행자와의 특이사항(예 : 지인)이 있는지를 확인하여 그에 맞는 서비스를 제공한다.

④ 동일지역에 대한 사전경험이 있는 동료 인솔자로부터 서비스의 범위, 특이사항, 주의해야 할 점 등에 대한 정보를 얻고 숙지한다.

표 3.1 고객성향 파악요소

구 분	고객성향 요소
일반사항	성별, 연령, 직업, 사회적 지위, 출신지역(학교), 동반가족, 여행경험, 어학능력 등
건강 관련사항	병력 또는 지병 유 · 무, 임산부, 노약자, 신체 · 정신상의 불편 유 · 무, 채식주의자 등
기타사항	특별 요구사항, VIP, 여행사와의 관계 등

2. 고객맞이 장소의 사전 파악

1) 공항의 고객맞이 장소 사전 파악

(1) 출국장 확인

인천국제공항은 지하 2층(주차장), 지상 4층으로 되어있으며, 여객의 이용과 관련하여 총 3층으로 구성되어 있다. 4층에는 VIP라운지, 환승호텔, 환승라운지 등의 편의시설Facilities들이 있고, 3층은 출국Departure하는 장소로 항공사 탑승수속카운터, 병무신고소, 식물검역소, 세관신고대, 보안검색대, 출국심사대 등이 위치해 있다. 지상 2층은 항공사 사무실들이 위치해 있으며, 입국 절차 시 이용되는 검역심사대, 입국심사대가 위치해 있다. 지상 1층은 입국Arrival하는 장소이고, 입국 절차 시 수하물 수취

대Baggage Claim, 분실수하물 안내소Lost and Found, 세관검사대 등이 위치해 있다. 따라서 입국 시에는 2층을 거쳐 1층을 통해 나오게 된다.

또한 지난 2018년 5월 제2여객터미널이 오픈함에 따라, 제1여객터미널, 탑승동, 제2여객터미널로 이루어져 있으며, 항공사에 따라 이용하게 되는 터미널이 다르므로 인솔자는 사전에 잘 확인하여 고객과의 미팅장소를 안내해야 한다.

일반적으로 국외여행인솔자가 단체 여행자들과 주로 만나는 집결장소는 지상 3층의 출국장이다. 여행사 및 단체전용 미팅장소는 3층의 A와 B 카운터 사이, L과 M 카운터 사이에서 만나게 되며, 인천국제공항은 규모가 크고 복잡하기 때문에 집결장소에 대한 안내는 구체적으로 표시해야 한다.

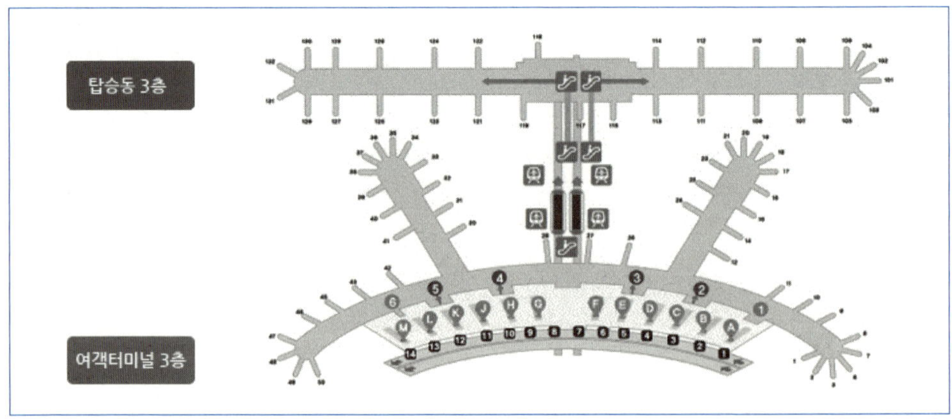

자료: 인천공항 홈페이지

그림 3.1 인천국제공항 제1터미널 출국장 안내도

(2) 해당 항공사의 터미널 및 단체 탑승 수속카운터 위치 파악

인천국제공항은 두개의 여객터미널을 운영하고 있으며, 각 터미널에 따라 이용 가능한 항공사가 다르므로 사전에 확인하는 것이 필요하다.

항공사에 따라 단체승객 전용 카운터를 운영하고 있으므로, 전문 인솔자는 사전에 해당 항공사의 위치를 파악하여 단체승객 탑승수속을 진행할 수 있는지를 먼저 확인한다. 일반적으로 대한항공의 경우 A 카운터, 아시아나항공의 경우 M 카운터에서 수속을 진행하며, 그 밖에 항공사들의 수속 카운터는 공항 내 전광판을 통해 미리 확인한다.

표 3.2 인천공항 터미널별 항공사

터미널	제1여객터미널	제2여객터미널
항공사	아시아나항공(OZ), 진에어(LJ), 이스타항공(ZE), 에어서울(RS), 티웨이항공(TW), 기타 외항사	대한항공(KE), 델타항공(DL), 에어프랑스(AF), 네덜란드항공(KL)

터미널 간 이동은 무료셔틀버스를 이용하여 이동할 수 있으며, 공항철도를 이용하여 이동할 수도 있다(소요소간 6분, 900원).

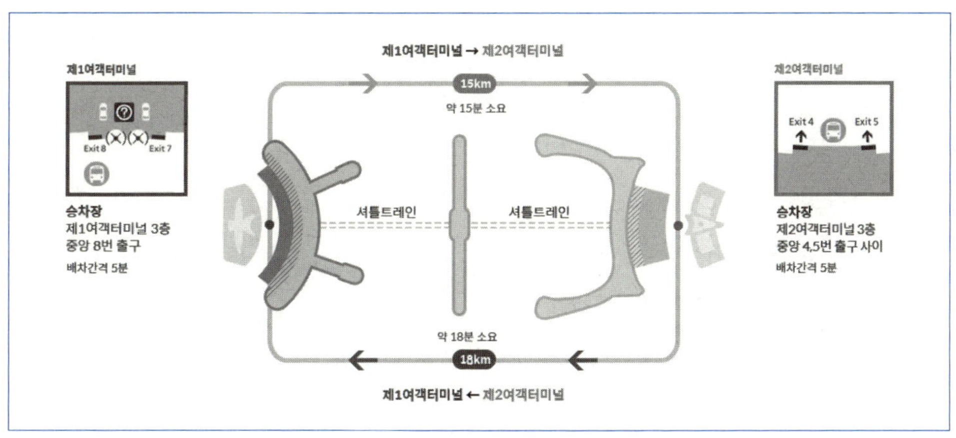

자료 : 인천공항 홈페이지

그림 3.2 터미널 간 이동방법

(3) 고객맞이 장소의 주변 확인

고객들을 미팅하기에 앞서 인솔자는 고객맞이 업무에 필요한 시설물들을 원활하게 사용할 수 있도록 집결장소 주변을 사전에 살펴보고, 주변을 정리정돈하고 고객맞이 장소 주변의 특징을 파악한다. 또한 혹시 집결장소를 찾는데 어려움을 겪고 있는 고객이 있을 경우를 대비하여 미팅장소 주변을 잘 살펴보고 휴대폰도 수시로 확인한다.

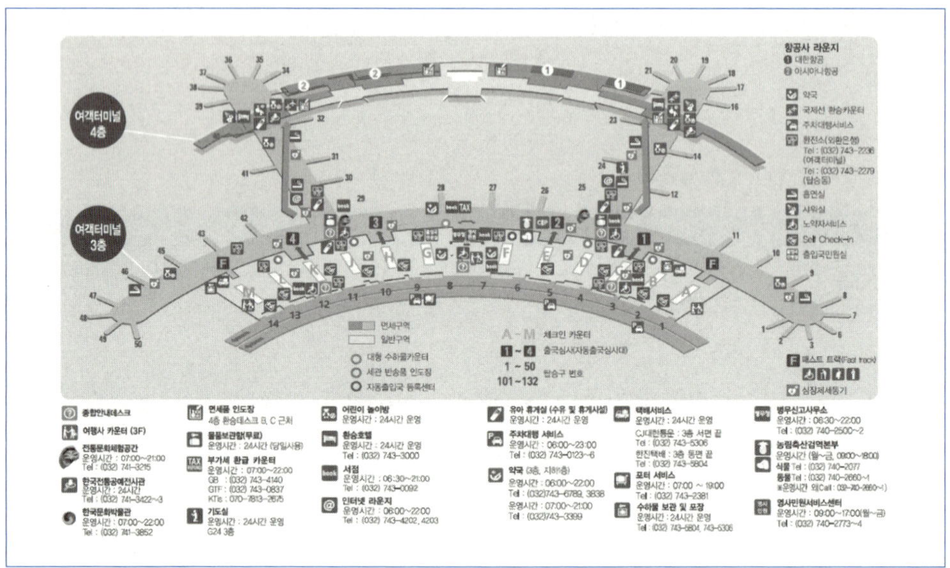

자료 : 인천공항 홈페이지

그림 3.3 인천국제공항 시설안내도

(4) 고객맞이 장소 선정

일반적으로 패키지여행사들의 만남의 장소는 공항 3층 A와 B카운터 사이, L과 M 카운터 사이에서 이루어지며, H사와 M사의 경우 공항의 중심부(E, F 사이)에서 이루어진다. 따라서 이곳은 항상 사람들이 붐비며, 특히 성수기에는 매우 혼잡하기 때문에 여행자들과 만나기 쉬운 장소로 만남의 장소를 정하는 것도 고려해 볼 만하다. 전문인솔자는 여행자보다 먼저 공항에 도착하여 만남의 장소를 확인하고, 눈에 잘

그림 3.4 여행사 만남의 장소(Meeting Desk)

띄는 곳으로 집결장소를 정하며 미리 준비해 놓은 여행사 푯말 또는 깃발 등 약속된 형태의 표식을 갖추어 여행자들도 쉽게 찾을 수 있도록 대기한다. 또한 고객들과 만나는 과정에서 일어날 수 있는 돌발상황에 대비하여 항상 여행자의 비상연락처를 휴대하고, 수시로 휴대전화를 확인한다.

(5) 고객에게 집결장소 안내

패키지여행자들의 경우, 과거와 달리 출국 전 설명회를 개최하지 않고 공항의 집결장소에서 간단히 설명회를 하는 경우가 많다. 이런 경우 출국장에서 설명회를 진행할 수 있는 충분한 시간을 확보해야 한다. 여행상품 판매 담당자는 상품판매 시 고객들에게 집결장소와 시간을 공지하지만, 국외여행인솔자는 출발 2~3일 전에 여행자들에게 유선을 통해 간단한 사전설명회 및 미팅장소와 시간을 재확인해야 한다. 이러한 과정에서 여행자와 인사를 나누고 여행 시 필요한 준비물이나 주의사항에 대해 알리며, 동시에 고객의 성향도 파악할 수 있다. 또한 출발 당일 휴대전화를 꼭 휴대하도록 안내하여 미팅 미스Meeting Miss가 일어나지 않도록 대비한다.

2) 고객맞이 장소 사전파악의 중요성

(1) 원활한 출국업무

국외여행인솔자는 고객과 약속한 미팅시간 전에 미리 공항에 도착하는 것이 좋다. 만약 공항에 늦게 도착하게 되면 급하게 업무를 처리하게 되고, 그 과정에서 중요한 것을 잃어버리거나 실수를 하기 쉬우므로 약속시간보다 미리 집결장소에 도착하여 고객과의 미팅을 준비해야 한다. 이를 위해서는 공항에서 출국 전 수행할 업무에 소요되는 예상시간의 파악과 공항 도착시간과 장소를 사전 파악하는 것은 매우 중요하다.

① 출국 수속시간 확보

일반적으로 패키지여행자의 경우, 고객과의 첫 만남(대면)은 공항에서 이루어진다. 단체 여행자의 경우, 여행 인원이나 수속시간을 고려하여 통상 출발 2시간 전에 이루어지는 것이 일반적이나, 성수기 등 특별한 경우에는 3시간 전에 이루어지기도 한다. 국제선 출국수속의 시작은 항공기 출발 2시간 30분~3시간 전에 시작되며, 단체 여행자일 경우 별도의 카운터에서 그보다 더 일찍 수속을 시작하는 경우도 있다. 따라서 인솔자는 해당 항공사의 수속시작 시간을 확인하여 고객과의 미팅시간은 물론 본인의 공항 도착시간을 정하는 것이 좋다.

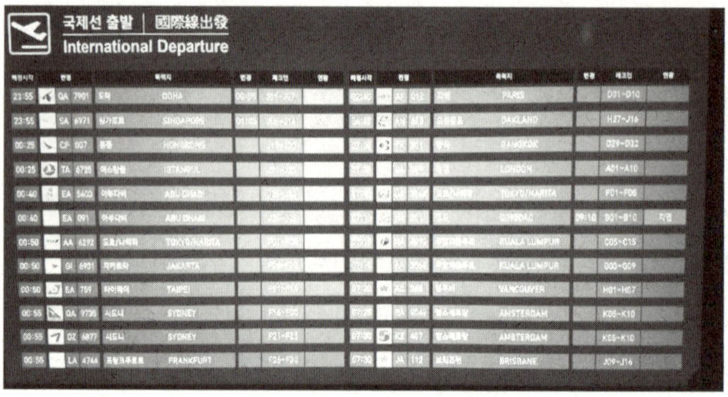

그림 3.5 항공기 운항시간 안내판

② 항공편의 출발상황 · 변동사항에 따른 대비

항공기의 출 · 도착시간은 성수기나 기상조건 또는 항공기 안전 등 여러 가지 사정에 의해 고지되어 있는 시간과 일치하지 않을 때가 있으므로, 항공기 도착 예정시간보다 일찍 공항에 도착하는 것이 좋다. 또한 출발하는 공항의 사정을 감안하여 국외여행인솔자는 여행자보다 먼저 공항에 도착하여 탑승할 항공사의 수속 카운터를 확인하고 해당 항공편의 출발상황 및 변동사항 등을 미리 점검한다. 한편, 일정상 연결항공편을 이용해야 하는 경우, 해당 항공사에 연결탑승Through Check In 수속서비스 여부를 확인하여 가능하면 함께 수속해야 한다.

(2) 신뢰성 확보

단체 여행자의 공항 집결시간은 통상적으로 항공기 출발 2~3시간 전이며, 이는 출국 수속에 따른 소요시간을 감안한 시간으로 일반적으로 통용되고 있다. 국외여행인솔자는 고객과의 미팅시간보다 1시간 정도 일찍 공항에 도착하여 공항의 상황 및 집결장소를 점검하여 고객맞이 업무의 사전준비를 해야 한다. 때로는 약속시간보다 일찍 도착하는 고객이 있을 수 있으며, 이런 경우 고객 개인적인 업무(환전 등)를 보도록 안내한다. 인솔자가 고객보다 늦게 공항에 도착하게 되면, 출발시점부터 고객들에게 불성실한 사람으로 인식될 수 있으므로 각별히 주의한다.

3. 고객맞이 준비물품 점검

1) 준비물품 점검사항

(1) 준비물품의 종류

국외여행인솔자가 공항에서 업무를 수행하기 위해서는 몇 가지 준비물품들이 필요하다. 일반적으로 미팅보드Meeting Board, 깃발, 일정표, 이름표Name Tag, 배지 등이 있다. 국외여행인솔자는 이러한 필요물품들과 그 밖에 본인의 필요한 항목을 사전에 빠짐없이 준비하여 고객인솔 업무에 도움이 되도록 한다.

(2) 준비물품의 활용

① 미팅보드와 깃발 걸어두기

인천국제공항의 여객터미널 출국장(3층)의 A카운터와 M카운터 옆 창가 쪽으로 여행사 전용 만남의 장소가 별도로 지정되어 있다. 이 장소에는 각 여행사별 데스크가 마련되어 있으며, 해당 여행사의 이름과 로고가 있어 고객들이 쉽게 찾아올 수 있다. 일반적으로 인솔자는 여행 출발 2~3일 전에 고객과 직접 통화하여 안내사항을 전달할 때 해당 여행사의 만남장소를 정확하게 알려 문제가 발생하지 않도록 해야 한다.

인솔자는 고객보다 일찍 공항에 도착하여 만남의 장소를 점검하고 눈에 잘 띄는 곳에 미팅보드와 여행사의 상징물(깃발 등)을 부착하고 고객을 기다린다. 미팅보드는 패키지여행일 경우, 패키지 상품명(예 : 동경 2박 3일)으로 표기하며, 인센티브 단체일 경우는 단체명(예 : 청록회)으로 표기하기도 한다.

② 짐수레 준비 및 대기

패키지여행사의 경우, 만남의 광장에 전용 테이블이 마련되어 있으므로, 그곳에서 고객맞이를 하게 되나, 일반 여행사의 경우 전용테이블이 없으므로 짐수레Cart 등을 이용하여 집결장소를 표시한다. 짐수레 위에 여행사 안내판 및 미팅 보드 등을 올려놓아 고객이 집결장소를 찾기 쉽게 설치하며, 이후 수하물 운반을 위한 용도로도 사용한다.

③ 식별 안내물품 전달

인솔자는 여행자가 도착하는 순서대로 즉시 고객명단과 대조하여 확인하고, 여권커버, 배지, 수하물표Baggage Claim Tag, 모자 등 여행사에서 제작한 식별 안내물품을 전달한다. 또한 항공권, 일정표, 보험증서 등도 함께 전달한다.

표 3.3 국외여행인솔자 준비물품 리스트

<table>
<tr><th colspan="2">구 분</th><th>항 목</th></tr>
<tr><td rowspan="16">개인용</td><td rowspan="3">귀중품</td><td>여권</td></tr>
<tr><td>신용카드(해외사용)</td></tr>
<tr><td>현금(현지화폐, 한화)</td></tr>
<tr><td rowspan="5">의류 및 잡화</td><td>일정에 따른 속옷과 양말</td></tr>
<tr><td>외투</td></tr>
<tr><td>신발(운동화, 슬리퍼, 샌들)</td></tr>
<tr><td>일상복</td></tr>
<tr><td>수영복, 모자, 선글라스, 우산 등</td></tr>
<tr><td rowspan="3">세면도구 및 화장용품</td><td>치약, 칫솔, 샴푸, 린스</td></tr>
<tr><td>면도기</td></tr>
<tr><td>화장품류</td></tr>
<tr><td rowspan="3">약품 및 기타</td><td>상비약(소화제, 감기약, 지사제, 반창고, 변비약, 살충제 등)</td></tr>
<tr><td>메모지와 펜, 반짇고리, 손톱깎이 등</td></tr>
<tr><td>멀티 어댑터, 커피포트, 헤어드라이기 등</td></tr>
<tr><td rowspan="2">도서</td><td>휴대용사전(전자사전)</td></tr>
<tr><td>여행안내서</td></tr>
</table>

구 분	항 목
업무용	전자항공권(e-Ticket)
	여행자 명단(Name List)
	여행자 여권카피 및 사증
	최종 수배확정서(Confirm Sheet)
	행사확정서
	수하물 꼬리표(Baggage Tag)
	호텔 객실 배정표(Rooming list)
	미팅 보드(Meeting Board), 깃발
	비상 연락처
	철도 승차권/선박 승선권
	국외여행 보험증서
	호텔 바우처

4. 고객 도착 시 환영 응대

1) 고객맞이의 응대방법

인솔자는 공항에서 고객을 만나면 정중하고 예의를 갖추어 반갑게 맞이하며 본인을 밝힌다. 사전에 설명회에 참석하여 얼굴을 익혔다면 더욱 반갑게 맞이하나, 대부분은 공항에서 첫만남을 갖게 된다. 정중하면서도 정확한 언행으로 여행자에게 신뢰감을 주는 것이 중요하다. 손님을 호명할 때는 성함 뒤에 존칭을 잊지 않아야 하며, 인원을 파악할 때 손가락으로 가리키거나 큰소리로 인원을 세는 일은 삼가도록 한다. 특히, 갈수록 싱글족(미혼)이 많아지고 있는 사회에서 나이가 많다고 하여 함부로 '어머님', '아버님'이라고 부르는 것은 자칫 실례가 될 수 있으므로 주의한다.

(1) 국외여행인솔자의 옷차림

국외여행인솔자의 옷차림은 단정하고 예의 있으며 여행자에게 신뢰를 주어야 한다. 유니폼이 제공되는 회사의 경우에는 유니폼을 착용하며, 유니폼이 제공되지 않는 경우에는 깔끔하고 청결하게 보이는 사복을 착용한다. 남자 인솔자는 수수한 양복에 와이셔츠와 넥타이를 착용하며 머리 모양도 단정하게 정리한다. 여자 인솔자의 경우는 깔끔하고 단정한 머리 모양을 유지하며 너무 진한 화장이나 액세서리는 삼가는 것이 좋다. 복장은 세미정장(바지) 정도로 차려입되 활동성이 좋은 원단이 좋다.

(2) 국외여행인솔자의 자기소개 방법

모든 인원이 집결하면 정식으로 본인을 소개한다. 본인의 소속과 이름을 밝히고, 간단한 인사말을 곁들인다. 또한 고객들이 본인을 어떻게 부르는 것이 바람직한지를 사전에 알려주는 것도 좋다. 고객들끼리도 간단히 인사를 나누도록 유도하는 것도 좋으며, 시간이 여의치 않다면 현지에 도착해서 인사를 나눌 수 있는 시간을 마련하는 방법도 있다.

2) 고객맞이의 업무

국외여행인솔자는 체크리스트를 휴대하여 인솔업무에 필요한 관련 서류와 물품을 빠짐없이 준비해야 한다. 개인용 물품은 물론이고, 특히 전자항공권, 최종 확정서, 호텔 바우처, 고객명단 등 업무용 물품은 꼼꼼하게 체크하여 고객맞이 업무를 진행한다.

(1) 고객명단 확인 및 인원 파악

국외여행인솔자는 고객의 이름과 성별, 생년월일, 여권번호, 연락처 등이 기재되어 있는 고객명단을 준비하도록 한다. 또한 미팅 시 고객에게 나누어 줄 이름표, 배지, 확정 일정표, 항공권 등을 준비하고 대기한다. 고객을 만나게 되면, 고객명단Name List에서 고객을 확인하여 다른 고객과 섞이는 일이 발생하지 않도록 주의해야 한다. 또한 고객명단은 출·입국카드를 작성하거나 일행에게 비상연락을 취해야 할 경우 사용되므로 고객 미팅이 끝난 후에도 잘 보관한다.

표 3.4 고객명단(Name List)

이 름			성별	생년월일	여권번호	여권만료일	비자
1	홍길동	HONG GIL DONG	M	1980.10. 10	M12345678	20JUL 20	o
2							
3							
4							
5							
6							
7							
8							
9							
10							
11							
12							

(2) 여행자 간의 인사

패키지여행자일 경우, 함께 여행하게 될 구성원에 대해 궁금증을 가지게 된다. 약간의 시간을 할애하여 인솔자가 간단하게 구성원을 소개하여 인사를 나누도록 유도하여 원만한 분위기를 조성하는 것이 바람직하다. 다만, 시간이 허락하지 않을 경우에는 현지에 도착하여 시간을 갖도록 한다.

(3) 일정의 개요 및 안내

인솔자의 소개와 구성원 간의 간단한 인사가 끝나면, 전체일정에 대해 간략하게 설명한다. 특히 특이사항이나 주의사항이 있을 경우에는 그 부분에 대해 중점적으로 설명하며, 아주 중요한 사항이나 변동사항 등이 발생했을 경우에는 반드시 사전에 알려야 하며, 경우에 따라서는 유인물을 작성하여 나누어주는 것도 좋다.

(4) 위탁수하물의 분류와 정리

탑승수속을 위한 위탁수하물과 기내수하물용 짐을 분리하도록 안내한다. 특히 귀중품이나 현금, 파손되지 쉬운 물품 등은 반드시 기내 휴대품으로 반입할 것을 당부한다. 또한 액체류나 젤류는 9·11 테러 이후 반입이 제한되고 있으므로 사전 안내를 통해 위탁수하물로 분리하도록 한다.

위탁수하물에는 보조배터리나 가스류, 폭발의 위험이 있는 물건들은 넣어서는 안되며, 특히 여행용칼, 손톱깎이, 라이터 등은 위탁수하물로 처리해야 한다.

(5) 서류 회수 및 전달

① 여권 회수와 서류전달

고객을 미팅할 때 가장 먼저 명단의 확인과 함께 여권을 회수하여 이상 유 · 무(이름, 유효기간 등)를 확인하고, 여행사에서 제공하는 물품(배지, 수하물표 등)과 함께 확정 일정표, 전자항공권, 계약서사본 등을 전달한다. 배지나 이름표 등은 여행자 또는 수하물에 부착하도록 안내한다.

② 항공권과 승객 예약기록

항공권은 여행사의 항공발권 담당자 또는 수배담당자로부터 일괄적으로 인솔자에게 전달된다. 인솔자는 항공권을 전달받으면 명단Nname List과 재확인을 하여 오류를 확인해야 하며, 항공권의 개수를 확인한다. 확인된 항공권은 여행자에게 제공할 다른 준비물품과 함께 잘 보관하도록 하며, 오류(영문 이름, 항공편 등)가 발견되었을 경우에는 즉각 담당자에게 알려 수정하도록 요청한다.

이-티켓E-ticket이 상용화 된 이후로는 항공권을 분실해도 크게 문제가 되지 않지만, 출·입국수속의 편의를 위해 승객예약기록PNR : Passenger Name Record을 준비한다.

```
 < PNR - AREULA >
 1.1KIM/MIKYUNGMS  2.1KIM/EUNJIMS  3.1LEE/JUNKIMR
 4.1PARK/JINYONGMR  5.1CHOI/MISOONMS  6.1JANG/JUNGHWAMS
 7.1JUNG/MOONHEEMS  8.1KANG/SINJAEMR  9.1KANG/EUNJIMISS*C10
 1 OZ 501Y 20SEP 3 ICNCDG HK9  1230  1750  /DCOZ*TWVE7V /E
 2 ARNK
 3 OZ 542Y 27SEP 3 FRAICN HK9  1900  1220 28SEP 4
                                        /DCOZ*TWVE7V /E
TKT/TIME LIMIT
  1.TAW/
PHONES
  1.SELT*02-234-5678 ASA
  2.SELM*010-234-5678
PASSENGER DETAIL FIELD EXISTS - USE PD TO DISPLAY
GENERAL FACTS
  1.SSR CHLD OZ HK1/20JUL10
  2.SSR OTHS 1B OZ RSVN IS 2852-3598
  3.SSR ADTK 1B TO OZ BY 09AUG 1700 OTHERWISE WILL BE XLD
RECEIVED FROM - P
Z60D.Z60D*AED 0206/26JUL17 AREULA H
```

그림 3.6 항공 예약기록(PNR)

③ 여권과 사증

과거에는 여행사에서 여행자의 여권을 모두 보관하고 있다가 출발 당일 인솔자가 공항으로 휴대하고 출발하였으나, 최근에는 여행자가 각자 여권을 소지하는 경우가 일반적이다. 여권의 유·무와 유효기간 등은 여행사 사무직원이 사전확인을 진행하나, 만일의 사태에 대비하여 다시 한 번 인솔자가 확인하는 것이 좋다. 또한 비자가 필요한 나라로 출국할 경우, 여행사를 통해 사증VISA을 발급받은 여권은 인솔자를 통해 공항에서 전달되는 경우도 있다. 이때 인솔자는 여권과 사증의 유효기간을 확인한다.

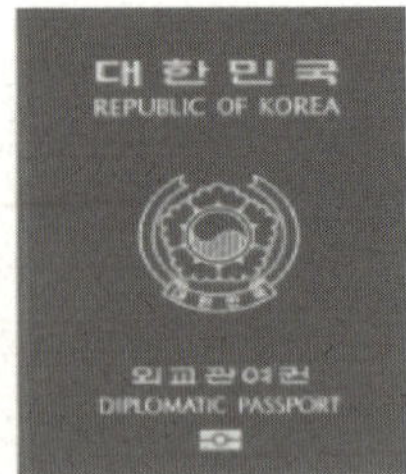

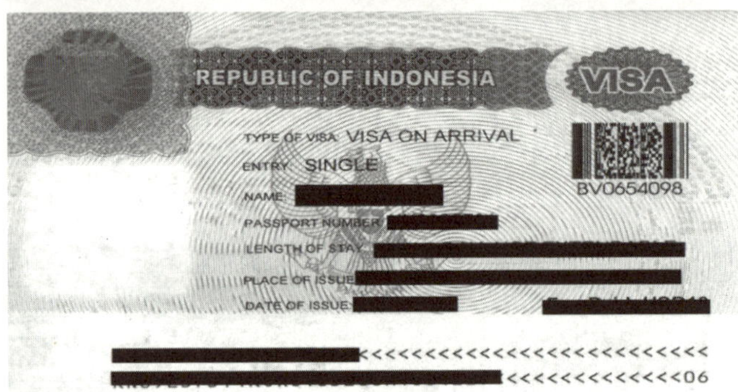

团 体 签 证

GROUP VISA

第 009111 号团体签证，准予 APT07-234-12PAX 团 (12) 人自 2010 年 7 月 21 日至 2010 年 8 月 21 日，在中华人民共和国旅行，壹次有效。

No.009111 group visa, valid for single entry, permits APT07-234-12PAX group consisting of (12) persons to travel in PRC from 21 Jul 2010 to 21 Aug 2010.

发证日期
Date of issue 16 JUL 2010

签署、印章
Signature、Seal

备注：

人 员 名 单

LIST OF GROUP

序号 NO.	姓 名 Name in full	性别 Sex	出生日期 Date of birth	职 业 Profession or Occupation	国 籍 Nationality	护 照 号 码 Passport No.
1	PARK JAE	MALE		BUSINESS	KOREA	GN141
2	YUN YOUNG	FEMALE		HOUSEWIFE	KOREA	GN142
3	JANG PAN	MALE		BUSINESS	KOREA	GN139
4	KIM OK	FEMALE		HOUSEWIFE	KOREA	GN134
5	KIM DONG	FEMALE		HOUSEWIFE	KOREA	GN114
6	YUN JONG	MALE		BUSINESS	KOREA	GN114
7	JANG KWAE	MALE		BUSINESS	KOREA	M7274
8	KIM IN	FEMALE		HOUSEWIFE	KOREA	M7274
9	JUNG GAB	FEMALE		HOUSEWIFE	KOREA	GN127
10	CHOI MI	FEMALE		HOUSEWIFE	KOREA	GN125
11	JO MYEONG	FEMALE		HOUSEWIFE	KOREA	M6135
12	DO HYUNRAE	MALE		BUSINESS	KOREA	M52665

名单结束 END OF THE LIST

중국 단체비자의 예

그림 3.7 여권과 사증

④ 병무신고 및 마일리지 안내

탑승예정인 항공사의 마일리지 적립에 관한 안내를 하고, 기존의 마일리지 회원이 아닌 경우에는 신규가입을 할 수 있도록 안내한다. 또한 일부 여행사의 경우는 여행사 자체적립 마일리지 제도를 운영하는 경우도 있으며 그 또한 안내한다.

남자 여행자 중에 병무신고 대상자의 유 · 무를 확인하고 대상자는 출구수속 전에 병무신고를 해야 하므로 필요한 서류를 구비하여 출국신고를 하도록 안내한다. 병무신고를 끝마치고 나면, 다시 여권을 회수하여 탑승수속을 진행하도록 한다.

⑤ 예방접종 확인서

일부국가로 출국할 경우에는 예방접종을 받아야 하는 경우가 있다. 그럴 경우, 예방접종 증명서를 제출해야 하므로 여행자에게 예방접종증명서를 지참하도록 사전에 공지한다.

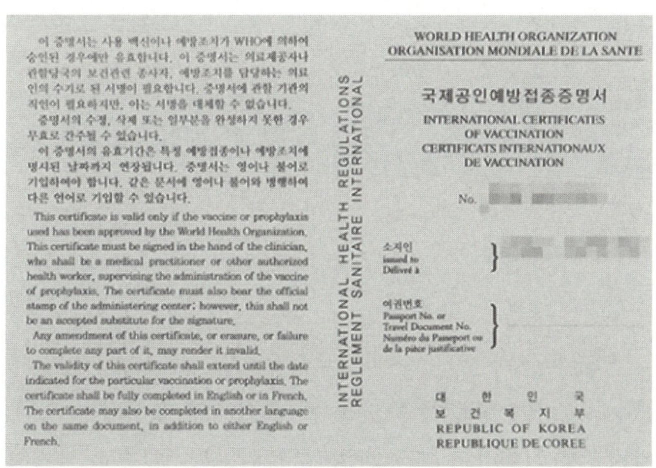

이 증명서는 사용 백신이나 예방조치가 WHO에 의하여 승인된 경우에만 유효합니다. 이 증명서는 의료제공자나 관할당국의 보건관련 종사자, 예방조치를 담당하는 의료인의 수기로 된 서명이 필요합니다. 증명서에 관한 기관의 직인이 필요하지만, 이는 서명을 대체할 수 없습니다.

증명서의 수정, 삭제 또는 일부분을 완성하지 못한 경우 무효로 간주될 수 있습니다.

이 증명서의 유효기간은 특정 예방접종이나 예방조치에 명시된 날짜까지 연장됩니다. 증명서는 영어나 불어로 기입하여야 합니다. 같은 문서에 영어나 불어와 병행하여 다른 언어로 기입할 수 있습니다.

This certificate is valid only if the vaccine or prophylaxis used has been approved by the World Health Organization. This certificate must be signed in the hand of the clinician, who shall be a medical practitioner or other authorized health worker, supervising the administration of the vaccine of prophylaxis. The certificate must also bear the official stamp of the administering center; however, this shall not be an accepted substitute for the signature.

Any amendment of this certificate, or erasure, or failure to complete any part of it, may render it invalid.

The validity of this certificate shall extend until the date indicated for the particular vaccination or prophylaxis. The certificate shall be fully completed in English or in French. The certificate may also be completed in another language on the same document, in addition to either English or French.

INTERNATIONAL HEALTH REGULATIONS
REGLEMENT SANITAIRE INTERNATIONAL

WORLD HEALTH ORGANIZATION
ORGANISATION MONDIALE DE LA SANTE

국제공인예방접종증명서

INTERNATIONAL CERTIFICATES OF VACCINATION
CERTIFICATS INTERNATIONAUX DE VACCINATION

No.

소지인
issued to
Delivré à

여권번호
Passport No. or
Travel Document No.
Numéro du Passeport ou de la pièce justificative

대 한 민 국
보 건 복 지 부
REPUBLIC OF KOREA
REPUBLIQUE DE COREE

그림 3.8 예방접종확인서

⑥ 출 · 입국카드

출 · 입국카드E/D CARD : Embarkation/Disembarkation Card는 출 · 입국 사실을 관할 당국에 신고하는 서식으로 출 · 입국 시 필요한 서류 중 하나이다. 그러나 일부국가에서는 출 · 입국카드의 작성이 생략되어지기도 한다. 출 · 입국카드는 반드시 본인이 기재해야 한다. 그러나 외국의 출 · 입국카드의 경우는 영어로 작성해야 하기 때문에 영어에 익숙하지 않은 여행자의 경우 어려움이 있으므로, 인솔자가 대리 작성하여 여행자가 서명하도록 하는 것이 일반적이다. 국외여행인솔자는 여행사로부터 받은 고객명단Name List 정보에 근거하여 출 · 입국카드를 작성하며, 출국 전에 작성하거나 기내에서 작성하면 된다.

대한민국의 경우, 지난 2005년 출 · 입국신고서 작성이 폐지되었으며, 대한민국 국민이거나 등록 외국인의 경우는 작성하지 않아도 된다.

미국은 2010년 6월 전자여행허가제(ESTA : 미국비자면제프로그램)로 입국하는 경우에 I-94W(무비자출 · 입국신고서) 작성이 폐지되어 현재는 세관신고서만 작성하면 된다.

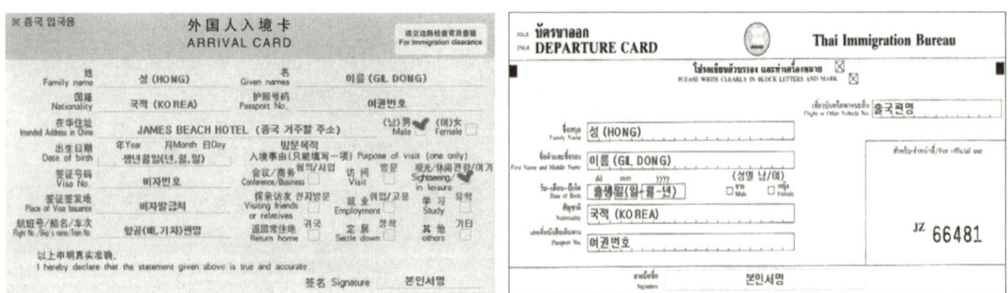

그림 3.9 출 · 입국카드

⑦ 호텔객실 배정표

객실 배정표Rooming List는 호텔에 투숙할 때 고객에게 배정되는 객실번호를 기입한 서류이다. 일반적으로 여행자의 객실배정은 2인 1실을 기본으로 배정하며, 일행이 있는 경우는 가까운 방으로 배정한다. 혹시 서로 모르는 사람끼리 같은 방을 배정해야 하는 상황이 발생할 경우 연령, 지역 및 흡연 여부 등을 기준으로 배정한다. 객실 배정표는 고객명단 대신 사용할 수도 있으며, 인솔자의 인원 확인 업무와 다른 일행들과의 연락을 취할 때 편리하게 사용된다.

ROOMING LIST

(5) TWIN/DBL+(2) TRP+(1) SGL

번호	Name		Room No.	Remarks
1	김미나	KIM/MI NA MS		
	김민규	KIM/MIN KYU MR		
2	이상필	LEE/SANG PIL MR		
	이영희	LEE/YOUNG HEE MS		
3	홍길동	HONG/GILDONG MR		DBL
	성춘향	SUNG/CHUNHYANGMS		
4	차태현	CHA/TAE HYUN MR		
	이정현	LEE/JEONG HYUN MS		
5	송준기	SONG/JUN KI MR		
	송혜은	SONG/HYE EUN MS		
6				
7				
8				
9				TRP
10				TRP
11	김인솔	KIMI/INSOL MR		T/C SGL

그림 3.10 Rooming List

⑧ 수배확인서

국외여행인솔자는 수배담당자로부터 최종 행사확정서를 받아 그 내용을 확인한다. 최종 행사확정서에 기재되어 있는 일정, 식사, 교통수단 등의 사항을 꼼꼼히 확인하며 특이사항이 없는지 점검한다. 특히 포함 사항, 불포함 사항 내용을 정확하게 확인하여 고객의 문의에 정확하게 답변할 수 있어야 한다.

㈜ 고유럽 GO EUROPE	서유럽 West Europe	동유럽 East Europe	북유럽 Northern Europe	지중해 Mediterranean Sea

그룹이름(REFERANCE):	TES 0621 아세아 투어 동유럽 3 국 9 일 OK
TOTA 그룹이름(REFERANCE):	170621-133 TES
행사기간(PERIOD):	21.JUN.2017 ~ 28.JUN.2017 (7N 8D)
인솔자(TOUR LEADER):	MR. 홍길도 (+ 82 10 1234 5678)
쓰루가이드(THUR GUIDE)	MR. 정길동 (JEONG GIL DONG / + 420 774 123 456)
인원수(PAX):	14 + 2 TOUR LEADER + 1 THUR GUIDE + 1 DRIVER
룸타입(ROOM TYPE)	08 TWN + 02 SGL (INCLUDE DRIVER ROOM)
버스 일품(LDC):	**KIND & PLAT :** **DRIVER NAME :**

한국 담당자 연락처	송중기 차장/ + 010 134 5678
현지 담당자 연락처	송혜교 대리 / +420 777 132 456
EMERGANCY	+ 420 778 123 456

21JUN.(WED)	**PRAHA RUZYNĚ AIRPORT / OK 4191 / 16 : 50**
16 : 50	ARRIVE IN **PRAHA RUZYNĚ AIRPORT** (TERMINAL 1) BY FLIGHT OK 4191 ADD: LETIŠTĚ PRAHA-RUZYNĚ, 160 08 PRAHA 6
18 : 00	KOREAN GUIDE MEETING **AT ARRIVAL HALL** KOREAN GUIDE – MR.정 관 식 (MR. JEONG SIK / +420 774 297 569) MEET COACH TRANSFER TO DINNER RESTAURANT (12 KM / APP 30 MIN)
18 : 30	ON ARIVAL, DINNER **[TOKYO]** ADD: JASELSKA 266 / 10 PRAHA 6 TEL: + 420 233 326 670 MENU: 졸솔 김치찌개,비빔밥,반찬 3 가지
19 : 30	TRANSFER TO RESERVED HOTEL (5 KM) ON ARRIVAL / CHECK IN

HOTEL ROYAL PRAGUE ** / CONFIRMED**
ADD: THÁMOVA 21/34, 186 00 PRAHA 8-KARLÍN
TEL: 296 686 900
http://www.hotelroyalprague.com/

** DETAIL INFORMATION **

방갯수: 198 개 — 엘리베이터: 있음
로비: 0 층 — 조식식당: 0 층
조식 시간: 06:30 ~ — 에어컨: 있음
방으로 전화: 방번호 — 외선으로 전화: 0 +
PAY TV: 없음 — WIFI: 무료 (비밀번호 : pobrezni66)
버스 주차: 호텔 주차장 없습니다 (Rohanský ostrov 33,186 00 Praha 8-Karlín 유료주차장 이용 / 12 시간 300 CZK)

<table>
<tr><th>22JUN.(THU).</th><th>PRAHA.</th></tr>
<tr><td>

09 : 00.

12 : 00.

18 : 00.

21 : 30.</td><td>BREAKFAST AT HOTEL.

KOREAN GUIDE MEETING <u>AT HOTEL LOBBY</u>
KOREAN GUIDE – MR.정 관 식 (MR. JEONG SIK / +420 774 297 569)

EXCURSION TO PRAHA.
S/CC: 프라하성(내부), 카를교, 바츨라프 광장, 구시가지광장, 천문시계, 틴교회.

INCLUDE ENTRANCE: PRAHA CASTLE (GOLDEN LINE).
INCLUDE ENTRANCE: PRAHA TRAM.

LUCH [VELKÁ KLÁŠTERNÍ]
ADD: STRAHOVSKÉ NÁDVOŘÍ 302, 118 00 PRAHA 1.
TEL: + 420 242 451 188.
MENU: CHICKEN BOUILLON WITH MEAT, HOME-MADE NOODLES AND VEGETABLE JULIENNE,
(SVÍČKOVÁ)BEEF SIRLOIN IN CREAM SAUCE WITH BREAD DUMPLINGS AND CRANBERRIES,
ICE-CREAM SUNDAE.

DINNER [KAMENNY STUL]
ADD: STAROMESTSKE NAM. 18/550, 110 00 PRAHA
TEL: +420 777 671 121
MENU: PORK RIBS, POT'ATOES, CABBAGE / SOUP & DESSERT (DAILY).

INCLUDE ENTRANCE: PRAHA NIGHT TOUR
*해지는 시간 : 21 시 15 분.

TRANSFER TO RESERVED HOTEL (KM / APP H).

ON ARRIVAL / CHECK IN.</td></tr>
<tr><td colspan="2">HOTEL ROYAL PRAGUE **** / CONFIRMED.
ADD: THÁMOVA 21/34, 186 00 PRAHA 8-KARLÍN.
TEL: 296 686 900.
http://www.hotelroyalprague.com/.</td></tr>
</table>

<table>
<tr><th>23JUN.(FRI).</th><th>PRAHA – CESKY KRUMLOV – SALZBURG</th></tr>
<tr><td>

08 : 00.

11 : 00.

12 : 00.

14 : 30.

18 : 00.</td><td>BREAKFAST AT HOTEL.

KOREAN GUIDE MEETING <u>AT HOTEL LOBBY</u>
KOREAN GUIDE – MR.정 관 식 (MR. JEONG SIK / +420 774 297 569)

TRANSFER TO CESKY KRUMLOV (177KM / APP 3H).

ON ARRIVAL, MEET ENGLISH SPEAKING GUIDE AT BUS PARKING LOT.
ADD: CHVALŠINSKÁ, 381 01 ČESKÝ KRUMLOV-LATRÁN.
GUIDE CENTER- MRS. KAROLINA KORTUSOVA (+420 723 069 561).
* 미팅 30 분 전에 확정 가이드 외품 확인 바랍니다. *.

EXCURSION TO CESKY KRUMLOV.
S/CC: 체스키크롬로프 성(조망), 망토다리, 구시가지

LUNCH [ŠVAMBERSKÝ DŮM]
ADD: SOUKENICKÁ 35, 381 01 ČESKÝ KRUMLOV.
TEL: +420 380 711 342.
MENU: SOUTH BOHEMIAN POTATO SOUP, ROAST PORK, POTATO DUMPLING, CABBAGE, APPLE STRUDEL.

TRANSFER TO SALZBURG (217KM / APP 3H30MIN).

ON ARRIVAL, DINNER [PIZZERIA BECCOFINO].
ADD: RUPERTGASSE 7, 5020 SALZBURG.
TEL: +43 662 879878.
MENU: BEAN SOUP, HAMBURGER STEAK (BEEF), BOILED POTATOES OR SOFT RICE AND SALAD,
FRESH FRUITS OR ICE CREAM.</td></tr>
</table>

<table>
<tr><td>19 : 00.</td><td>TRANSFER TO RESERVED HOTEL (KM / APP H).

ON ARRIVAL / CHECK IN.</td></tr>
<tr><td colspan="2">수배 중</td></tr>
<tr><td colspan="2"></td></tr>
</table>

24JUN.(SAT)	**SALZBURG – HALLSTATT - SALZKAMMERGUT**
	BREAKFAST AT HOTEL
08 : 00	KOREAN GUIDE MEETING **AT HOTEL LOBBY** KOREAN GUIDE – MR.정 관 식 (MR. JEONG SIK / +420 774 297 569)
	TRANSFER TO MEET GUIDE
08 : 30	ON ARRIVAL, MEET GUIDE **AT THERMINAL PARIS-LODRON** ADD: PARIS-LODRON-STRAßE, SALZBURG ENG. GUIDE : MR.WOLGANG REINTHALLER (+43 699 123 40 108)
	EXCURSION TO SALZBURG S/CC: 미라벨정원, 및 궁전, 게트라이데 거리, 성피터교회, 호엔잘츠부르그성
	INCLUDE ENTRANCE: FESTUNG HOHENSALZBURG (리프트)
12 : 00	LUNCH **[FUJIYA]** ADD: EBERHARD-FUGGER-STRAßE 11, 5020 SALZBURG TEL: +43 662 645522 MENU : (CHICKEN BENTO) MISOSOUP, CHICKEN BULGOGI, CHICKEN WINGS,FRIED EGGS WITH ONIONS, FRIED VEGETABLE, KIMCHI, FRUITS, RICE
13 : 00	TRASFER TO **HALLSTATT** (45KM / APP 1H 30MIN)
14 : 30	ON ARRIVAL, EXCURSION TO HALLSTATT S/CC: 할슈타트 마을
15 : 30	TRANSFER TO **SALZKAMMERGU**T (44KM / APP 50MIN)
16 : 10	ON ARRIVAL, EXCURSION TO SALZKAMMERGUT S/CC: 장크트볼프강
18 : 00	DINNER **[HOTEL KENDLER AM WOLFGANGSSEE]** ADD: A-5340 ST. GILGEN, KIRCHENPLATZ 3 TEL: + 43 (0) 6227 2223-0 MENU: SOUP AND MAIN DISH (SCHNITZEL/POTATOES)
19 : 00	TRANSFER TO TO RESERVED HOTEL (0KM / APP H)
	ON ARRIVAL / CHECK IN
수배 중	

<table>
<tr><th>25.JUN.(SUN).</th><th>SALZBURG – MELK – DÜRNSTEIN - VIENNA.</th></tr>
<tr><td></td><td>BREAKFAST AT HOTEL.</td></tr>
<tr><td>08 : 00.</td><td>KOREAN GUIDE MEETING AT HOTEL LOBBY
KOREAN GUIDE – MR.정 관 식 (MR. JEONG SIK / +420 774 297 569)</td></tr>
<tr><td></td><td>TRANSFER TO MELK (214KM / APP 2H30MIN)
ADD: ABT-BERTHOLD-DIETMAYR-STRAßE 1, A - 3390 MELK
TEL: +43 2752 555 225 (TICKET OFFICE).</td></tr>
<tr><td></td><td>ON ARRIVAL, MELK
ADD: ABT-BERTHOLD-DIETMAYR-STRAßE 1, A - 3390 MELK
TEL: +43 2752 555 225 (TICKET OFFICE).
예약시간 매우 중요합니다. 시간 준수하시며, 시간 변경시 티켓오피스에 연락하시어 변경 하셔야 합니다. 연락 없이 늦는 경우 예약이 소멸 되것으로 간주 하오니 유념하여 주시기 바랍니다.</td></tr>
<tr><td></td><td>INCLUDE ENTRANCE: MELK ABBY
RESERVATION NUMBER :</td></tr>
<tr><td>12 : 00.</td><td>LUNCH [MELKER STIFTS RESTAURANT TEUFNER]
ADD: ABT-BERTHOLD-DIETMAYRSTRAßE 3, A-3390 MELK.
TEL: + 43 2752 52555.
MENU: BEEF BROTH WITH CHOUX PASTRY, OVEN-FRESH ROAST PORK WITH WARM CABBAGE SALAD AND BREAD DUMPLING, APRICOT CAKE WITH WHIPPED CREAM AS DESSERT.</td></tr>
<tr><td>13 : 00.</td><td>TRANSFER TO DÜRNSTEIN (30KM / APP 30MIN)</td></tr>
<tr><td>13 : 30.</td><td>ON ARRIVAL, EXCURSION TO DURNSTIN '.</td></tr>
<tr><td>16 : 30.</td><td>TRANSFER TO VIENNA (93 KM /APP 1H 30MIN).</td></tr>
<tr><td>18 : 00.</td><td>ON ARRIVAL, DINNER [AKAKIKO – HIETZING]
ADD: AM PLATZ 3 A-1130 WIEN.
TEL: + 43 57 333 160.
MENU: 미소스프, 스시 2 개, 마끼 2 개, 불고기, 샐러드, 김치, 밥, 과일, 물</td></tr>
<tr><td>19 : 00.</td><td>TRANSFER TO TO RESERVED HOTEL (9 KM / APP 20 MIN)
ON ARRIVAL / CHECK IN</td></tr>
<tr><td colspan="2">HOTEL BELLEVUE WIEN **** / CONFIRMED.
ADD: ALTHANSTRASSE 5, 1090, VIENNA, VIEW
TEL: +43 1 316 23888.
http://bellevuehotel.at/.</td></tr>
<tr><td colspan="2">** DETAIL INFORMATION **.
방갯수: 160 개 엘리베이터: 있음.
로비: E층 조식식당: E 층.
조식 시간: 06:30 에어컨: 있음.
방으로 전화: 방번호 외선으로 전화: 0 +
PAY TV: 있음 (블럭 가능합니다.) WIFI: 무료 / 비밀번호 체크인시 확인 부탁 드립니다..
버스 주차: 호텔 맞은편 주차장 습니다. 파킹 35 EURO 입니다. 기사에게 인폼 바랍니다..</td></tr>
</table>

26JUN.(MON).	**VIENNA – BUDAPEST**
	BREAKFAST AT HOTEL. KOREAN GUIDE MEETING **AT HOTEL LOBBY** . KOREAN GUIDE – MR.정 관 식 (MR. JEONG SIK / +420 774 297 569) .
09 : 00.	EXCURSION TO VIENNA . S/CC: 쇤부른궁전, 슈테판성당, 커른트너거리, 시청사,국회의사당.
12 : 00.	LUNCH **[CAFÉ RESTAURANT SCHÖNBRUNN]**. ADD : SCHÖNBRUNNER STR. 244, 1120 WIEN . TEL: ++43 1 9435541 . MENU:스프, 호이리게, 식사, 디저트 . TRANSFER TO SCHONBRUNN PLACE (SCHLOSS SCHÖNBRUNN). ADD: SCHÖNBRUNNER SCHLOSSSTRASSE 47, 1130 WIEN, ÖSTERREICH. TEL: +43 1 811 13 239 (OFFICE). *예약시간 매우 중요합니다. 시간 준수하시며, 시간 변경시 티켓오피스에 연락하시어 변경 하셔야 합니다.*.
13 : 05.	**INCLUDE ENTRANCE: SCHLOSS SCHÖNBRUNN (IMPERIAL TOUR).** **RESERVATION NUMBER : 1986 0243.**
14 : 30.	TRASFER TO BUDAPEST (243KM / APP 3H 30 MIN).
18 : 00.	ON ARRVAL, DINNER [**RED PEPPER**]. ADD: 1132 BUDAPEST, 13. KERÜLET, VISEGRÁDI U. 2.. TEL: +36 -1-352-1394. MENU: **GOULASH SOUP,** CHICKEN BREAST WITH PARIKA SAUCE, RICE,STEWED VEGETABLE MIX, GUNDEL PANCAKE. **INCLUDE ENTRANCE: BUDAPEST DANUBE NIGHT CRUISE** . TRANSFER TO TO RESERVED HOTEL (9 KM / APP 20 MIN) . ON ARRIVAL / CHECK IN.
HOTEL BUDAPEST ** / CONFIRMED.** ADD: H-1026 BUDAPEST SZILÁGYI ERZSÉBET FASOR 47.. TEL: +36 1 889 5704. https://www.danubiushotels.com/en/our-hotels-budapest/hotel-budapest.	
** DETAIL INFORMATION **. 방갯수: 289 개 로비: 0 층 조식 시간: 07:00 방으로 전화: 0 + 방번호 PAY TV: 있음 버스 주차: 버스비 6400 HUF 입니다. 기사에게 인폼 바랍니다.	엘리베이터: 있음. 조식식당: R 층. 에어컨: 있음. 외선으로 전화: 9 + . WIFI: 무료 / 비밀번호 체크인시 확인 부탁 드립니다..

27.JUN.(TUE).	**BUDAPEST - BRNO**
  08 : 00. 12 : 00. 13 : 00. 18 : 30. 19 : 00.	BREAKFAST AT HOTEL. KOREAN GUIDE MEETING **AT HOTEL LOBBY** KOREAN GUIDE – MR.정 관 식 (MR. JEONG SIK / +420 774 297 569) EXCURSION TO BUDAPEST. S/CC: 부다왕궁, 마차시성당, 어부의요새, 겔레르트 언덕 LUNCH [**ARIRANG**] ADD: ISTENHEGYI UT 25, H-1126 BUDAPEST. TEL: +36 1 240 5531. MENU: 순두부, 반찬 5 가지, 후식(과일). TRANSFER TO **RESERVED HOTEL IN BRNO** (326KM / APP 4H 30 MIN). ON ARRIVAL / CHECK IN. DINNER AT HOTE. MENU : DAILY.
HOTEL VORONĚŽ I BRNO ** / CONFIRMED.** ADD: KŘÍŽKOVSKÉHO 458/47, BRNO 603 73, ČESKÁ REPUBLIKA. TEL: +420 543 141 111. www.voronez.cz.	
** DETAIL INFORMATION **. 방갯수: 368 개 / 엘리베이터: 있음. 로비: 0 층 / 조식식당: 0 층. 조식 시간: 06:30 ~ 10:00 / 에어컨: 없음. 방으로 전화: 1 + 방번호 / 외선으로 전화: 0 + PAY TV: 있음 (불링 가능합니다.) / WIFI: 무료 버스 주차: 호텔 주차장 있습니다. 버스 파킹 13 EURO 입니다. 기사에게 인폼 바랍니다.	

8.JUN.(WED).	**BRNO - PRAHA** **PRAHA RUZYNĚ AIRPORT / OK 4190 / 18 : 50.**
  08 : 30. 11 : 30. 12 : 30 13 : 30. 14 : 30. 15 : 00. 18 : 50.	BREAKFAST AT HOTEL. KOREAN GUIDE MEETING **AT HOTEL LOBBY** KOREAN GUIDE – MR.정 관 식 (MR. JEONG SIK / +420 774 297 569) TRANSFER TO **LUNCH RESTAURANT IN PRAHA** (202 KM / APP 3H) LUNCH [**MAMY 2**]. ADD: SOKOLSKA 52, PRAHA 2(I. P. Pavlova). TEL: +420 224 266 246 MENU: 김치찌개, 파전. TRASFER TO **KALRLSTEJN** (31KM / APP 1H) ADD : KARLŠTEJN 172, 267 18 KARLŠTEJN. ON ARRIVAL, EXCURSION TO KALRLSTEJN. S/CC: 카를슈테인성 내부 TRANFER TO **PRAHA RUZYNĚ AIRPORT** (TERMINAL 1) (30KM / APP 30MIN). ADD: LETIŠTĚ PRAHA-RUZYNĚ, 160 08 PRAHA 6. ON ARRIVAL, **VÁCLAV HAVEL AIRPORT PRAGUE** (TERMINAR 1). **= END L.D.C. SERVICE =.** **= END THUR GUIDE SERVICE =.** DEPARTURE FOR SEOUL BY FLIGHT BY OK 4190.

그림 3.11 수배확인서

⑨ 여행보험증권

여행보험증권은 국외여행 중 발생할 수 있는 사고, 질병, 도난 등에 대비하여 인솔자를 포함한 모든 고객이 보험에 가입하게 된다. 이는 여행 중 사고가 발생하면 보상을 받을 수 있는 중요한 서류이므로, 인솔자는 여행 출발 전에 고객 전원이 보험에 가입되어 있는지를 확인하고, 여행이 종료될 때까지 보험증서를 항상 휴대하도록 알린다.

⑩ 비상연락처

현지행사를 진행할 때 예상치 못한 긴급사태가 발생할 수 있는데, 이때 비상연락처를 통해 도움을 받거나 이후 일정에 대한 조정 및 필요사항에 대한 조치를 하는데 필요한 연락처의 목록이다. 일반적으로 본사나 현지 사무소(랜드사), 기타 외국 주재 대사관 등의 주소와 전화번호를 적어둔다.

02 출국교통편 체크인하기

1. 출국교통편 체크인 절차

1) 출국교통편 체크인 준비

탑승수속을 위해 인솔자는 여행자들의 여권을 회수하여 여권의 유효기간 및 비자 관련 사항에 문제가 없는지를 우선 확인한다. 항공사에 따라서는 단체 여행자의 경우, 단체 탑승수속Group Check-in을 별도로 진행하기도 하므로, 그럴 경우에는 수속을 위해 여행자의 여권과 항공권 및 비자서류가 필요하기 때문에 인솔자가 일괄 회수한다.

일반적으로 항공사의 체크인 카운터는 일등석First Class, 비즈니스석Business Class, 일반석Economy Class으로 구분되어 있으며, 단체여행의 경우에는 주로 일반석을 이용하므로 해당 카운터에서 탑승 수속을 진행한다. 혹시 승객 중 상위클래스를 예약한 고객이 있으면 해당 카운터를 안내한다.

탑승은 승객이 항공기에 타는 것을 말하며, 탑승 수속은 항공기에 탑승하기 위한 수속 절차로서 출국 수속 전 단계이다. 일반적으로 단체 여행자의 경우, 인솔자는 미팅시간보다 1시간 정도 미리 공항에 나와 단체전용 체크인 카운터에서 탑승권을 발급해 놓는다. 이후 고객이 도착하면 여권을 수거하고, 전원의 여권이 수거되면 여권을 가지고 다시 체크인 카운터로 가서 발급해 놓은 탑승권을 수령하게 된다.

탑승권을 수령한 후 여권과 탑승권을 각 여행자에게 배포하고, 여행자들은 개별적으로 수하물 수속을 진행한다(과거에는 단체 수속을 하였으나, 최근에는 수하물 수속은 개별적으로 진행하는 것이 일반적이다).

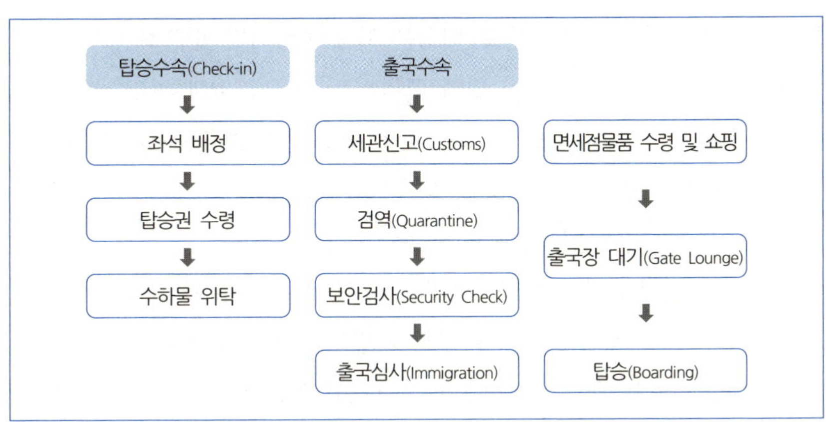

그림 3.12 탑승수속 및 출국수속의 절차

2) 체크인 수속

인천공항의 경우, 3층 출국장에 있는 운항정보 안내 모니터에서 탑승 항공사와 탑승 수속 카운터를 확인할 수 있으며, 해당 탑승수속 카운터로 가서 탑승 수속을 진행한다.

(1) 여권 및 항공권 제시

인솔자는 여행자들로부터 회수한 여권과 항공권(또는 PNR)을 항공카운터 직원에게 제시하여 수속을 진행한다. 일행 중 외국 영주권 소지자가 있는지를 미리 확인하여 해당되는 여행자는 체크인 수속 시 영주권을 제시하고 출국에 문제가 없는지를 확인한다. 비자가 필요한 국가로 출국할 경우에는 비자 관련 서류도 함께 제출하고, 특수승객(유아, 노약자, 장애인 등)이 있는 경우에는 그 여부를 알리고 필요한 조치를 요청한다.

(2) 좌석 배정Seat Reassignment

항공사에서는 신속한 수속업무 처리를 위해 단체에 한해 탑승권을 미리 발급해 놓으므로 여행자의 좌석번호를 미리 확인해 둘 수도 있다. 일반적으로 단체 여행자일 경우, 항공사는 블록Block으로 좌석을 배정해 준다. 따라서 각 여행자가 선호하는 좌석만을 배정받기는 어렵다. 좌석번호 배정은 이름의 가나다 순으로 랜덤으로 배정이 되므로, 일행이라 하더라도 좌석이 멀리 떨어지는 경우도 있다. 이럴 경우 인솔자는 고객명단과 비교하여 부부, 친구, 가족 등 일행끼리 함께 앉을 수 있도록 좌석을 재배정 하는 노력을 해야 한다. 이때 인솔자의 좌석은 고객들보다 앞쪽, 그리고 통로 쪽으로 배정하는 것이 기내에서의 업무에 편리하다.

항공기 기종에 따라 좌석 배열의 형태가 짝수 또는 홀수 배열 형태이므로, 탑승 항공기의 좌석 배열의 형태를 미리 파악하여 일행끼리 따로 떨어져 앉지 않도록 조정해야 한다. 특히 홀수 배열의 좌석구조를 가지고 있는 항공기의 경우, 일행이라 하더라도 따로 떨어져 앉게 되는 경우가 발생할 수 있는데, 그런 경우에는 우선 항공사 직원에게 양해를 구해 좌석을 재배정 받는다. 만약 재배정이 불가능할 경우에는 고객에게 미리 양해를 구하고, 돌아오는 항공편은 반드시 일행끼리 함께 앉도록 배려해야 콤플레인을 예방할 수 있다.

(3) 수하물 위탁Baggage Check-in

인솔자는 좌석 배정이 다 끝나고 나면, 탑승권과 여권을 각 여행자에게 나누어주고 모든 인원이 집결했는지 최종적으로 확인한다. 수하물 위탁을 위해 여행사에서 제공하는 수하물 꼬리표Baggage Tag를 부착시키도록 안내한다.

예전에는 단체 여행자의 수하물 위탁은 인솔자가 일괄 수속하였으나, 보안검색이 강화되어 최근에는 여행자 각자가 자신의 수하물을 위탁해야 한다. 인솔자는 여행자에게 수하물 위탁 절차와 카운터를 안내하고, 함께 동행하여 수속과정 중 불편함이 없도록 도와준다. 만약 위탁수하물 중 세관신고가 필요한 경우에는 대형 수하물 전용카운터 옆 세관신고대에서 신고하고 전용 카운터에서 위탁 · 처리한다.

개별적으로 수하물 위탁 절차가 끝난 고객은 수하물수취증Baggage Claim Tag을 잘 수령하였는지 확인하고 잘 보관하도록 안내한 후 출국장으로 이동시킨다.

2. 출국교통편 체크인 장소 파악

1) 체크인 수속 카운터

인천국제공항 3층 출국장의 운항정보 안내 모니터를 통해 탑승 항공사와 탑승수속 카운터를 확인하고 해당 항공사의 탑승수속 카운터에서 단체전용 수속 카운터가 있는지를 확인한다. 단체전용 카운터가 있는 경우에는 해당 카운터에서 체크인 수속을 진행해야 한다. 또한 수하물 위탁도 동일한 카운터에서 진행되는지 사전에 확인하여 체크인 수속 시 일괄적으로 업무가 처리될 수 있게 한다.

2) 체크인 수속 집결장소 및 주변 확인

탑승수속 후 탑승 게이트로 이동하여 출국수속 절차를 진행하게 되므로, 탑승 게이트와 출국 수속장의 위치를 미리 파악해 둔다.

3. 출국교통편 체크인 관련 사항

1) 좌석 배정

(1) 좌석 재배정하기

단체 여행자의 경우 단체전용 카운터에서 미리 단체탑승 수속을 받도록 한다. 일반적으로 항공사에서는 단체좌석을 일괄배정Block Assignment하여 당일 출발 예정인 단체의 탑승권을 미리 준비해 놓는다. 따라서 인솔자는 여행자들의 여권을 모아 해당 카운터로 가지고 가면 탑승권을 수령하는데 시간을 줄일 수 있다. 항공사에 따라서 단체 여행자는 하루 전날 탑승수속이 가능한 경우도 있으므로, 오전 출발하는 항공편이라면 출국 전날 좌석배정을 미리 받는 것도 좋다. 배정된 좌석번호를 인솔자는 메모하여 전체 여행자의 기내에서 위치를 파악하고 있어야 한다.

(2) 좌석 배정의 원칙

① 고령자는 되도록 창가에 배정한다.

② 가족, 부부, 친구 등 일행끼리는 나란히 함께 앉을 수 있도록 한다.

③ 유아나 소아를 동반한 여행자, 노약자, 장애인에게 우선권을 부여한다.

④ 유아Infant가 있는 경우에는 유아용 요람Baby Bassinet을 설치할 수 있는 좌석으로 배정한다.

⑤ 소아를 동반한 경우, 어린이와 보호자의 좌석배치는 나란히 앉을 수 있도록 한다.

⑥ 주방Galley이나 화장실과 가까운 자리는 사람들의 출입기 잦기 때문에 불편하므로 좌석 배정 시 주의가 요구되며 가능하면 젊은 여행자에게 배정한다.

⑦ 여행자에 따라 선호하는 좌석이 다르지만 100퍼센트 그 기호를 맞추기는 힘들다. 따라서 출국편 항공기와 입국편 항공기의 좌석배정을 반대로 배정함으로써 여행자들에게 공평한 서비스가 제공되고 있다는 것을 인식시킨다.

⑧ 인솔자는 기내업무에 편리하도록 통로 쪽으로 앉는다.

2) 수하물

여행자들은 위탁수하물과 휴대수하물 두 가지 형태의 수하물을 가지고 온다. 항공 안전과 보안 문제로 각각 제한사항이 있으므로, 인솔자는 그 내용을 사전에 정확하게 파악하여 고객에게 안내해야 한다.

위탁수하물에는 현금, 귀금속, 파손되기 쉬운 물건 등을 넣지 않아야 하며, 잠금장치 여부도 확인한다. 위탁수하물은 일정량(무게/개수)에 한해 무료 운송이 가능하며, 초과량에 대해서는 운임을 지불해야 한다. 따라서 사전에 무료수하물 허용량을 여행자에게 주지시킴으로써 초과운임을 지불하는 일이 없도록 한다. 위탁수하물 중에 세관신고가 필요한 물품이 있는 경우에는 신고하도록 안내하고, 여행자 휴대품 중 고가품이나 귀중품 등은 출국장 카운터에 설치된 세관당국에 신고하도록 한다.

그림 3.13 수하물 분류

(1) 위탁수하물Checked Baggage

해당 항공사의 수하물로 등록하여 항공사의 관리책임 하에 운송하는 수하물로서 항공기 짐칸에 탁송시키는 수하물을 말한다. 무료 위탁수하물의 허용량은 항공사, 탑승노선, 탑승클래스 등에 따라 차이가 있다. 일반적으로 무게 또는 개수로 그 허용량을 제한하고 있다. 항공사 직원은 중량제를 적용하는 국가로 여행하는 경우에는 수하물의 무게를 확인하고, 개수를 적용하는 국가로 여행하는 경우에는 수하물의 개수를 확인한다.

위탁수하물은 항공사 카운터 직원이 해당 수하물의 무게를 확인하고 컨베이어 벨트로 이송하게 되며, 그 과정에서 수하물 꼬리표Baggage Tag를 각 위탁수하물마다 부착한다. 항공사 수하물 꼬리표를 부착하면서 반쪽을 여행자에게 넘겨주는데, 이것을 수하물 수취증Baggage Claim Tag이라고 한다. 여행자 또는 인솔자는 수취증을 인수하면 위탁수하물의 개수와 맞는지 꼭 확인해야 하며, 나중에 수하물의 분실이나 파손 등의 사고가 발생했을 경우 여행자가 자신의 수하물임을 증명하는 자료가 되므로, 목적지에 도착하여 수하물을 수령할 때까지 반드시 보관해야 한다.

항공사 직원의 실수로 목적지 코드가 잘못 표기되어 수하물이 다른 곳으로 운송되는 경우가 있으므로, 항공사 수하물 꼬리표에 표기되어 있는 항공편명과 목적지가 맞는지도 확인한다. 또 깨지기 쉬운 물품이 들어있는 가방에는 항공사 직원에게 취급주의Fragile, Handle with Care 꼬리표를 부착하도록 요청한다.

항공사 수하물 꼬리표가 부착된 수하물은 보안검사X-ray를 위해 컨베이어 벨트에 통과시킨다. 이때 위탁수하물에 문제가 발생할 경우, 수하물 주인을 호출하므로 약 5분 정도 대기하다가 출국장으로 이동한다.

그림 3.14 수하물 탁송

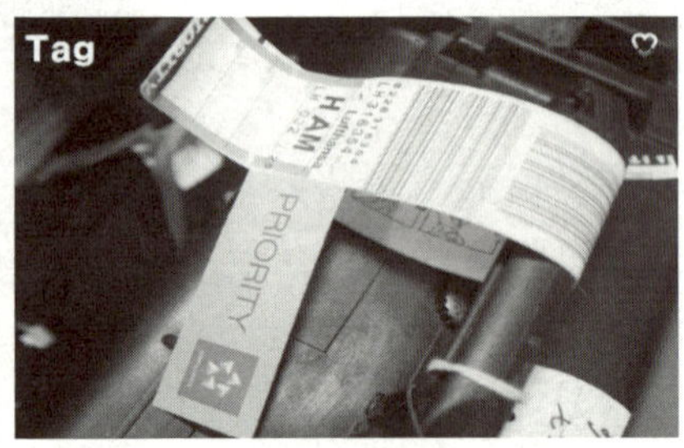

그림 3.15 항공사 수하물 꼬리표

수하물 탁송 유의사항

- 가방 안에 파손의 위험이 있는 물건이 있는지?(휴대수하물 처리하도록 안내)
- 현금이나 귀중품, 카메라, 노트북 등이 있는지?(휴대수하물 처리하도록 안내)
- 고가의 물건이나 세관신고물품이 있는지?(휴대품 반출신고 후 기내 반입하도록 안내)
- 가방 안에 금속물품이나 무거운 물품이 있는지?(정확한 물품명과 용도 파악)
- 가방 안에 다량의 의약품이나 오해의 소지가 있는 물품이 있는지?(필요량만 소지하도록 안내)
- 타인에게 부탁받은 짐은 없는지?
- 본인의 수하물인지 식별할 수 있는 표식(예 : Name Tag)이 있는지?

(2) 수하물 연결 수속Through Check-in

직항편이 아닌 연결 항공편으로 최종 목적지에 도착하는 일정일 경우, 수하물은 최종 목적지까지 한 번에 보내는 연결수속을 해야 한다. 수하물을 연결 수속하면 중간 경유지에서 수하물을 다시 위탁하는 번거로운 과정 없이 연결편 항공기에 자동으로 위탁되므로 편리하다. 그러므로 연결 항공편을 이용해야 하는 경우에는 수하물 연결수속을 해야 하며, 최종 목적지까지 연계 위탁이 되었는지를 반드시 확인한다.

수하물 연결수속이 가능한 경우

- 연결지점인 도착 공항과 출발 공항이 동일할 것
- 연결편의 항공 예약이 확약(Confirm)되어 있을 것
- 항공기를 갈아타는데 필요한 최소 연결시간(MCT : Minimum Connection Time)이 확보되어 있을 것
- 연결시간이 최대 24시간 이내일 것

(3) 대형 수하물

위탁수하물 중 대형 수하물은 세관신고가 요구된다. 대형 수하물은 항공사 탑승수속 카운터에서 요금을 지불한 후 D.J. 카운터 뒤편 세관신고 카운터에서 세관신고를 하고 대형 수하물 카운터에서 탁송하면 된다. 대형 수하물의 기준은 무게 50kg 이상 또는 가로 45cm, 세로 90cm, 높이 70cm 이상인 경우이다.

(4) 휴대수하물

휴대수하물은 여행자가 직접 기내 안으로 가지고 들어가는 수하물을 말한다. 기내 반입이 가능한 휴대수하물은 액체류 반입 제한이 있고, 이동시 불편하므로 일반적으로 위탁수하물로 대부분의 짐을 부치고, 개인 휴대물품이 든 손가방, 노트북가방 정도만 휴대하여 탑승하도록 한다. 또한 카메라, 귀금속류 등 고가의 물품과 도자기, 유리병 등 파손되기 쉬운 물품은 직접 휴대하는 것이 좋다.

통상적으로 일반석에 적용되는 수하물의 크기와 무게는 개당 55×40×20(cm) 3면의 합이 115cm 이하로써 10~12kg까지이며, 항공사마다 기준이 다르므로 미리 확인한다.

① 액체 및 젤류

액체폭탄이 국제적으로 새로운 위협으로 증대되고 있는 가운데, 국제민간항공기구 ICAO의 권고에 따라 2007년 3월 1일부터 대한민국 내에 위치한 공항에서 출발하는 모든 국제선 항공편(통과, 환승 포함)에 대해 액체·젤류 및 에어로졸의 항공기 객실 내 휴대반입 제한조치를 실시하고 있다. 다만, 용기 1개 당 100ml 이하로, 1인당 1L 이하의 지퍼락 비닐봉투 1개 범위 내에서 기내반입을 허용한다. 인솔자는 여행자들에게 이와 관련한 안내를 해야 한다.

통제 대상품목에 대한 객실 내 휴대반입 허용범위

- 허용규격
  - 용기 1개 당 100ml 이하로, 1인당 1L 이하의 지퍼락 비닐봉투 1개
  - 1L 지퍼락 비닐봉투는 공항 내 편의점, 약국, 서점에서 구입 가능
- 허용조건
  - 1리터(ℓ) 규격의 투명 지퍼락(Zipper Lock) 비닐봉투 안에 용기 보관
  - 비닐(크기 : 약 20cm × 약 20cm)에 담겨 지퍼가 잠겨있어야 함
  - 비닐이 완전히 잠겨있지 않으면 반입불가 조치
  - 보안검색 받기 전 다른 짐과 분리하여 검색요원에게 제시

표 3.5 액체 및 젤류 허용범위

기내반입 금지물품	반입 가능물품	면제점에서 구입한 물품
• 액체 : 물, 음료, 소스, 향수 등 • 분무 : 스프레이류, 탈취제 등 • 젤 : 시럽, 반죽, 크림, 치약, 마스카라, 액체/고체 혼합류 등 • 그 외 실온에서 용기에 담겨 있지 않으면 형태를 유지할 수 없는 물질	• 모든 물질이 개 당 100ml 이하 용기에 들어있으면서, 모든 용기가 1L 투명봉투 한 장에 담기고, 입구를 완전히 닫아서 밀봉한 경우 • 처방전 있는 의약품, 처방전 있는 처방음식, 시판약품, 의료용구 • 유아동반 시 함께 휴대하는 유아용품 • 검색 시 보안요원에 별도제시 필요	• 면제점에서 발행한 영수증이 함께 부착되어 투명봉투에 밀봉된 경우, 용량에 무관하게 기내반입 가능 • 최종 목적지행 항공기 탑승 전까지 개봉하지 않아야 함

표 3.6 객실 내 휴대반입 통제 대상품목(예)

액체류	물 및 드링크류, 수프류, 소스류, 소스/액체류, 음식류, 로션류, 오일류, 향수류 등
분무류	스프레이류, 탈취제류 등
겔 류	시럽류, 잼류, 반죽류, 크림류, 화장품류, 헤어/샤워젤, 면도거품제, 치약류, 액체/고체 혼합류, 마스카라, 립글로스, 립밤 등
기타류	실온에서 용기 없이는 형상을 유지할 수 없는 물질

3) 불참자

(1) 불참자 판단

예약한 고객이 출발 당일 공항에 나타나지 않는 경우를 노쇼No-show라고 한다. 관광학적 정의로는 "예약을 이행하거나 취소하는데 실패한 손님 및 고객 또는 승객"이라고 한다. 노쇼가 발생하는 경우에는 여러 가지 상황이 있을 수 있으나, 약속장소를 잊어버렸거나 늦은 출발로 인한 경우가 대부분이다. 인솔자는 약속시간이 되어도 나타나지 않는 고객이 발생할 경우, 가지고 있는 연락처를 통해 고객의 위치를 파악하고 약속장소를 정확하게 전달한다. 또한 미팅시간보다 많이 늦는 경우에는 다른 여행자의 수속을 먼저 처리하여 출국장으로 이동하게 하며, 인솔자는 남아서 늦는 여행자를 기다린다. 그러나 항공기 출발 1시간 전까지도 연락이 되지 않을 경우는 불참자로 판단할 수 있으며, 그럴 경우 사무실을 통하여 가족과 통화를 시도한다.

(2) 불참자 처리

인솔자는 최종적으로 불참자로 판단되면 여행사 담당직원에게 상황을 알리고 항공권, 현지행사 등의 취소를 상의한다. 불참자로 결정되면, 해당 여행사의 공항 직원에게 불참 여행자와 관련된 서류를 위탁하고 출국한다. 또한 현지호텔의 예약변경 및 지상비 수정 여부 등 여러 가지 사항을 소속여행사의 담당자와 통화하여 그 지시에 따르도록 한다.

03 출국장 이용 안내하기

1. 출국장 이용시설 위치 파악

1) 출국장 시설

출국장은 출국수속을 하기 위한 절차가 이루어지는 곳이다. 인천공항은 3층에 출국장이 위치하고 있으며, 국외여행인솔자가 여행자들과 첫 대면하는 만남의 장소, 각 항공사들의 탑승 수속 카운터가 있다. 또한 출국 수속을 위해 필요한 신고소, 환전소 및 통신사와 각종 편의 · 부대시설들이 있다. 인솔자는 여행자들과의 미팅과 출국수속이 원활하게 진행되도록 해당 항공사의 체크인 카운터, 공항 안내소 및 출국장 주변 시설물들의 위치를 확인해 둔다.

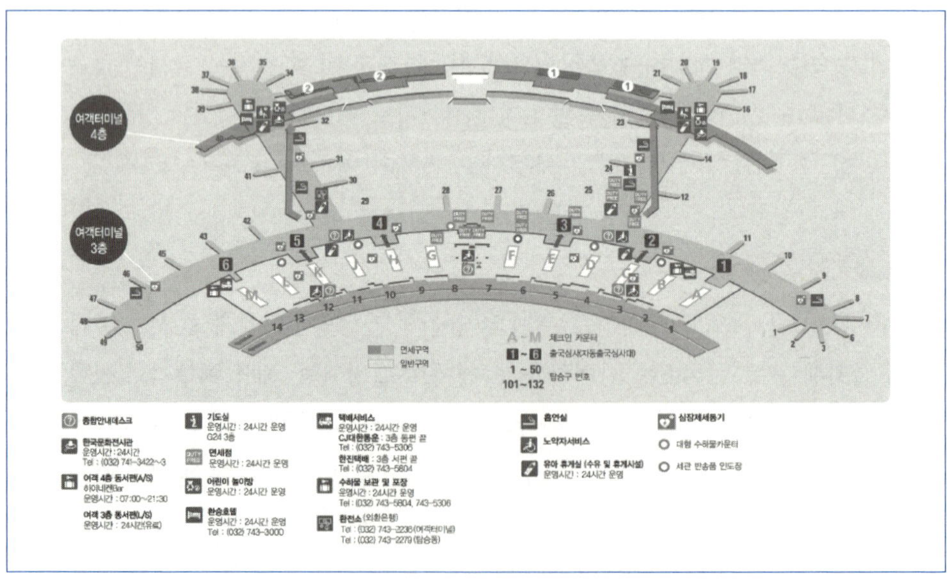

자료 : 인천공항 홈페이지

그림 3.16 인천공항 3층 출국장 시설물

2) 출국장 위치

인천국제공항 3층에 위치한 출국장은 36개의 여행사 미팅 카운터 테이블이 마련되어 있다. 이곳은 여행사가 손님을 맞이하는 장소로 활용되는 곳이다. 인솔자는 고객들에게 사전에 미팅 약속을 한 카운터에서 고객맞이를 준비하고, 탑승 항공사의 체크인 카운터의 위치를 확인해 둔다.

인솔자가 미리 위치와 장소 및 주변상황을 알아두어야 할 대표적인 시설물은 다음과 같다.

- 탑승 항공사 체크인 카운터
- 자동 출 · 입국심사 등록소 위치
- 출국할 때 필수시설물 위치
- 고객맞이 장소
- 항공기 운항정보 안내 모니터
- 각종 부대시설 및 편의시설
- 출국 수속장 위치

2. 필수장소 안내

출국장에는 다양한 시설물이 있으며, 인솔자의 업무 편의와 여행자들의 필요에 따라서 그 시설물의 위치를 미리 확인하는 것이 좋다. 특히 탑승 및 출국 수속을 위해 출국장에서 반드시 해야 할 신고 및 기타 사항들을 준비하기 위한 필수장소로는 병무신고소, 검역신고소, 자동 입 · 출국심사 신청소, 마일리지 데스크, 환전소 등이 있다.

국외여행인솔자는 여행자의 도착순서에 따라 개인적으로 필요한 용무를 미리 볼 수 있도록 각 시설물의 위치를 안내하며 시간을 절약한다. 아울러 환전을 하는 고객에게는 환전 허용한도 및 현지 통용화폐에 대해 간단히 설명한다.

여행자와 인솔자가 함께 출국장소로 이동하여 절차를 밟는 것이 좋으나, 여행자 개인 사유나 인솔자의 업무가 남아 있는 경우에는 각자 자유롭게 출국수속 절차를 마치고 탑승구 앞에서 재집결하도록 한다.

1) 병무신고소

병역 의무자가 국외 출국 시 필요한 서류를 구비하여 병무신고소에 출국신고를 해야 한다. 여행자 중에 해당자가 있는 경우에, 인솔자는 병무신고소의 위치를 안내하여 출국신고를 하도록 유도한다. 병무신고 할 때 필요한 서류에는 여권, 출·입국카드, 병무신고서(또는 국외여행허가서)이며, 인솔자는 준비된 서류를 확인해 준다. 그리고 출국심사를 할 때는 여권과 함께 국외여행허가증명서를 제출해야 한다.

병역 의무자는 출국할 때 여권과 국외여행허가증명서를 구비하여 출국 당일 병무신고소(3층 출국장 동쪽 A, B 뒤쪽)에 출국신고를 해야 하며, 귀국할 때에도 귀국 신고를 해야 한다. 병무신고 대상자는 대한민국 국적의 25세 이상의 병역 미필자이다.

표 3.7 병무신고 대상 및 제출서류

대 상	제출서류	
	출국 시	입국 시
병역미필자	• 여권 • 국외여행허가증명서 • 출국신고서	• 여권 • 귀국신고서 ※ 귀국 후 30일 이내에 공항 병무신고소 또는 각 지방병무청, 병무청 홈페이지에서 신고 가능
국외이주자	• 여권 • 영주권 • 출국확인서 : 병무신고소 비치 • 출국신고서 : 해당 항공사 창구	상동
재외국민 2세	• 여권 • 외국인등록증 • 출국신고서	상동

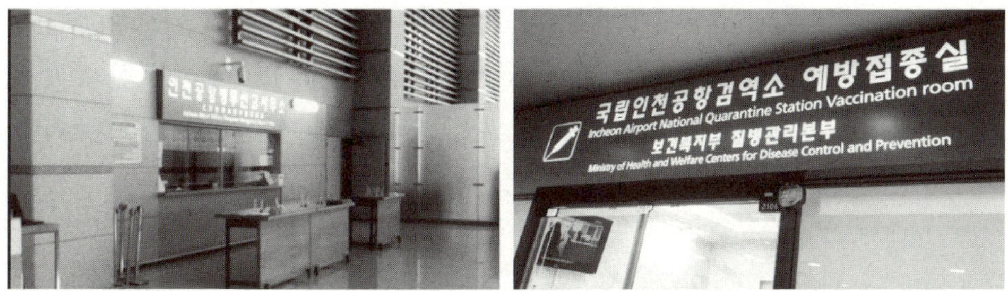

그림 3.17 병무신고소/검역소

2) 검역소

검역에는 여행자 검역과 동·식물에 대한 검역이 있다. 검역소에서는 검역 및 검역증명서를 발급한다. 목적지국가에 따라 검역증명서를 확인하는 경우가 있으므로 출국 전에 항공사에 확인해야 한다.

(1) 예방접종 확인 및 안내

아프리카, 중남미, 동남아시아 일부국가 등 오염지역으로 지정된 일부국가로의 여행 시 여행자는 반드시 출국 전에 예방접종을 받아야 한다. 예방접종은 미리 사전에

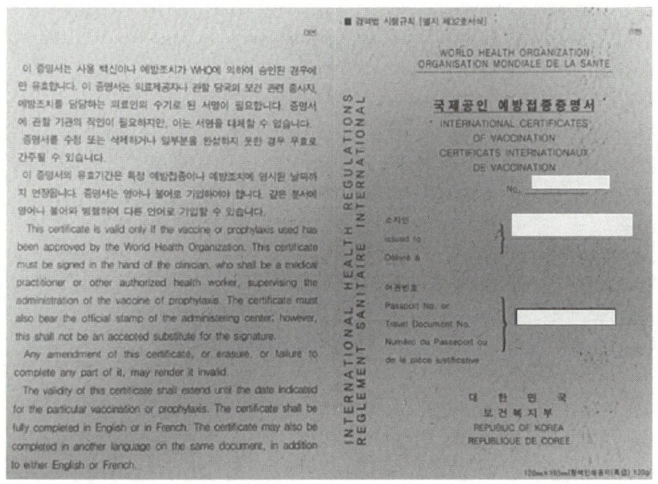

이 증명서는 사용 백신이나 예방조치가 WHO에 의하여 승인된 경우에만 유효합니다. 이 증명서는 의료제공자나 관할 당국의 보건 관련 종사자, 예방조치를 담당하는 의료인의 수기로 된 서명이 필요합니다. 증명서에 관할 기관의 직인이 필요하지만, 이는 서명을 대체할 수 없습니다.

증명서를 수정 또는 삭제하거나 일부분을 완성하지 못한 경우 무효로 간주될 수 있습니다.

이 증명서의 유효기간은 특정 예방접종이나 예방조치에 명시된 날까지 연장됩니다. 증명서는 영어나 불어로 기입하여야 합니다. 같은 문서에 영어나 불어와 병행하여 다른 언어로 기입할 수 있습니다.

This certificate is valid only if the vaccine or prophylaxis used has been approved by the World Health Organization. This certificate must be signed in the hand of the clinician, who shall be a medical practitioner or other authorized health worker, supervising the administration of the vaccine of prophylaxis. The certificate must also bear the official stamp of the administering center; however, this shall not be an accepted substitute for the signature.

Any amendment of this certificate, or erasure, or failure to complete any part of it, may render it invalid.

The validity of this certificate shall extend until the date indicated for the particular vaccination or prophylaxis. The certificate shall be fully completed in English or in French. The certificate may also be completed in another language on the same document, in addition to either English or French.

INTERNATIONAL HEALTH REGULATIONS
REGLEMENT SANITAIRE INTERNATIONAL

WORLD HEALTH ORGANIZATION
ORGANISATION MONDIALE DE LA SANTE

국제공인 예방접종증명서
INTERNATIONAL CERTIFICATES OF VACCINATION
CERTIFICATS INTERNATIONAUX DE VACCINATION

No.

소지인
issued to
Délivré à

여권번호
Passport No. or
Travel Document No.
Numéro du Passeport ou
de la pièce justificative

대 한 민 국
보 건 복 지 부
REPUBLIC OF KOREA
REPUBLIQUE DE COREE

예약을 하고 검역소 민원실에서 받을 수 있다. 인솔자는 검역 대상국가로 여행할 경우 여행자들이 예방접종증명서를 소지하였는지 사전에 알리고 확인해야 한다. 만약 서류가 구비되지 않으면 입국을 거절당할 수 있기 때문에 반드시 확인이 필요하다.

(2) 여행자 검역

황열병 감염 위험국가를 여행 및 경유하는 여행자는 출국 10일 전 황열병 예방접종을 받고 국제공인 예방접종증명서Yellow Card를 휴대해야 한다. 일부국가의 경우, 출·입국심사를 할 때 이 증명서를 확인하므로 반드시 예방접종을 받고 증명서를 지참하고 해당국가를 방문한다. 접종 유효기간은 접종 10일 후부터 약 10년간이며, 인천공항검역소 민원실에서 사전예약을 하고 접종할 수 있다. 증명서를 분실했을 경우에는 검역소를 방문하여 재발급 받을 수 있다.

표 3.8 국제공인 예방접종(황열 및 콜레라)

구 분	황 열	콜레라
접종대상 국가	• 아프리카 : 앙골라, 베냉, 브르기나파소, 부룬디, 카메룬, 중앙아프리카공화국, 콩고, 코트디브아르, 가봉, 가나, 기니-비소, 라이베리아, 말리, 니제르, 르완다, 상투메프리시페, 시에라리온, 토고, 적도기니, 에티오피아, 우간다, 탄자니아, 감비아, 기니, 케냐, 모리타니아, 나이지리아, 세네갈, 소말리아, 수단 • 아메리카 : 아르헨티나, 에쿠아도르, 베네주엘라, 볼리비아, 브라질, 콜롬비아, 기아나, 파나마, 파라과이, 페루, 수리남, 트리니다드토바고	• 아프리카, 중남미, 동남아 지역
주의사항	• 아프리카 및 중남미의 황열감염 위험지역으로 입국하고자 하는 사람은 입국 10일 전에 황열예방접종을 받고 국제공인예방접종 증명서를 휴대해야 함 • 접종 유효기간은 접종 10일 후부터 평생 유효하며 국제공인 예방접종증명서를 분실했을 때는 재발급 가능	• 콜레라 백신을 요구하는 나라는 없으며, 예방은 오염된 음식과 음료수를 피하고 개인위생을 잘 지키는 것임 • 경구용 콜레라 백신은 2회(1~6주 간격) 복용하면 85~90% 보호되며 고위험지역 여행자들이나 장기 체류자들에게 고려됨
비 용	• 31,460원	• 39,000원

자료 : 인천공항 홈페이지

(3) 동 · 식물 검역

① 동물 검역

입국하고자 하는 국가의 동물검역기관 또는 한국주재 대사관 등을 통해 반려동물(개, 고양이 등)에 대한 동물검역 조건을 확인하고, 상대국에서 요구하는 모든 조건을 준비해야 한다. 필수 구비서류에는 광견병 예방접종증명서, 건강진단서가 있으며 목적지국가의 검역요구 서류를 준비하여 공항 내의 농림축산검역본부 동 · 식물 수출 검역실에서 검역신청을 하고 서류검사를 거쳐 이상이 없을 경우 검역증명서를 발급 받는다.

② 식물 검역

수출검역대상 식물의 경우, 국가에 따라 반입금지 및 식물검역증명서를 요구하는 경우가 있으므로 사전에 해당국가의 식물검역기관이나 항공사 및 농림축산검역본부에서 사전에 확인해야 한다.

그림 3.18 자동 출 · 입국심사

3) 자동 출 · 입국심사 시설

대한민국은 2008년 6월부터 자동 출 · 입국심사 제도를 시행하고 있다. 사전에 지문을 등록한 17세 이상의 국민 및 등록 승무원에게 신속하고 편리한 출 · 입국심사를 제공하는 제도로서, 출 · 입국신고 시 대기시간을 단축하여 신속한 출 · 입국 서비스를 제공한다. 하지만 2017년 3월부터는 자동 출 · 입국심사 사전등록 절차가 폐지되어 대한민국 국민이라면 등록절차 없이 누구나 자동 출 · 입국심사를 이용할 수 있다.

Smart Entry Service

• 이용대상
- 주민등록증이 된 7세 이상 대한민국 국민과 17세 이상 등록외국인(거소자 포함)은 SeS 회원가입 없이 등록센터 방문만으로 SeS에 가입 가능
- 다만, 7세 이상 14세 미만의 아동은 법정대리인의 동의를 받아 등록 가능
- 등록센터 방문 시 신분증과 여권 자동판독이 가능한 복수여권 소지

• SeS 가입이 가능한 외국인
- 17세 이상 등록외국인(거소신고자 포함)
- 한국방문 우대카드 소지자
- 복수상륙허가를 받은 외국인승무원
- 양해각서·협정체결 등의 방법으로 상호이용에 합의한 국가의 국민

자료: 인천공항 홈페이지

4) 항공사 마일리지 데스크

항공사 마일리지제도Mileage System는 상용고객들에게 특별한 혜택과 우선적인 서비스를 제공하기 위해 만든 프로그램으로 상용고객우대제도Frequent Flyer Program이다. 1981년 아메리카항공America Airlines이 처음 도입하였으며, 이후 항공사의 중요한 마케팅 수단으로 인식되어 여러 항공사에서 시행하고 있다. 적립한 마일리지 점수에 따라 보너스 항공권과 좌석승급 등의 부가혜택을 제공받을 수 있다.

마일리지는 항공권을 예약하거나 발권할 때 또는 탑승 수속을 할 때 해당 항공사에서 자동으로 적립되기도 하고, 따로 적립을 요청해야 하기도 한다. 따라서 마일리지 적립이 되어있지 않은 고객의 경우, 공항 내 마일리지 데스크를 통해서 적립할 수 있다. 만약 마일리지 적립이 누락되는 경우에는 탑승일로부터 1년 이내에 누락된

마일리지의 입력을 요청할 수 있다. 마일리지 적립은 좌석등급이나 각 항공사 규정에 따라 다르며, 일반적으로 단체항공권G Class은 탑승구간이 100% 적립되지는 않는다. 또한 공동운항편Code Share Flight을 이용할 경우에는 마일리지 적립 여부와 그 범위가 다르므로 발권항공사에 확인해야 한다.

항공사 마일리지의 적립은 해당 항공사의 회원으로 가입한 이후의 탑승 실적에 대해서만 적립이 되므로, 기존의 마일리지 회원이 아닌 경우에는 회원 가입을 우선해야 하며, 해당 항공사의 서비스 카운터 위치를 사전에 확인하여 안내한다. 만일 공항에서 마일리지 카드를 신청하지 못하였다면 기내에서도 신청이 가능하다. 국적항공사를 이용하여 국외여행을 가는 경우에는 마일리지와 관련하여 고객불평이 자주 발생하므로 사전에 마일리지와 관련된 내용은 확인하는 것이 좋다.

5) 환전소

외화 환전은 출발일 전에 미리 시내의 은행에서 하는 것이 가장 바람직하다. 그러나 미처 환전을 하지 못하고 공항에 오는 고객이 있을 경우에는, 공항에서 환전할 수 있게 안내해야 한다. 미팅시간이 되어 여행자가 도착하면 환전 유 · 무를 확인하여 오는 순서대로 곧바로 환전할 수 있도록 해야 출국수속을 위해 소요되는 시간을 절약할 수 있다. 이때 환전금액의 허용한도 및 현지 통용화폐에 대한 간단한 설명도 해주어야 한다. 환전은 현금과 여행자수표Traveller's Check로 할 수 있으며, 현금으로 환전할 경우 다양한 종류의 화폐로 환전하도록 한다.

6) 통신사 로밍센터

사용하는 휴대전화의 해외 사용을 위해 로밍센터를 이용하는 고객들이 있을 경우 인솔자는 그 위치를 안내한다. 과거와 달리 최신 휴대폰은 별도로 로밍신청을 하지 않더라도 자동으로 로밍이 되어 해외에서도 자유롭게 사용할 수 있으나, 통화료가 매우 비싸므로 사용을 자제하도록 알린다. 또한 데이터 사용요금도 매우 고가이므로 가능하면 와이파이Wifi를 이용하고 데이터는 차단하도록 안내한다.

04 필수장소 이외의 장소안내

1. 편의시설 및 부대시설

공항에는 화장실, 종합안내소, 유아휴게실, 약국, 병원 등 다양한 편의 및 부대시설을 갖추고 있다. 출국장 내 이용 시설물의 위치를 확인하여 여행자들이 이용할 수 있도록 편의시설 및 부대시설의 위치를 안내한다. 일부 항공사들은 자체 서비스를 제공하기도 하는데, 대한항공과 아시아나항공은 외투보관서비스인 코트룸서비스를 제공하고 있다. 겨울에 따뜻한 나라로 여행을 가는 여행자들의 불편을 덜어주기 위한 서비스로 출국 당일 1인 최대 5일까지 무료로 외투를 보관해 준다. 5일을 경과하면 소정의 보관료가 부과된다. 대한항공은 3층, 아시아나항공은 지하 1층에 보관소가 있다.

각종 편의시설들은 중앙 홀 양 옆 F/G 카운터 안쪽에 위치해 있다. 각종 잡화, 약품, 세면도구 등을 구입할 수 있는 매장과 편의점이 있으므로 여행자들이 편리하게 이용할 수 있도록 안내한다.

1) 수하물 보관소

부득이한 사정으로 짐을 공항에 잠시 맡겨야 하거나, 귀국 시 짐이 너무 많아 가지고 가지 힘들 때 택배회사를 이용하여 수하물 보관 또는 택배가 가능하다. 체크인 카운터 부근에 있는 택배회사에 짐을 보내면 보관해 주며, 국내 및 국제택배를 보낼 수도 있다. 단, 시내에서 보내는 것보다 요금이 비싸다. 또 다른 방법은 우체국을 이용할 수도 있으며, 비교적 저렴하게 이용이 가능하다.

2) 캐리어 고장수리

여행 출발 시 캐리어가 고장 나면 여간 곤란한 것이 아니다. 공항 내 사우나로 운영되고 있는 '스파온에어'에서 캐리어 수리가 가능하다. 스파온에어에서는 사우나는 물론, 외투보관서비스도 제공하고 있으며 구두 수선도 가능하다. 이곳 구두 수선집에서 바퀴 또는 손잡이가 빠졌거나 지퍼고장, 잠금장치 비밀번호 분실 등 여러 상황을 해결할 수 있다.

3) 외교부 영사 민원실

대부분의 국가는 여권 유효기간이 6개월 이상 남아있는 여권이 있어야 입국이 가능하다. 하지만 미처 여권 기간연장 및 재발급을 하지 못하거나 여권을 분실한 상태에서 긴급하게 출장을 가야 하는 일이 있을 때 임시여권(단수여권)을 만들 수 있다. 공항 3층 출국장에 외교부 영사민원서비스센터를 이용하여 신청이 가능하며, 발급시간은 약 4~5시간이 소요된다. 단, 전자여권이 아닌 단수여권이기 때문에 ESTA나 eTA와 같은 전자여행허가제는 이용할 수 없으며, 가지고 있던 여권은 더 이상 사용할 수가 없다.

그림 3.19 기타 편의시설들

평가문제

01/ 단체여행의 경우, 공항미팅은 출발 몇 시간 전까지 하는 것이 좋은가?

02/ 고객을 맞이하기 위해 고객 성향을 파악하는 것은 중요하다. 고객 성향 파악을 위한 항목들은 어떤 것들이 있는가?

03/ 고객맞이 준비물품에는 어떤 것들이 있는가?

04/ 출국준비를 위해 인솔자가 준비해야 하는 서류에는 어떤 것들이 있는가?

05/ 여행자의 수하물은 크게 휴대수하물과 위탁수하물로 나눌 수 있다. 이 두 수하물의 차이점 및 특징은 어떤 것들이 있는가?

06/ 국외여행을 위한 출국수속 절차는 크게 3가지로 정리할 수 있다. 그 3가지 절차는 무엇인가?

CHAPTER 04

출국수속

학 | 습 | 목 | 표

국외여행을 위한 출국 시 면세점 이용과 탑승 · 환승 및 출국 시에 관련한 업무를 안내할 수 있다.

학습모듈의 내용체계

학 습	학습내용	수 준
1. 출국 업무	1-1. 출국절차 업무	3
	1-2. 출입국 심사절차 안내 업무	
	1-3. 검역절차 안내 업무	
2. 면세점 안내 및 탑승업무	2-1. 면세점 이용안내 업무	3
	2-2. 면세점 구매안내 업무	
	2-3. 탑승게이트 안내 업무	
3. 환승 업무	3-1. 환승업무사항 확인 업무	3
	3-2. 환승게이트 안내 업무	
	3-3. 환승 관련사항 처리안내 업무	

01 출국업무

1. 출국절차 업무

출국수속은 탑승수속 이후에 이루어지는 절차로 3가지의 업무를 말한다. 출국수속은 C, I, Q로 Customs(세관), Immigration(출 · 입국), Quarantine(검역)으로 구성되며 출국심사절차 과정이며, 출 · 입국에 따른 정부의 심사과정을 말한다.

출국절차를 위해서는 출국장을 통과해야 하며, 출국장을 통과하기 위해서는 여권과 탑승권을 보안검색요원에게 제시 확인을 받은 후 출국장을 통과할 수 있다. 출국장을 통과하면 출국심사구역Departure Checking Area으로 이동, 출국심사CIQ 과정이 시작된다. 국외여행인솔자 및 여행자는 출국업무와 수속에 필요한 서류를 사전에 준비를 해야 한다.

여행자는 출국장 게이트에 있는 보안검색 요원에게 여권과 탑승권을 제시 확인받은 후 게이트를 통과하여 출국장에 들어온 후 세관반출 신고를 해야 하는 경우, 보안검색을 하기 전에 휴대품 세관반출 신고대에서 신고를 해야 한다. 세관신고 품목 및 내역이 없을 경우, 바로 보안검색대로 가서 보안검색을 받으면 된다. 그리고 보안검색을 마친 여행자는 출국심사대로 이동한다. 출국심사대는 자동출국 심사대와 유인심사대로 나뉘는데, 자동 심사대의 경우 여권과 지문을 미리 등록한 여행자에 한하여 이용이 가능하다.

출국심사가 끝나면 출국대기 구역으로 들어서게 된다. 출국대기 구역은 출국장 또는 면세구역이라고 한다. 출국장은 면세점Duty-free Shops과 항공기를 탑승하는 탑승게이트Boarding Gate가 있으며, 여행자는 탑승권에 기재되어 있는 보딩시간Boarding Time까지 해당게이트로 이동해야 한다. 국외여행인솔자는 여행자들에게 출국 절차를 자세히 설명한 후, 해당게이트 번호와 보딩시간을 안내하여 여행자들이 늦지 않도록 주지시켜야 한다.

1) 세관

세관Customs은 국경을 통과하는 여행자나 화물에 대한 수·출입의 승인과 단속, 관세부과 및 징수 업무를 관장하는 기관으로, 국내에서는 관세청에서 관리 감독하고 있다. 출·입국 시 모든 여행자는 세관신고를 의무적으로 해야 하는데, 우리나라 및 대부분의 나라들은 자진신고제를 실시하고 있으나 입국 시는 의무적으로 세관신고서를 작성해야만 입국이 가능하다.

2) 출국 세관신고

출국 시 세관신고는 휴대물품 반출신고 대상의 물품을 소지하고 출국하는 경우 신고서를 작성해야 한다. 기재 내용으로는 품목, 물품번호, 모델, 수량, 가격 등을 기재한다. 신고서는 국제선 안의 세관카운터에 제출 신고필증을 받아야 한다. 반출승인을 받지 않고 출국 후 국내로 귀국 시 고가의 제품을 외국에서 구입한 것으로 간주되어 과세 등으로 인한 불이익을 받을 수 있기에 국외여행인솔자는 여행자에게 미리 안내하여 세관신고를 할 수 있도록 해야 하며, 여행자들이 고가의 제품을 소지하지 않도록 사전에 안내해야 한다.

휴대물품 반출신고 대상물품은 아래와 같다.

① 고가품 신고

고가의 귀중품을 휴대하여 반출할 여행자는 출국심사 구역에 위치한 신고 안내데스크에서 신고해야 하며, 귀중품이 없는 여행자는 바로 보안검색대로 이동하면 된다. 국외여행인솔자는 신고대상 여행자가 신고안내 데스크를 그냥 지나치지 않도록 주의를 기울여 안내해야 한다.

② 외화신고

여행자는 국가가 지정한 한도를 초과한 여행비용을 소지하고 출국할 시 신고를 해야 한다. 출국 시 한도금액은 미화 1만 달러로 초과 시 신고대상자가 된다. 단, 해외 이주자 및 유학생 및 여행업자가 미화 1만 달러 이상의 경비를 휴대하고 출국할 경우 지정은행에서 외국환 확인을 승인받아야 출국할 수 있다.

> **국외여행인솔자 TIP**
> 국외여행인솔자는 세관신고 품목 및 여행소지 비용 한도를 여행 전 여행자들에게 안내하고 인지, 주지시켜 출국업무 시 시간을 효율적으로 사용할 수 있어야 하며, 출국장에서 여행자들에게 출국장 이용을 정확히 설명하여 출국장에서 여행자들이 당황하는 상황을 만들어서는 안 된다.

2. 출 · 입국심사 절차 안내

1) 보안검색

보안검색Security Check은 안전 검색대를 통과하는 것을 말한다. 출국장 게이트를 통과하면 보안검색을 받게 된다. 보안검색은 휴대물품과 신체의 보안검색으로, 항공기 내 반입이 금지된 장비 및 안전을 위해 실시하는 것으로 임의로 거부하게 되면 항공기 탑승이 거부될 수 있다.

보안검색은 X-ray 검색장비에 의해 휴대물품검사와 검색 직원에 의한 몸 검색을 통하여 실시된다. 보안검색은 항공기 탑승 전 매우 중요한 절차로, 보안검색의 목적은 각종 위험에 대한 예방과 함께 범죄 및 국제 테러로부터 탑승객들의 안전과 항공기 안전운항을 확보하기 위하여 실시하는 절차이다. 보안검색에서 액체, 젤, 에어로졸은 보안 통제되고 있고, 각종 무기류(도검) 및 라이터, 폭발물, 유해물질, 마약 등의 소지여부에 대해 확인하는 것이 주된 내용이며, 개인의 휴대물품 검색도 포함된다. 외화 허용한도액 초과 및 밀반출이 금지된 물품을 적발하는 데에 목적이 있다.

국외여행인솔자는 보안검색 전에 휴대물품을 안내하고 보안검색에 준비할 수 있도록 해야 한다. 보안검색대에서는 보안요원의 지시에 따라 대기해야 하며, 순서가 되면 준비되어 있는 바구니에 휴대용가방, 주머니 속의 물건 및 핸드폰, 노트북 등,

그리고 금속성 물건이나 동전 등 소지한 물품을 모두 보안검색용 바구니에 담아 X-ray를 통과시켜야 한다.

그리고 보안이 강화되는 시기에는 허리벨트 및 신발을 벗고 검색을 하는 경우도 있다. 많은 국가들이 국제적 테러 위협으로 인해 보안검색 전신스캐너를 시행 운영하고 있다. 2010년 이후 미국은 모든 공항이 전신스캐너를 이용하고 있으며, 인천공항에서도 운영되고 있다. 전신 검색장비는 신체스캔을 통해 몸속에 숨겨둔 위험물품을 찾아내는 장비로 검색요원이 요구할 시 여행자는 이에 응해야 한다.

그림 4.1 X-ray

국외여행인솔자는 여행자의 휴대물품 중 여행자의 안전에 위협이 될 수 있다고 판단되는 가위, 도검류 및 항공기 기압의 차이로 폭발 우려가 있는 스프레이나 가스류는 반입금지 물품으로, 체크인 시 해당 항공카운터에 체크인 시 위탁수하물로 처리해야 한다.

2) 출국심사

출국심사 또는 출국사열은 출국심사대에서 실시한다. 출국심사는 출국자들을 대상으로 출국에 대한 신원 확인 및 법적으로 출국 적법을 심사하는 과정이다. 한국에서의 출국심사는 두 가지 형태로 이루어지는데, 첫 번째는 심사대를 통한 출·입국심사로 여권과 탑승권을 출국심사대의 심사관에게 제시하여 심사를 받으면 여권에 출국 도장 날인을 찍어준다. 이때 주의할 것은 출국심사대는 외교관/승무원/외국인/국내인 심사대로 구분되어 있는데, 여행자들은 국내인 심사대로 이동하여 심사를 받아야 한다.

출국심사관은 여행자의 여권과 탑승권을 확인 제출한 서류의 이상여부를 확인하고, 이상이 없는 것으로 확인되면 여권의 사증란에 출국 날짜가 포함된 출국심사 확인도장Stamp을 찍어준다. 현재 국내에서는 출국신고 간소화로 출국신고서는 작성하지 않는다.

심사의 주요 내용은 여권의 본인여부 확인, 여권 유효기간 및 위·변조여권 조사와 비자가 필요한 국가로 출국 시 비자 유효여부와 체류기간 확인 및 범죄자명단Black List 확인, 출국금지나 정지여부를 확인한 후, 이상이 없다면 이것으로 출·입국심사는 끝이 난다.

둘째로, 인천공항은 여행자들의 공항 내 출·입국심사 소요시간을 줄이기 위해 2008년 출국 간소화시스템을 도입하여 무인자동 출·입국심사를 시행하고 있다. 자동 출·입국심사는 대상자의 여권과 지문, 안면인식 등의 고유정보를 사전에 등록하여 신속하게 출·입국심사를 받을 수 있게 한 제도로, 출·입국심사대에 여권 앞면을 스캔 출·입국심사 유·무를 확인 후 등록된 지문인식과 함께 안면 인식을 받으면 출국심사가 자동으로 완료된다. 한 번 등록하면 여권 유효기간 만료 전일까지 활용이 가능하다. 단, 국외여행의 경우 여권 유효기간이 6개월 이상 남아야 출국이 가능하므로 여권 만료 6개월 전까지 사용 가능하다.

국외여행인솔자 TIP
수행순서 : 항공사카운터 – 출국장 – 보안검색대 – 출·입국심사 – 면세구역 – 탑승게이트 – 탑승

3. 검역절차 안내

1) 검역증

검역은 출국심사 구역에서 맨 마지막으로 하는 절차로, 전염병의 확산을 막기 위해 차량, 선박, 항공기, 승객, 승무원, 가방 등에 대해 실시, 전염병 유·무를 진단 검사하고 예방하는 것을 목적으로 한다. 예방접종이 필요한 특정지역으로 여행이나 동·식물, 과일의 반·출입 시 반드시 검역소에 신고를 해야 한다. 전염병 발생 또는 감염지역으로 여행할 때는 반드시 해당 질병에 대한 예방접종과 함께 접종Yellow Card 카드를 소지해야 하며, 예방접종은 출발 2주 전에 접종하는 것이 효과적이다.

국외여행인솔자 TIP

여행국가 전염병 발생여부를 확인하고 국외여행 보건정보를 숙지하여, 여행자들에게 관련 자료를 전달하거나 인지시켜야 한다. 가능하면 여행 출발 2주 전 여행자들에게 예방접종에 대한 안내를 하는 것이 좋다. 예방접종을 실시한 여행자는 Yellow Card를 소지하도록 안내하고, 동·식물 반출 시 검역소에 신고하도록 안내한다.

02 면세점 안내 및 탑승 안내

1. 면세점 이용 안내

1) 면세점 이용

CIQ 수속을 통과하면, 면세점Duty Free과 탑승게이트Boarding Gate가 있는 출국대기 Departure Waiting Area 구역으로 이어진다. 이곳은 국내에 있는 국외로 지정된 장소로 소중립장소로서 보세구역Bonded Area이라고 한다. 또는 항공기 탑승대기 구역으로, 출국장Departure Lounge이 일반적으로 사용되고 있다.

출국대기 구역에 여행자들이 모이면, 국외여행인솔자는 여행자들을 집결시키고 여행자가 모두 이상 없이 출국심사를 마쳤는지 확인하고, 여권과 탑승권을 잘 보관할 수 있도록 안내와 함께 면세구역 안내와 탑승게이트까지 이동에 대한 안내를 해야 한다. 면세점 이용 안내 시 탑승시간까지 여유시간 유·무를 먼저 확인해야 한다. 탑승시간이 얼마 남지 않았을 시는 바로 탑승게이트로 이동하도록 한다.

국외여행인솔자는 탑승시간까지 시간적 여유가 있을 경우, 면세점에서 쇼핑을 할 수 있도록 안내를 해준다. 면세점 이용물건 구입 시 여권과 탑승권을 제시해야 하는데, 이때 여권과 탑승권 분실이 생길 수 있기 때문에 물건 구입 후 여권과 탑승권 확인에 대한 안내를 강조해야 한다. 또한 면세 허용범위를 안내하여 입국과 귀국 시

문제가 발생하지 않도록 안내하고, 탑승할 해당 항공사의 탑승게이트 번호와 위치 및 탑승시간Boarding Time을 정확히 숙지시키고, 탑승시간 30분 전까지 해당게이트로 집결할 수 있도록 안내해야 한다.

2) 면세점, 면세품 인도장 안내

출국 전 시내 면세점을 이용 물건을 구입한 면세품을 인도해야 하는 고객이 있을 시, 국외여행인솔자는 면세품을 찾을 수 있도록 인도장의 위치를 안내하여 물품을 찾아 출국하도록 해야 한다. 우리나라의 경우, 입국장에 공항 면세점이 없기 때문에 시내 면세점에서 구매한 물품은 출국 시 인도받아야 하므로, 여행자들에게 내용을 인지시키고 시내에서 구입한 물품이 있는 모든 여행자는 인도장에서 물건을 찾을 수 있도록 안내해야 한다.

2. 면세점 구매제한 사항안내

1) 면세물품의 구입

면세구역은 출국절차를 마친 여행자가 항공기 탑승 전에 쇼핑할 수 있는 장소로, 외국과 같은 구역으로 출국하는 여행자에게 세금이 면제된 가격으로 각종 상품들을 판매하는 장소이다. 특히 필요한 물건 구입에 대해 안내할 경우, 방문국의 면세기준을 초과하지 않도록 안내해야 한다.

2) 면세품의 규정

출국 시 공시 구매한도는 미화 기준 3,000달러를 넘지 않아야 하며, 주의할 점은 국내로 반입하는 물품의 세금 면제 한도액은 미화 기준 400달러를 넘지 않아야 한다. 국외여행인솔자는 여행자들이 면세점에서 과도한 쇼핑을 하지 않도록 안내하고, 여행자들이 물품 구입 시 항공권 및 여권 분실이 없도록 주의시켜야 하며, 탑승게이트와 탑승시간에 대해 반복적으로 안내하여 탑승시간에 늦지 않게 해야 한다.

3. 탑승게이트 안내

1) 탑승게이트의 확인

탑승Boarding은 승객이 비행기에 타는 것을 말하는 것이다. 출국심사를 마친 여행자는 면세구역에서 탑승게이트 위치를 확인한고, 면세점 이용 및 휴식을 취한 후 탑승시간Boarding Time에 맞춰 해당 탑승게이트로 탑승시간 30분 전까지 집합해야 한다.

국외여행인솔자는 여행자들에게 반복적으로 탑승게이트와 탑승시간을 반복적으로 안내하여 출발시간에 늦지 않게 해야 한다. 또한 면세구역 내에서 휴식 중에도 탑승게이트와 출발시간의 변경이 있을 수 있기에, 항상 항공기 출발정보 전광판을 확인하여 항공편에 맞는 목적지, 게이트, 출발시간을 수시로 체크해야 하며, 공항 내 방송에 주위를 기울여야 한다. 탑승게이트의 변경이나 출발시간의 변경이 있을 시 안내방송과 전광판에 변경사항을 확인한 후 변경된 탑승게이트 및 출발시간을 여행자들에게 신속하게 전파하고 변경된 게이트로 이동하여 대기해야 한다.

2) 탑승 전 업무

국외여행인솔자는 항공기 탑승 전의 업무가 매우 중요하다. 탑승시간이 되면, 탑승게이트에서 인원점검을 하고 항공사의 안내에 따라 탑승하도록 한다. 여행자의 탑승여부 점검이 어려울 경우, 항공사 직원에게 좌석 배정표를 제시하여 미 탑승자 및 탑승자를 확인해야 한다. 미 탑승자 및 게이트로 도착하지 못했을 경우는 공항 내 페이징Paging 안내방송을 요청하여 이탈여행자를 찾아야 하며, 국외여행인솔자는 면세점 및 화장실 등을 찾아다녀야 한다. 국내(인천공항)공항은 여행자를 찾는 방송을 해주고 항공사 직원이 직접 탑승객을 찾아나서 주지만, 일반적으로 외국공항에서는 페이징이 없는 곳이 있으며, 규모가 크거나 영어로 방송하여 여행자가 듣지 못하는 일이 발생할 수 있기에 여행자들에게 집합장소에 늦지 않도록 재차 안내해야 한다.

3) 탑승

항공기의 탑승은 출발시간Departure Time 30분 전부터 시작하여 10분 전에 마감된다. 탑승이 시작되면 해당 항공사 직원의 지시에 따라 항공기와 연결된 통로Boarding Bridge를 통해 기내로 탑승하게 되는데, 이때 국외여행인솔자는 여행자들이 모두 탑승했는지를 확인하고 마지막으로 탑승한다.

03 환승업무

1. 환승업무의 사전확인

1) 환승 관련사항의 사전확인

여행일정 중 환승구간이 있는 경우, 해당 공항의 구조, 규모, 시설 등에 관한 내용을 사전에 파악하고 있어야 한다. 국외여행인솔자는 여정 중에 항공기 환승이 있을 시 환승 수속절차를 밟기 위해 여행자들을 인솔하여 환승카운터로 이동해야 한다.

환승 수속은 국외여행인솔자나 여행자에게 일반 수속보다 다소 까다로울 수 있기 때문에 주의를 기울여야 한다. 환승 수속은 여권과 항공권을 제시하고 탑승권을 받는 것이 일반적이며, 탁송 수하물표도 재확인하여 수하물의 지연이나 분실에 대비해야 한다. 특히, 국외여행인솔자는 환승 시 다음구간의 탑승수속 시간, 환승터미널 이동시간, 항공기 지연 등의 시간문제가 발생할 수 있으므로 최소 환승시간MCT : Minimum Connecting Time에 유의해야 한다. 만약 항공기의 출발지연으로 인해 환승시간이 부족하다고 판단될 경우, 객실승무원에게 알리고 항공사에 협조를 의뢰하여 이에 따라 신속하게 인솔해야 한다. 또한 환승 시 경유지인 경우에는, 항공기에서 내려 다른 항공편의 탑승 수속 및 업무가 많아 국외여행인솔자의 주의가 요구된다. 그러므로 국외여행인솔자는 현지 입국이 경유지인 경우와 최종 목적지를 정확히 구분하여 입국 업무를 수행해야 한다.

2) 환승의 종류

환승의 종류는 4가지로 구분된다. 일반적으로 항공기에서 잠깐 내렸다가 같은 항공기에 다시 탑승하는 경유Transit, 다른 항공기로 갈아타는 연결Connecting, 경유지Intermediate Point에서 체류 후 타 항공기로 갈아타는 스톱오버Stopover, 무사증 통과상륙TWOV 4가지로 구분된다.

경유와 연결은 장거리 노선의 경우, 항공기의 급유와 항공기승무원 교체, 항공기 점검 등으로 1시간 정도 중간 기착지에 머물게 되는데, 이때 공항 내 경유구역Transit Area에서 이루어지며, 체류와 중간 기착Stopover은 공항 밖으로 나가 일정시간 동안 체류하고 다시 항공기를 타는 것을 말하는데, 24시간을 기준으로 24시간 이내이면 경유Transit, 24시간 이상이면 스톱오버Stopover로 구분한다. 직항편이 아닌 이런 경유나 스톱오버의 항공기를 이용할 시 여행자들에게 미리 자세한 안내를 해야 한다.

(1) 경유

항공기의 급유 및 승객의 탑승과 하기, 승무원 교체, 항공기 점검 등의 목적으로 최종 목적지로 가는 도중 어느 지점에 잠시 착륙하는 것을 경유Transit라고 한다. 경유는 기내 대기와 경유구역 대기로 나누어지며, 항공기는 동일항공기이며 좌석 또한 동일좌석으로 재 탑승하게 된다.

① 기내 대기

경유지가 최종 목적지인 승객만 내리는 것으로, 좌석에 그대로 앉아있으면 된다.

하기승객이 내리면 간단하게 기내청소가 이루어지고, 새로운 탑승객이 탑승 후 항공기는 다시 이륙한다. 국외여행인솔자는 여행자들에게 좌석에 착석하고 있도록 착륙 전 안내해야 한다.

② 경유구역 대기

경유구역 대기는 항공기에서 내려 경유구역에서 약 1~2시간을 대기하는 것으로, 항공기 안에 짐을 그대로 놓고 내리면 된다. 이때 주의할 점은 여권이나 현금 및 중요물품은 분실의 우려가 있으므로 소지하고 내려야 한다. 항공기에서 내리면 출구에서 해당항공사 직원에게 경유카드Transit Card를 받아야 한다. 경유카드는 항공기에 재탑승 시 탑승권으로 이용되므로 여행자들에게 분실하지 않도록 안내해야 한다.

국외여행인솔자는 항공기에서 내린 후 여행자의 전체 인원을 점검하고, 탑승게이트와 탑승시간을 여행자들에게 안내하고 늦지 않게 주의시켜야 한다. 이때 주의할 점은 탑승시간은 현지시간Local Time을 기준으로 하기 때문에, 여행자들에게 현지시간을 숙지시키고 경유 시 면세점 이용이 가능하므로 면세점 이용을 원하는 여행자에게는 면세점 안내와 함께 공항 밖으로 절대 나가지 않도록 주의시켜야 한다.

국외여행인솔자는 탑승 전까지 항상 변화되는 상황에 주의하고 업무를 이어가야 한다. 재 탑승시간이 되면 여행자의 인원을 점검하고 항공사 직원의 안내에 따라 탑승을 유도하여 여행자 전원의 탑승을 확인한 후, 여행자가 머물렀던 장소에 여행자가 놓고 간 물건이 있는지를 확인한 후 마지막으로 탑승한다.

(2) 연결

연결Connecting은 같은 항공편이 아닌 다른 항공편으로 갈아타는 것을 의미하는 것으로, 국외여행인솔자는 항공기가 경유지에 도착하면 여행자보다 먼저 내려 여행자를 체크하고 여행자들을 이동Transfer하기 위해 인솔하여 이동 출구로 안내한다. 이때 도착 출구Arrival로 나가지 않도록 주의해야 한다.

연결 업무는 두 가지 유형으로 구분된다.

첫째, 탑승권과 수하물을 최종 목적지까지 연결하는Through Check-in 경우, 출발 공항에서 최종 목적지까지 탑승권과 수하물을 연결 수속한 경우이다. 최종 목적지까지 탑승권과 수하물표를 받았기에 경유지에서 따로 탑승수속을 하지 않아도 되기에, 여행자를 인솔하여 해당 항공사 카운터로 여행자를 인솔하여 이동한 후, 여행자들에게 새로운 탑승권을 교부하고 탑승시간과 게이트를 안내한다. 이때 주의사항은 모든 시간은 현지 시간으로 진행된다는 것을 인지시키고, 탑승 전까지 시간적 여유가 있으면 공항 내 이용시설을 안내하고 쇼핑 및 휴식을 할 수 있는 시간을 주고 다시 한 번 탑승시간과 게이트를 재차 주의시켜 늦지 않도록 안내하여 집결할 수 있도록 한다.

둘째, 경유지에서 탑승권을 발급받아야 하는 경우로, 탑승 연결수속이 불가능하여 경유지에서 탑승권을 다시 받아야 하는 경우이다. 이는 항공기에서 내린 후 환승Transfer구역 내 환승카운터Transfer Check-in Counter로 이동하여 탑승권을 교부받아야 한다. 또한 수하물 영수증도 제시하여 위탁수하물의 연결 탑재를 재확인해야 한다. 국외여행인솔자는 탑승수속을 마치면 여행자들에게 탑승권을 교부하고 탑승안내를 한다.

(3) 스톱오버

스톱오버Stopover는 중간기착 또는 도중체류로, 경유지에서 환승하는 시간이 24시간 이상이 되어 중간기착지에서 체류하는 것으로 두 가지 형태로 이루어진다. 첫 번째는 최종 목적지까지 항공기가 연결되지 않아 항공사에서 다음 연결되는 항공기 시간까지 중간기착지에서 숙식 및 교통편을 제공하는 STPCStopover on Company's Account서비스와, 두 번째는 여행자가 일정기간 동안 공항 밖으로 나가 체류하다가 항공기에 탑승하는 것으로 나뉜다. 모든 스톱오버는 중간 기착지에서 입국과 출국 절차를 받아야 한다. 중간 기착의 경우, 중간 기착지의 시내관광을 할 수 있다는 장점이 있다. 스톱오버는 항공기 탑승시간까지 여유가 있어 시내관광이 가능하므로, 경유지에서 시내관광 인솔에 대한 계획도 여행자에게 좋은 서비스가 된다.

스톱오버 후 연결편 탑승수속은 최초 출국공항과 동일하게 업무가 진행되므로, 국외여행인솔자는 이 점을 잘 인지하고 있어야 한다.

(4) 무사증통과

무사증통과TWOV : Transfer Without Visa는 경유국가로부터 정식 비자를 발급받지 않더라도 규정에 맞는 조건을 갖추고 입국하면 단기체류를 할 수 있는 제도로, 비자가 있어야 입국할 수 있는 국가를 체류가 아닌 경유 시 무비자로 통과하는 것을 의미한다.

무사증 통과에도 두 가지의 경우가 있다. 첫째, 기항지 상륙Shore Pass의 경우, 72시간 이내에 제3국으로 이동하는 확약된 항공권을 소지, 현지 공항에서 항공사 직원을 통하여 기한지 상륙신청서를 작성 후 입국신고서와 함께 법무부에 제출하면 되며, 반드시 도착지 공항에서 72시간 이내 제3국으로 출국해야 한다. 둘째, 통과 상륙Transit Pass으로 도착일을 제외하고 72시간 이내에 예약 확약된 연결편의 항공권을 소지하고 규정이 같은 국가에 속하는 공항 또는 항구를 이용하여 72시간 이내에 제3국으로 출국해야 한다. 이때 같은 규정을 시행하는 그룹에 속한 공항이나 항구이면, 도착 공항과 출발 공항이 달라도 무방하다.

무사증통과가 허용되는 조건은 다음과 같다.

- 제3국으로 계속여행을 할 수 있는 예약이 확약된 항공권을 소지했을 경우
- 입국 목적이 단순통과 또는 관광일 경우
- 대한민국과 외교관계가 수립된 국가인 경우

2. 환승게이트 안내

1) 환승게이트의 안내

항공기에서 하기하여 연결 항공편으로 탑승하기 위한 경로는, 그림과 같이 진행된다. 국외여행인솔자는 경유 업무와 환승업무에 관하여 정확히 인지하고 여행자를 인솔해야 하며, 사전에 여행자들에게 사전정보를 전달해야 한다. 특히 환승업무일 경우 최소 환승시간에 주의하여 항공기 지연 및 상황적 변수에 대비해야 하며, 시간배분의 차질로 일정에 영향을 미치지 않도록 해야 한다. 국외여행인솔자의 업무 중 경유와

환승이 있을시 일정 자체가 까다롭기에 사전정보를 습득하여 인솔 업무에 차질이 없도록 각별히 신경을 써야 한다.

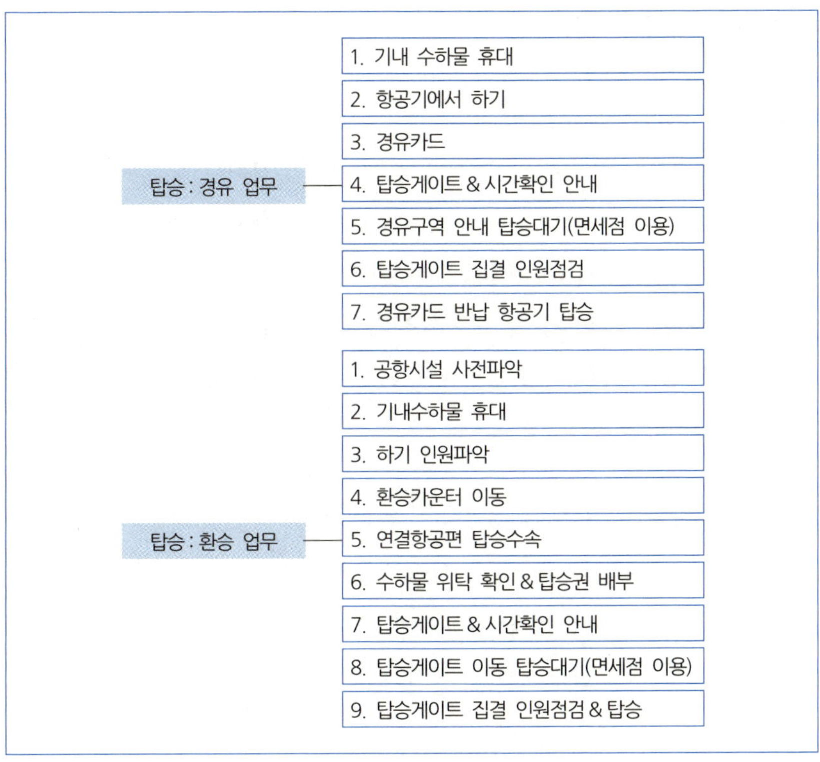

그림 4.2 경유와 환승업무

3. 환승 관련사항

1) 환승 관련사항 안내

항공기에서 내린 여행자 일행을 게이트 통과 전 집결 후 인원을 점검하고 여권, 탑승권, 귀중품 소지 및 머물렀던 자리를 확인, 현지시간Local Time 안내와 탑승시간을 안내하여 재집결시간 및 탑승시간에 착오가 없도록 한다. 국외여행인솔자가 여행자의 여권을 소지해서는 안 되며, 항상 여행자가 잘 소지하도록 안내하고 탑승수속을 할 수 있도록 한다.

2) 환승 관련사항 처리

(1) 환승 시 수하물 연결

수하물 수취영수증은 수하물과 관련하여 중요한 증서이므로 목적지에 도착할 때까지 잘 보관하도록 주의 안내해야 하며, 중간 기착지에서 항공기를 갈아타야 하는 경우에 반드시 수하물을 최종 목적지까지 보내는 연결수속을 하도록 해야 한다. 필히 국외여행인솔자는 여행자가 수하물 연결수속을 하지 않아, 최종 목적지에서 수하물을 인도받지 못하는 경우가 발생하지 않도록 수하물 연결수속을 목적지까지의 연계 위탁을 확인해야 한다.

수하물 연결수속 조건은 다음과 같다.

- 도착공항과 연결항공편의 공항이 같을 것
- 연결편 항공기의 예약완료 할 것
- 최소 환승시간MCT이 확보되어 있을 것
- 연결시간이 24시간 이내일 것

평가문제

01/ 출국 순서를 나열하시오.

02/ C.I.Q.는 무엇을 말하는 것인가?

03/ 출국 시 검역 절차는?

04/ 면세점 이용 한도액은 얼마인가?

05/ 면세품 인도장, 세관반품 인도장 이용 절차는?

06/ 항공기 내 반입금지 물품은 무엇인가?

07/ 환승 종류 4가지의 종류는 무엇인가?

08/ 경유 업무와 환승 업무와의 차이는 무엇인가?

NCS활용

국외여행인솔실무

CHAPTER 05

기내업무

학 | 습 | 목 | 표

국외여행 안내에 필요한 기내업무에서 고객의 좌석을 확인하고, 입 · 출국 서류를 안내하며 고객의 상태를 수시로 점검할 수 있다.

학습모듈의 내용체계

학 습	학습내용	수 준
1. 고객좌석 확인하기	1-1. 고객의 좌석번호 확인	3
	1-2. 기종별 주의사항 안내	
	1-3. 기종별 비상 대응요령 안내	
2. 입 · 출국 서류 안내하기	2-1. 출 · 입국신고서 작성요령 안내	3
	2-2. 세관신고서 작성요령 안내	
	2-3. 검역규정 안내	
3. 고객 상태 수시 점검하기	3-1. 행동이상 승객 점검	3
	3-2. 객실승무원과 의사소통	
	3-3. 인솔자의 좌석 안내	

01 고객좌석 확인하기

1. 고객의 좌석번호 확인

1) 탑승권 확인하기

(1) 탑승권의 구성과 내용

탑승권은 '보딩패스Boarding Pass'라고 하며, 고객의 좌석번호를 확인하기 위해서는 고객의 탑승권을 확인해야 한다. 전자항공권과 여권을 공항의 항공 카운터에 제시하면 탑승권을 받을 수 있으며, 위탁수하물Checked Baggage이 있을 경우에는 수하물을 부치는 체크인 과정을 함께 진행하게 되며 수하물표Baggage Claim Tag가 함께 발급된다. 탑승권은 영어와 항공사 국적의 언어로 표기되기 때문에 각 항목을 영어로 숙지해야 한다.

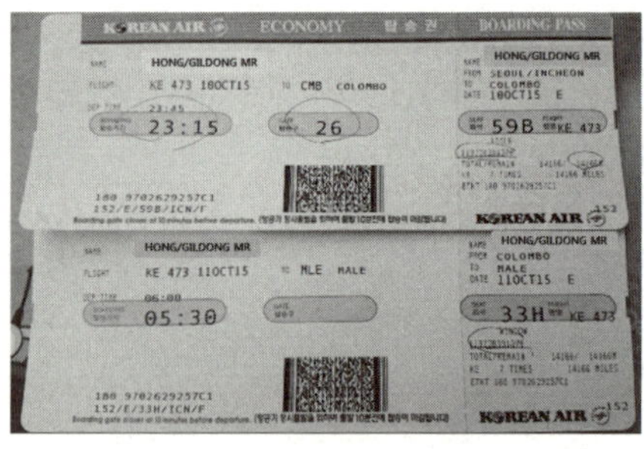

그림 5.1 탑승권(Boarding Pass)

항공일정과 요금, 서비스 등의 정보가 기록된 전자항공권과 달리, 탑승권에는 항공사명, 승객명, 출발지, 도착지, 편명, 탑승날짜, 탑승구GATE, 탑승시간Boarding Pass, 그리고 좌석번호와 수속순서SEQ NO. : Sequence Number 등이 표기된다. 승객용은 출발지, 도착지, 승객명, 편명, 탑승날짜, 좌석번호, 수속순서로 되어 있다. 다만, 경유편 항공의 경우 연결편 항공사의 탑승구번호는 표기가 생략되어 있는 경우가 있으며, 그런 경우에는 연결편 탑승공항에 도착하여 탑승구를 확인해야 한다.

표 5.1 탑승권의 항목 표기

명 칭	영문 표기	내 용	예 시
승객명	NAME	탑승객 이름, 남자(MR)/여자(MS) 표기 포함	HONG/GILDONG MR
편명	FLIGHT	탑승하는 항공기 번호(코드)	KE473
탑승날짜	DATE	항공기 탑승 날짜(일, 월, 년)	10 OCT15
출발지	FROM	탑승 도시 및 공항(코드)	SEOUL/INCHEON
도착지	TO	목적지 도시 및 공항(코드)	MALE(MLE)
출발시간	DEP TIME	항공기 출발시간	23 : 45
탑승시간	BOARDING	항공기 탑승 시작시간	23 : 15
탑승구번호	GATE	항공기 탑승 대기장소	26
좌석번호	SEAT	기내 좌석번호	59B

2) 탑승 절차와 탑승권의 사용

① 탑승구 위치 확인

인천공항은 제1여객터미널, 제2여객터미널 그리고 탑승동으로 되어 있다. 아시아나항공을 탑승하게 될 경우에는 여객터미널과 연결되어 있는 탑승구에서 탑승하게 되며, 외항사나 저비용항공사를 이용하는 경우에는 탑승동으로 이동해야 한다. 대한항공과 일부 외항사의 경우에는 제2여객터미널에서 탑승하게 되며, 탑승동이나 제2여객터미널로 이동해야 하는 경우에는 이동하는데 소요되는 시간을 감안하여 움직여야 한다. 여행자들에게도 미리 그 사실을 알리고 탑승시간에 늦지 않게 도착하도록 주의를 주어야 한다. 제1여객터미널에서 탑승동으로의 이동은 제1여객터미널 27번과 28번 탑승구 사이의 하행 에스컬레이터를 이용하여 이동 후 모노레일을 탑승해야 한다. 인솔자는 여행자가 탑승하게 될 항공사의 탑승구 위치를 확인하여 여행자들에게 정확하게 전달하여 탑승시간에 맞추어 집결하도록 안내해야 한다.

탑승권의 게이트 번호로 탑승구를 확인할 수도 있으며, 1~50번은 제1여객터미널, 101~132번은 탑승동, 230~270번은 제2여객터미널에서 탑승한다.

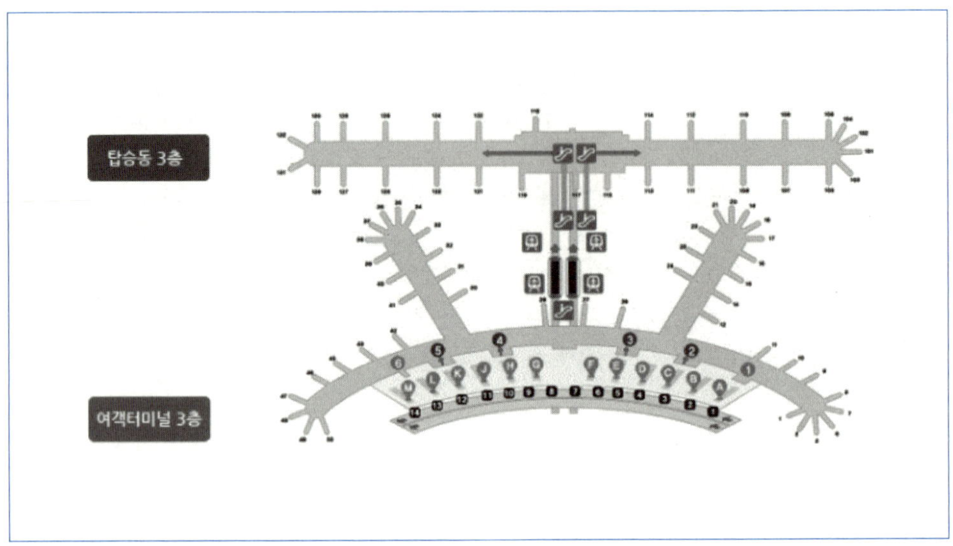

자료: 인천공항 홈페이지

그림 5.2 인천공항 제1여객터미널과 탑승동

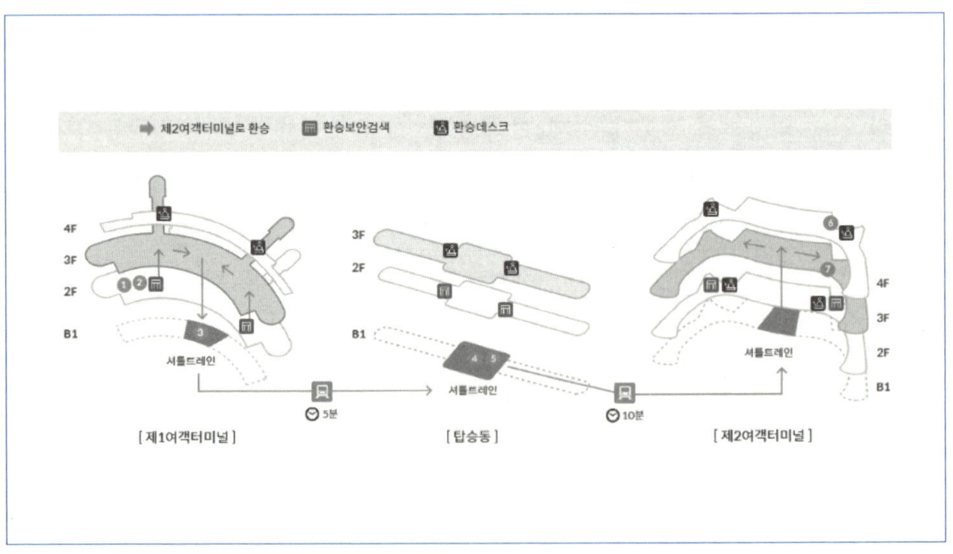

자료: 인천공항 홈페이지

그림 5.3 제1여객터미널에서 제2여객터미널로 환승하기

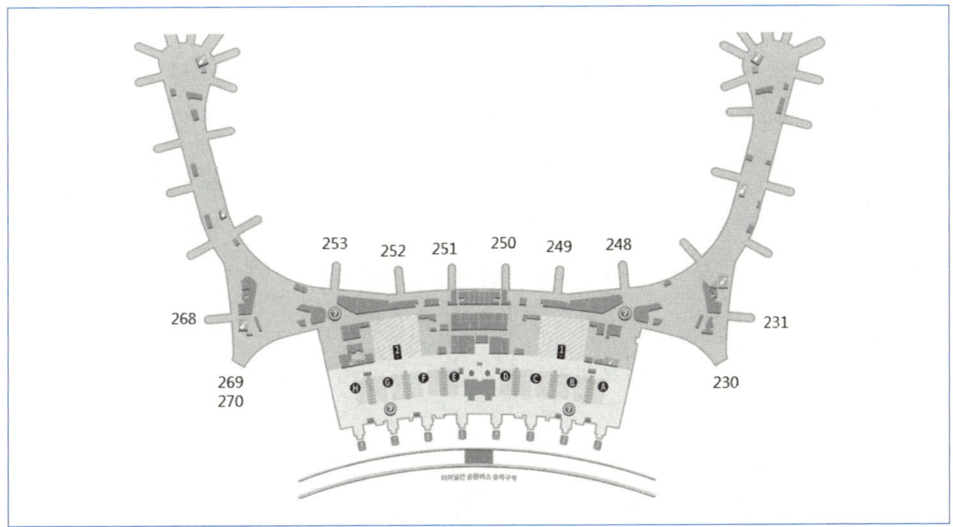

자료: 인천공항 홈페이지

그림 5.4 인천공항 제2여객터미널

② 탑승절차와 탑승권 사용

출국절차를 마치고 면세구역을 지나 탑승권Boarding Pass에 표기된 탑승구Gate에서 대기한다. 탑승구는 탑승시간 전까지는 닫혀있고, 항공사 직원도 상주하지 않는다. 탑승시간이 가까워지면 담당 직원이 나와 탑승구를 열고 탑승을 시작하게 된다. 그 전까지는 면세점 쇼핑이나 공항 내 편의시설에서 개별적으로 휴식을 갖는다. 탑승구가 열리면 항공기의 구조와 크기에 따라 하나 또는 두 개의 통로로 탑승이 진행된다. 두 개의 통로로 탑승이 진행되는 경우에는 일등석과 비즈니스석 승객 전용, 일반석 승객 전용으로 구분하여 탑승이 진행되며, 한 개의 통로만 이용할 경우에는 상위클래스 승객이 우선 탑승하고 이후 일반석 승객의 탑승이 진행된다.

동일 클래스 내에서는 노약자, 어린이, 장애인 등 특수 승객의 탑승이 먼저 이루어지고, 그 다음으로 일반 승객의 탑승이 진행된다. 인솔자는 여객들이 탑승을 위해 무리하게 서두르지 않도록 안내하고 질서 있게 탑승할 수 있도록 관리한다. 탑승 시 여권과 탑승권의 최종 검사가 이루어지므로 미리 손에 들고 탑승하도록 안내하며, 여행자의 탑승이 모두 완료되면 인솔자는 마지막으로 항공기에 탑승한다. 탑승 시 탑승권의 한쪽은 항공사 직원이 회수하고, 나머지 한쪽은 고객용으로 제공되며, 기내에서 좌석 확인 및 도착 시 수하물 수취를 위해 반드시 잘 보관하도록 안내한다.

공항의 상황에 따라 공항건물과 항공기 출입구가 바로 연결되어 탑승이 이루어지는 경우와, 탑승구를 지나 버스를 타거나 걸어서 항공기가 있는 곳으로 이동하여 계단(스텝 카)으로 탑승하는 경우도 있다. 버스를 타고 가야 하는 경우, 가능하면 한 대의 차에 일행을 모두 탑승하게 하고 한 번에 이동하는 것이 좋으나, 그렇게 되지 않을 경우에는 인솔자는 마지막 손님과 함께 이동하는 것이 좋다. 기내에서는 승무원의 안내에 따라 좌석에 착석하게 하고 짐을 정리하도록 한다.

그림 5.5 항공기의 탑승유형

3) 좌석번호 확인하기

① 탑승고객의 확인

탑승 절차에 맞춰 전원 탑승이 이루어지면, 인솔자는 탑승자의 상태를 확인한다. 여행자가 좌석에 앉으면 좌석번호Seat Number를 대조하면서 전원이 탑승하였는지 재확인한다. 그러나 기내에서 여행자를 돕는 것은 객실승무원의 업무에 방해가 될 수 있으므로, 인솔자는 필요이상으로 나서지 않는 것이 좋다. 기내는 협소하므로 휴대품이나 물건을 통로에 두지 않도록 하고 안전벨트 착용과 휴대폰 사용 규칙을 주지시킨다.

② 항공기 좌석번호의 구성

국외여행인솔자는 사전에 탑승 항공기의 좌석번호의 구성을 숙지해야 한다. 항공기 좌석번호는 숫자+알파벳으로 구성되어 있으며, 항공기종에 따라 다양한 형태로 구성되어 있다. 각 항공사의 홈페이지를 통해서 기종별 좌석 배치도를 확인할 수 있으므로 인솔자는 사전에 점검한다.

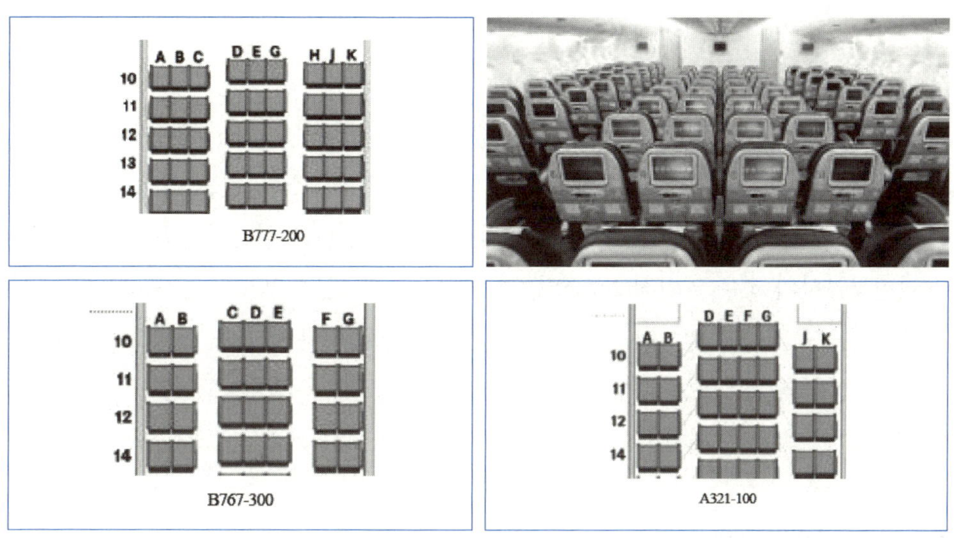

그림 5.6 좌석번호 구성의 예

4) 여행상품 좌석 등급과 배치 확인하기

(1) 여행상품의 이해와 여행상품의 항공좌석 등급

① 여행상품의 이해

여행상품을 이해하는 것은 국외여행인솔자가 행사진행을 정확 계획하고 이행하는 데 기초가 되며 매우 중요하다. 인솔자는 여행일정표와 행사(수배)확정서를 함께 검토하여 여행상품의 등급과 성격을 파악하고 단체여행자의 인솔계획을 세운다.

여행일정표와 행사확정서는 근본적으로 일치되어야 하며, 두 서류를 꼼꼼히 비교하여 행사에 차질이 발생하지 않도록 사전에 확인해야 한다. 여행일정표는 고객에게 제공되는 여행상품의 내용을 기록한 서류이므로 고객과의 계약을 이행하는 기준이 된다. 반면, 행사확정서는 행사를 진행하는 현지여행사(랜드사)와의 계약 내용을 담고 있으며 여행일정표의 진행을 뒷받침 할 수 있는가를 검토하고 확인해야 한다.

현지에서 행사를 진행할 때에는 여행일정표를 우선하여 고객과의 계약을 이행해야 하며, 만약 행사확정서와 일정표에 차이가 있을 때에는 철저하게 검토하여 여행일정표를 우선하여 문제 해결방안을 모색하는 것이 바람직하다.

② 여행상품의 항공좌석 등급

단체 패키지상품의 경우에 항공좌석은 주로 일반석을 이용한다. 일부 허니문상품이나 고가형(예: 제우스) 여행상품 등에서는 비즈니스 클래스나 일등석을 사용하기도 하지만, 대부분 10인 이상으로 구성된 단체 기획 여행상품은 일반석을 주로 이용한다.

대형항공사의 경우 일반적으로 일등석, 비즈니스석, 일반석의 3등급으로 구분하여 항공좌석을 운영하고 있으나, 기종 및 노선에 따라서 일부 등급을 제외하기도 한다. 저비용항공사의 경우에는 대부분 단일등급(일반석)으로 운영하기도 한다. 또한 등급에 따라 차별화된 기내서비스를 제공한다.

표 5.2 좌석 등급별 서비스의 내용

구 분	일등석(First Class)	이등석(Business Class)	일반석(Economy Class)
전용시설	별도 체크인, 라운지	별도 체크인, 라운지	없음
좌석간격	2.1m	1.27m	0.87m
위탁수하물	40kg	30kg	20kg
승무원 1인당 고객	4명	2.5명	50명
좌석수(B747)	12~16석	55~58석	300~310석

③ 여행상품의 좌석배치

단체 여행자의 좌석배정은 일정한 구역을 함께 배정받는 것이 일반적이다. 인솔자의 기내에서 여행자 관리의 편의를 위해서도 가급적이면 일정구역에 함께 배정하는 것이 좋다. 특히 부부나 가족 등 일행끼리는 떨어져 앉지 않도록 배려해야 한다. 이를 위해서 필요하다면 체크인 수속을 할 때 항공사 카운터 직원에서 필요한 사항을 전달하여 업무에 도움을 받도록 한다.

국외여행인솔자는 통로 쪽 좌석을 배정받는 것이 좋으며, 이는 기내에서 고객을 보살피기 위해 자주 이동해야 하기 때문이다.

2. 기종별 주의사항 안내

1) 기종별 좌석 이용 안내하기

(1) 통로가 두 개인 기종

통로가 두 개인 항공기에 탑승할 때는 승무원의 안내를 잘 따라야 한다. 통로에 잘못 들어서게 되면, 다른 통로 쪽으로 이동하기 위해서는 구역Zone 전체를 돌아서 가야 하기 때문이다.

여행자의 기호에 따라 창가좌석Window Seat 또는 통로좌석Aile Seat을 선호하게 되는데, 특히 장거리 비행에서 창가좌석이나 중앙좌석Center Seat은 화장실을 이용하거나 좌석을 이동하고자 할 때 옆 좌석 사람에게 양해를 구해야 하는 번거로움이 있다. 그러나 창밖의 풍경을 감상하거나 수면을 취하는 부분에서는 다소 편리하다. 반면, 통로좌석은 수시로 편리하게 이동할 수 있지만, 옆 좌석 고객의 이동을 위해서는 일어나서 비켜주어야 하는 불편함이 있다. 항공사에 따라 동일기종이더라도 좌석의 공간은 다소 차이가 있을 수 있으며, 일반적으로 일반석의 경우 앞·뒤 간격이 좁기 때문에 몸집이 크거나 키가 큰 여행자의 경우 불편함을 느낄 수 있다.

(2) 통로가 1개인 기종

통로가 1개인 기종은 통로에 대한 제한 없이 들어가서 탑승권에 적힌 좌석을 찾아가 착석하면 된다. 통로가 1개인 기종은 A320 시리즈와 B737 시리즈 등이 있으며, 3-3의 좌석구조를 갖는다. 즉 홀수형 좌석구조를 지니는데, 부부나 연인과 같이 커플인 경우 나란히 앉지 못하고 통로를 기준으로 떨어져 앉게 되는 경우도 있다. 인솔자는 좌석배정 시 가능하면 커플은 함께 앉도록 고려해야 하며 부득이 불가능할 경우에는 사전에 양해를 구하고, 돌아오는 항공편에서는 함께 앉도록 신경을 써야 한다.

(3) 좌석 이용 주의사항 안내하기

좌석번호를 확인하고 착석이 완료되면 휴대수하물은 선반Overhead Bin에 넣거나 좌석 아래 두도록 안내한다. 기내통로는 매우 좁기 때문에, 탑승이 진행되고 있는 동안에는 이동을 삼가게 하고 바로 착석하도록 한다. 국외여행인솔자는 고객 탑승 후 좌석번호대로 착석했는지를 확인하고 휴대수하물의 보관상태도 함께 확인한다. 좌석의 불편함은 없는지 최종 점검하며 좌석 이용방법도 간단히 안내한다.

① 기내 편의시설 조절장치PSU : Passenger Service Unit

항공기내 편의시설 조절장치는 좌석 팔 받침대에 부착되어 있다. 좌석젖힘버튼Seat Reclining Button, 독서등Reading Light, 승무원호출Passenger Call System버튼, 기내 AVOD 조절장치 등이 부착되어 있다. 항공여행을 처음 하시는 분은 사용법에 익숙하지 않으므로 필요시에는 인솔자가 편의시설 조절장치의 사용법을 간략하게 설명한다.

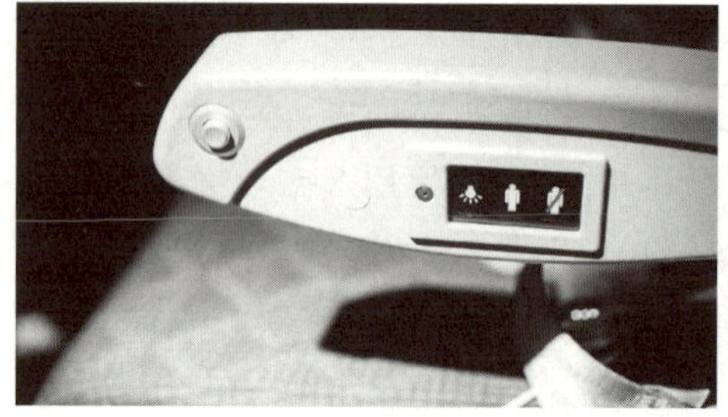

그림 5.7 기내 조절장치

② 개인용 모니터Individual Monitor 및 좌석 리모컨 활용하기

최근 항공기들은 개인용 모니터가 장착되어 있는 기종을 많이 운항하고 있다. 이는 영화 · 음악 · 게임 등을 개인의 기호대로 즐길 수 있는 시스템이다. 주문형 오디오/비디오 시스템AVOD : Audio Video On Demand이 설치된 항공기에서는 500여 가지의 음악과 60여 편의 영화, 단편물 및 다양한 오락게임을 즐길 수 있다.

좌석에 설치된 리모컨으로 영화나 음악 등 원하는 메뉴를 선택할 수도 있고, 게임기로 사용하거나 위성전화기로도 사용할 수 있다. 항공기에서 위성을 통해 전화나 팩스서비스를 이용할 수 있는데, 신용카드를 사용해야 하고 요금이 다소 비싸다.

2) 기종별 비상구와 화장실 주의사항

(1) 기종별 비상구와 화장실의 위치

① 대형 항공기

보잉Boeing사의 대형 항공기는 B747, B777, B787 등이 있고, 에어버스Airbus사의 대형 항공기는 A380, A330, A350 등이 해당된다. 대형 항공기의 좌석은 적게는 380여석에서 많게는 600여석 가까이 구성되어 있으며 주로 장거리 수송용으로 이용된다. 대형 항공기는 주로 복층Double Deck 구조로 되어 있으며 12개의 비상구가 있다. A380-800의 경우, 항공기의 객실 1층 앞부분은 일등석으로 운영되며, 뒷부분은 일반석으로 되어있고 2층 객실은 비즈니스석으로 운영되는 좌석이 일반적이며, 좌석 구조는 3-3-3, 3-4-3의 구조로 되어 있다. 각 좌석등급이나 구역별로 객실승무원들의 업무공간인 주방Galley과 비상구, 화장실, 승객 좌석, 승무원 좌석 등이 있다.

② 중형 항공기

중형 항공기로는 B767, A330, A340 등이 있으며, 비행시간 10시간 미만 구간에 주로 사용되며 승객은 250~300명 정도의 탑승이 가능하다. 좌석 운영은 일반석과 비즈니스석으로 나누어 운영하고, 2개의 통로를 두고 2-3-2, 2-4-2 구조로 좌석 배치되는 것이 일반적이다.

③ 소형 항공기

에어버스사의 소형 항공기로는 A318, A319, A320, A321이 있고, 보잉사에는 B737이 있으며, 좌석구조는 통로가 1개인 3-3 형태이다. 주로 국내선 및 단거리 국제선에 이용된다. 특히 저비용항공사에서 많이 운항되고 있으며, 일반석으로만 운영되기도 한다. 주방은 앞·뒤에 각각 한 곳이 있다.

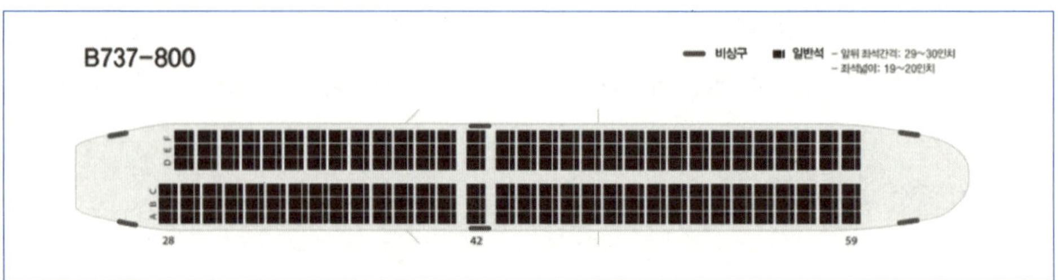

그림 5.8 소형 항공기 좌석배치도

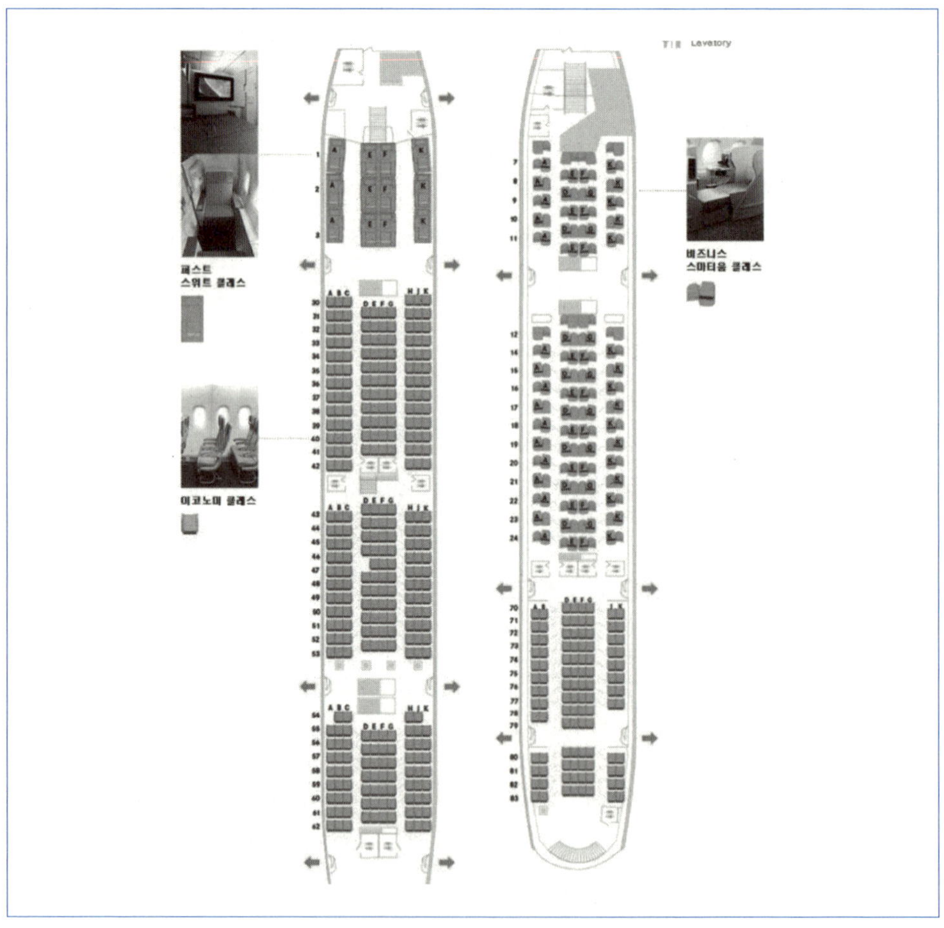

그림 5.9 아시아나항공 A380-800 좌석배치도

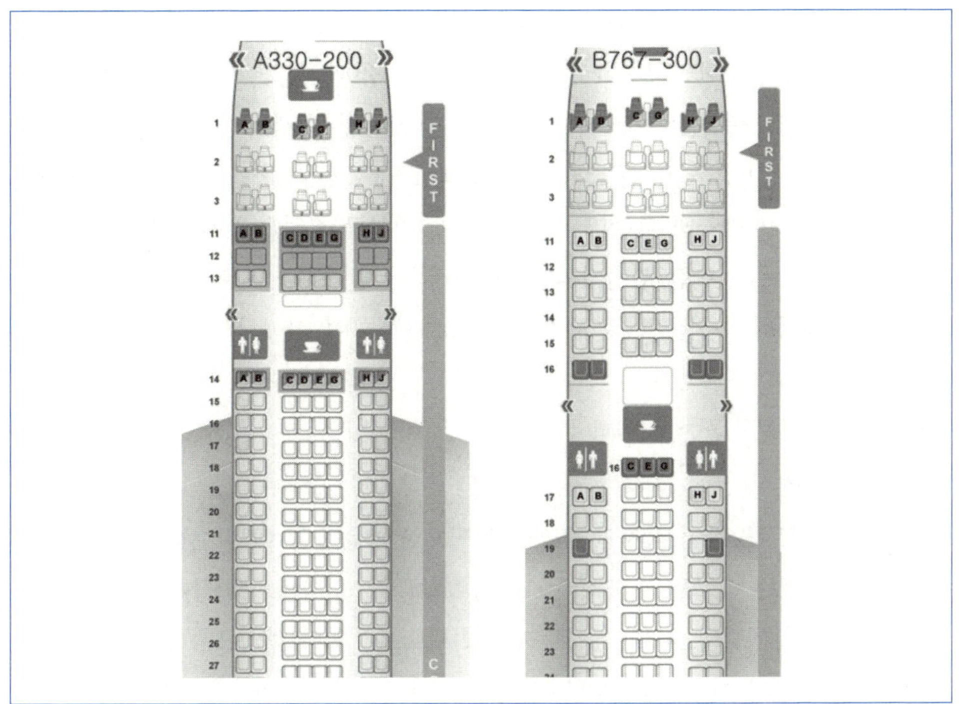

그림 5.10 중형 항공기 좌석배치도

(2) 비상구EXIT와 근처 좌석의 유의사항

비상구는 비상시에는 탈출구Emergency Exit로 이용되고, 평상시에는 출입구Door의 역할을 한다. 기종에 따라 일정한 수의 출입구가 있고, 출입구 주변에는 승무원 좌석Jump Seat과 각종 비상장비들이 갖추어져 있다. 출입구는 항공기 내부와 외부에서 모두 개폐할 수 있으며, 주로 외부에서 작동하지만 비상시에는 승무원이 내부에서 작동시킨다.

비상구 주변은 넓은 공간이 확보되어 있어서 비상구 앞좌석은 승객들에게 선호되는 좌석이다. 창가 좌석이라도 언제든지 출입이 편리하고 다리를 뻗을 수 있기 때문이다. 그러나 비상구 좌석에 앉는 승객은 비상시에 승무원을 도와 다른 승객의 탈출을 수행해야 하므로 항공사에서 정한 일정한 요건을 갖춘 사람이 앉을 수 있다. 비상구 좌석 배정의 최우선 순위는 탑승 승무원이나 항공사 직원이다. 그 다음으로 다른 승객의 탈출을 도울 수 있는 15세 이상의 신체 건강한 승객으로 승무원의 지시에 협력할 의사가 있어야 한다. 따라서 노약자, 어린이, 장애인 등은 탑승이 제한된다. 또한 외항사를 탑승할 경우에는 언어의 소통이 가능한 승객이어야 하며, 좌석배정 Check-in 단계에서 비상구 좌석을 희망하는 고객이 있을 경우, 항공사 직원이 언어가능 여부를 확인한 후 배정하여 준다. 여행자 중에 비상구 좌석으로 배정해달라고 요청하는 경우가 있는데, 이는 인솔자의 권한밖에 있는 영역이다. 따라서 여행자에게 비상구 좌석 배정의 우선순위 및 규정 등을 잘 설명하여 이해시킨다.

(3) 기내 화장실과 근처 좌석의 특징

① 기내 화장실Lavatory 이용 시 주의사항

기내 화장실은 공간이 작지만 승객들에 필요한 용품들을 대부분 갖추고 있다. 기내 화장실 안에는 승무원 호출버튼Attendant Call Switch, 승객용 산소장치Passenger Oxygen, 좌변기, 휴지통, 세면대, 거울, 연기감지기Smoke Detector, 기타 편의용품 등의 시설을 갖추고 있다. 항공기 이·착륙 시에는 화장실 사용 및 자리이동이 금지되어 있으므로 인솔자는 여행자에게 주의시킨다. 또한 기내 화장실 사용법을 비롯한 기내 매너와 기내서비스와 관련한 사항을 사전에 주지시킨다.

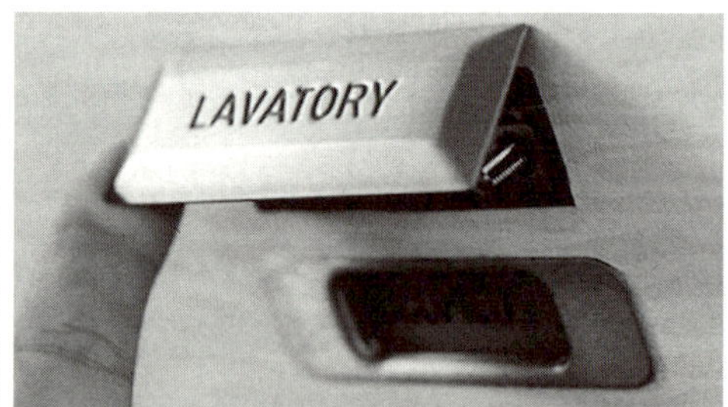

그림 5.11 기내 화장실

- 표시등Indicator : 기내에서 화장실을 사용할 때는 노크를 하지 않으며, 표시등으로 비어있는지 여부를 확인한다. 사용자가 내부에서 화장실 문을 잠그면, 문 밖의

표시등에 '사용중Occupied'이라는 빨간불이 켜지며, 비어있을 때는 '비어 있음Vacant' 라는 초록불이 켜진다. 사용자가 있는데 노크를 하게 되면 화장실을 사용 중인 승객이 불편함을 느낄 수 있으므로 주의해야 한다.

- 세면대 : 기내 화장실 세면대의 수도꼭지는 버튼식이고 온수와 냉수를 사용할 수 있다. 세면대를 사용하고 난 후에는 세면대의 물을 빼고 주변을 종이타월로 닦고 나오도록 한다. 그 외에도 화장실에 비치되어 있는 용품들은 자유롭게 사용하되 사용 후에는 정돈해 놓아야 한다.
- 화장실변기 : 화장실을 사용한 후에는 반드시 세척버튼Toilet Flush을 눌러야 한다. 기내 변기는 세척버튼을 누르면 기압으로 변기가 청소되는 기압식과, 물로 청소되는 수세식 두 가지 방식이 있다. 변기에는 비치된 화장지 이외에는 버리지 않도록 하며, 사용 후 세척버튼을 누를 때는 변기뚜껑을 닫고 누르는 것이 좋다.
- 연기감지기Smoke Detector와 승무원 호출 버튼Attendant Call : 항공기에는 화재가 발생할 경우를 대비하여 화재 발생 경보장치가 설치되어 있으며, 특히 화재 발생에 취약한 짐칸이나 화장실 등에 설치되어 있다. 가끔 흡연자들 중에 화장실에서 담배를 피우는 경우가 있는데, 이때 연기감지기에 의해 경보음이 울리는 경우가 있다. 화장실 내의 호출버튼Call Button을 누르면 마스터 디스플레이Master Display에 황색등이 켜지면서 벨이 울리고 해당 화장실 밖의 표시등Call Button Indicator에 불이 켜지며 승무원이 인지하게 된다. 실수로 버튼을 눌렀을 때는 화장실의 'Call Light/Reset Switch'를 누른다.

② 기내 화장실 근처 좌석의 특징

화장실 근처의 좌석은 화장실을 이용하기에는 편리하지만, 다른 이용자들이 계속 드나들 경우에는 불편하다. 특히 식사 후 화장실 이용객이 많아지며 줄을 서는 경우도 발생하는데, 그럴 경우 편안히 휴식을 취하기는 어려울 수 있다. 기내 화장실은 객실승무원이 수시로 청결상태를 점검하지만, 이용승객이 많을 경우는 냄새가 나기도 한다.

3) 휴대수하물 처리와 기내서비스

(1) 휴대수하물 처리 안내하기

기내에 가지고 타는 수하물을 휴대수하물Carry on Baggage이라 한다. 휴대수하물의 허용범위는 항공사마다 약간의 차이는 있으나, 통상 3면의 합이 115cm 이하, 무게 10kg 이하로 제한하고 있다.

국외여행인솔자는 고객의 좌석번호를 확인하여 착석할 수 있도록 돕고, 휴대수하물의 처리도 도와준다. 좌석 위 선반Overhead Bin 또는 좌석 아래에 짐을 두도록 하되, 비행 중 자주 사용하게 될 짐은 좌석 아래에 두고, 반대로 자주 사용하지 않을 것은 선반에 올리는 것이 좋다. 또한 귀중품이나 현금 등이 들어있는 가방은 고객이 직접 소지하도록 안내한다.

(2) 기내서비스 및 기내생활 안내하기

항공사들은 다양한 기내서비스를 제공하고 있으며, 노선이나 항공사에 따라 서비스 종류나 내용은 다소 차이가 날 수 있다. 일반적으로 항공기가 이륙하고 나면 헤드셋과 담요, 쿠션 등이 일괄적으로 제공되고 수면용 안대, 귀마개, 슬리퍼 등이 제공되기도 한다. 인솔자는 고객의 상태를 살피고 서비스물품을 제대로 수령하였는지, 다른 필요한 물품이 없는지를 확인하여 승무원에게 요청해 주도록 한다.

① 기내식음료

기내서비스 중 가장 대표적인 기내식은 비행거리에 따라 제공 횟수나 메뉴가 다르다. 일반적으로 2시간 이내의 짧은 노선일 경우에는 샌드위치 등 데우지 않아도 되는 차가운 음식Cold Meal이 제공되고, 2시간 이상 노선에서는 따뜻한 음식Hot Meal이 제공된다.

비행시간이 6시간 이내일 경우에는 1회, 6~12시간 이내일 경우는 2회, 12시간 이상일 경우에는 3회의 기내식이 제공된다. 식사와 함께 음료와 주류도 제공되며 주류의 경우에는 승객의 상태에 따라 제공이 제한되기도 한다. 외국항공사를 이용하여 비행하는 경우에는, 여행자들이 적절하게 기내서비스를 제공받고 있는지 확인하여, 도움이 필요한 고객에게는 즉시 도울 수 있도록 주의를 기울인다. 또한 기내식이 제공되는 동안에는 좌석등받이를 반듯이 세우도록 안내한다.

일반적으로 기내식 메뉴는 2가지로 구성되어 있으며, 기내식이 서비스 될 때 선택하면 된다. 그러나 승객의 요청에 따라 다양한 특별기내식 제도를 항공사들은 운영하고 있으며, 이런 메뉴들은 사전에 주문하는 경우에만 제공이 가능하다.

그 외에도 장거리 노선일수록 간편식Snack이나 간식을 수시로 제공하며, 승객의 요청이 있을 경우에도 제공받을 수 있다. 간편식으로는 견과류, 샌드위치, 피자, 아이스크림, 컵라면 등이 있다.

표 5.3 특별기내식의 종류

유아식 및 소아식	야채식	식사조절식	종교식
Baby Meal	Vegetarian Vegan Meal	Low Fat Meal	Moslem Meal
Infant Child Meal	Vegetraian Oriental Meal	Diabetic Meal	Hindu Meal
Child Meal	Raw Vegetarian Meal	Low Calorie Meal	Kosher Meal
	Vegerarian Hindu Meal	Bland Meal	
	Vegetarian Lacto-ovo Meal	Gluten Intolerant Meal	
		Low Salt Meal	

자료 : 대한항공 홈페이지

② 면세품

기내에서는 면세품을 판매하고 있다. 상품의 내용과 가격은 좌석 앞에 있는 포켓 속 카탈로그에서 확인할 수 있다. 여행자의 편의를 위해 귀국편에 사전주문도 가능하므로, 주류와 같이 부피나 무게가 나가는 물건은 사전주문을 이용하면 편리하게 쇼핑할 수 있다.

(3) 기내생활 주의사항

기내는 매우 건조하므로 비행 중에는 수시로 물이나 음료를 마시는 것이 좋다. 그러나 주류의 경우는 지상에서보다 빨리 취하기 때문에 과음하지 않도록 주의해야 한다. 승무원을 호출할 때는 호출버튼을 누르거나 통로를 지나갈 때 가볍게 손짓하는 것이 좋다. 좌석 등받이는 지나치게 젖히면 뒷좌석 승객에게 불편함을 줄 수 있으므로 주의한다. 좌석벨트는 착용 표시등이 켜져 있는 동안에는 반드시 착용하고 있어야 하며, 착용표시등이 꺼져있더라도 갑작스런 기류변화에 대비하여 착석 중에는 가능하면 착용하고 있는 것이 좋다.

기내매너와 상식

- 이륙 후 좌석벨트 표시등이 꺼질 때까지 화장실 이용 및 이동을 자제한다.
- 좌석등받이는 뒷좌석 승객에게 미리 통보하고 젖히는 것이 매너이며, 식사 중에는 원위치 한다.
- 승무원을 호출할 때는 큰소리로 부르거나 몸을 만지는 일이 없도록 하고 호출버튼을 누른다.
- 화장실 사용 후에는 다음사람을 위해서 깨끗이 정리한다.
- 화장실이 사용 중(Occupied)일 때는 노크를 하지 않고 기다린다.
- 기내에 불이 꺼지고 영화상영이나 취침시간일 경우에는 큰소리로 말하지 않는다.
- 기내에서는 수분이 15% 미만이기 때문에 수시로 수분을 섭취한다.
- 기내는 기압이 낮아 술이 빨리 취하므로 과음하지 않도록 한다.
- 고스톱, 카드 등의 게임을 하면서 떠드는 행위를 해서는 안 된다.
- 장거리여행일 경우, 가끔씩 왔다갔다 기내에서 산책을 하거나 다리운동을 하여 이코노미증후군을 예방한다.
- 비행기의 이·착륙 도중에는 가장 위험하므로 비행기가 완전히 정지하고 좌석벨트 표시등이 꺼지면 자리에서 일어난다.

3. 기종별 비상 대응요령 안내

1) 비상 대응하기

(1) 비상신호의 작동

항공기에서 비상상황이 발생하면 승무원은 비상탈출 지시 스위치Evacuation Command Switch를 작동한다. 이 스위치는 조종실Cockpit과 기내 승무원 조정실Cabin Attendant Station에 하나씩 장착되어 있으며, 조종실승무원(기장)과 객실승무원 사이에서 비상시에 사용하는 의사소통시스템Communication System이다. 스위치를 누르면 조종실과 전 스테이션에 비상신호Evacuation Signal가 작동하게 된다.

비상상황이 발생하면 비상탈출 절차가 시작된다. 비상탈출의 원인으로는 기체결함 · 손상, 화재, 기상악화로 인한 비상탈출, 조종미숙으로 인한 비상탈출 등이 있다.

항공기에 탑승하면, 이륙하기 전에 가장 먼저 비상 대응요령을 승무원이 시연하거나 영상을 통해 안내하지만, 많은 승객들이 정확하게 인지하지 못하는 경우가 많다. 그러나 국외여행인솔자는 책임감을 가지고 이를 정확하게 숙지하고 비상사태가 발생했을 때 승무원을 도와 여행자들의 안전을 위해 노력해야 한다.

(2) 비상구 위치와 화장실 위치의 사전확인

기내 비상상황 발생 시 대응할 수 있는 정보를 인솔자는 여행자에게 제공해야 한다. 기내에서 방송하는 비상시 행동요령을 숙지해야 하고, 좌석주머니Seat Pocket에 있는 안전정보안내서Safety Information Card도 꼼꼼히 살펴보아야 한다.

국외여행인솔자는 항공기 탑승 후 여행자가 착석하면 좌석 주머니에 있는 안전정보 안내서를 소개하고 읽어보도록 권유한다. 또한 단체 여행자의 좌석은 함께 모여 있는 경우가 대부분이므로, 좌석 가까운 비상구 위치를 확인시켜 비상시에 인지할 수 있도록 안내한다.

(3) 산소마스크와 구명조끼 사용

기내에 비치되어 있는 산소마스크는 천장의 선반 속에 있으며, 산소공급이 필요한 비상시에 자동으로 내려온다. 비상시 산소마스크가 내려오면 최대한 신속하게 착용해야 하며, 어린이를 동반한 경우에는 성인이 먼저 착용한 후 어린이의 착용을 돕도록 해야 한다.

구명조끼는 좌석 아래에 비치되어 있다. 비상시 승무원의 지시에 따라 필요하면 착용한다.

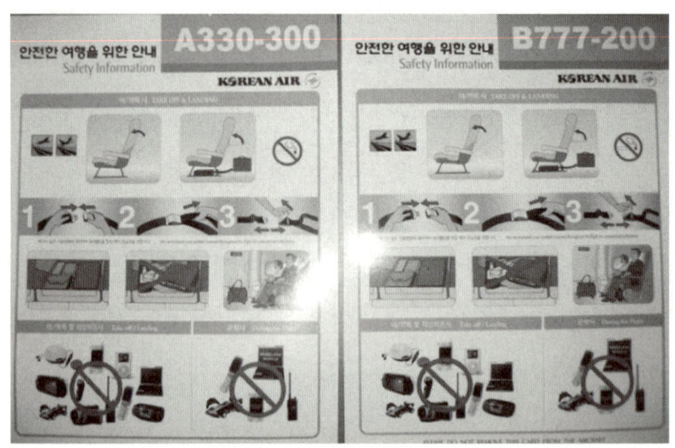

그림 5.12 안정정보 안내서(Safety Information Card)

2) 비상 탈출하기

(1) 탈출 전 비상대응 요령

항공기에서 비상상황이 발생하면 가장 먼저 좌석벨트를 착용한다. 화장실을 이용중이거나 좌석에서 이탈한 경우에는 즉시 자리로 돌아와 좌석벨트를 착용하고 승무원의 안내를 기다린다. 좌석 위 선반이나 좌석 밑에서 꺼내놓은 짐이 있으면, 신속하게 제자리에 정리하며, 날카로운 물건이나 딱딱한 소지품은 주머니에서 꺼내놓아야 한다. 급박한 상황일 경우 최대한 몸을 웅크리고 있어야 충격을 최소화 할 수 있다.

(2) 비상 탈출동선 계획하기

항공기에 비상 상황이 발생하면, 항공기 전원이 들어오지 않기 때문에 기내가 깜깜해진다. 사전에 비상구 위치를 정확하게 파악하고 있어야 어둠 속에서도 찾아갈 수 있다. 본인 좌석으로부터 몇 번째 좌석 옆에 비상구가 있는지 거리와 동선을 확인해 둔다.

(3) 기내 비상상황에 따른 대처 및 행동요령

① 기내 화재가 발생할 경우

전 항공기 노선은 현재 금연이며 이를 어기면 처벌을 받기도 하지만, 일부 승객들은 몰래 담배를 피우기도 한다. 이로 인해 기내에서 화재가 일어날 경우 승무원들은 소화기나 석면장갑, PBEProtective Breathing Equipment와 같은 화재진압 장비를 이용하여 신속하게 대처한다. 이때 승객들은 승무원의 지시에 따라 화재 및 연기가 나는 곳으로부터 먼 곳으로 대피해야 한다. 연기가 많을 경우에는 머리를 좌석이 팔걸이 위치 정도로 낮게 숙이며 이동을 해야 하고, 손수건이나 옷가지를 물에 적셔 코와 입을 가리면 유해한 연기의 흡입을 최대한 막을 수 있다.

② 호흡을 제대로 못할 경우

항공기의 기내 압력을 맞춰주는 여압장치의 고장이나 항공기 내 · 외부의 손상으로 인해 항공기 내의 압력이 낮아지는 감압이 발생되면 산소가 급격하게 줄어들어 의식을 잃을 수 있다. 이렇게 감압현상이 나타나면 자동적으로 좌석 위 선반에서 산소마스크가 내려온다. 산소마스크는 좌석수보다도 여유 있게 제공되므로 서두르지 말고 내려오는 산소마스크를 잡아당겨 착용한 후 다시 좌석벨트를 매야 한다. 화장실에도 산소마스크가 제공되므로 혹시 화장실에서 비상상황이 발생하더라도 당황하지 말고 산소마스크를 착용한다. 감압현상이 종료되면 산소마스크는 좌석 앞주머니에 넣어두면 된다.

③ 비상착륙과 착수

비상착륙을 하는 상황이 되면 두려움이 크지만, 생존율은 95%이기 때문에 비상착륙 방법을 잘 숙지하면 비상상황이 발생해도 생존할 수 있다. 비상탈출 시에는 안경, 넥타이, 머플러 등은 미리 제거하는 것이 좋으며 하이힐 같은 뾰족한 신발도 벗어두는 것이 좋다. 비상착륙을 할 경우, 앞좌석 등받이 상단을 양손으로 엇갈리게 단단히 잡고 손 위에 이마를 둔다. 양발은 어깨 너비로 벌려서 발바닥을 힘껏 밀착시켜 안정감 있는 자세를 취한다.

비상착수와 비상착륙의 다른 점은 구명복을 입는 것이다. 구명복의 위치는 좌석 하단에 비치되어 있으므로 꺼내서 착용하고, 항공기 비상구를 나가지 직전에 부풀리고 착수한다.

02 입 · 출국 서류 안내하기

1. 출 · 입국신고서 작성요령 안내

1) 출 · 입국 규정 안내하기

(1) 출 · 입국심사

목적지국에 도착하면 가장 먼저 통과해야 하는 절차가 출 · 입국심사이다. 각국의 출 · 입국심사는 자국민에 대한 출 · 입국심사와 외국인에 대한 출 · 입국심사로 나눌 수 있다. 각국의 외국인 출 · 입국심사는 각 국가의 고유한 주권으로 여권의 위 · 변조 등 불법입국 기도자와 입국 금지자의 입국을 저지 및 거부할 수 있다. 이를 위해 남녀노소를 불문하고 모든 내 · 외국인은 유효한 여권과 유효기간, 방문목적 등이 일치하는 유효한 사증Visa이 있어야 한다.

(2) 출 · 입국 요건과 무비자 출 · 입국

외국을 방문할 때 목적지국 뿐만 아니라 경유하는 국가에서도 사증을 요구하기도 한다. 또한 여권의 유효기간이 일정기간(3~6개월) 이상 남아있어야 입국을 허락하는 경우도 있다. 따라서 사전에 항공사 또는 해당국가의 대사관이나 영사관을 통해 필요여부를 확인해야 한다.

관광 목적의 입국은 국가 간에 무비자 협정을 체결하여 국외여행을 자유롭게 허용하고 있으나, 국가별로 체류기간에 대한 제한이 있으므로 그 기간에 한해서만 무비자 입국이 가능하다.

대한민국 국민의 경우, 무사증 입국이 가능한 국가는 2018년 5월 기준 총 147개국이다.

지 역	국 가	우리 국민 무사증 입국 가능여부 및 기간			무사증 입국근거	비 고
		일반여권 소지자	관용여권 소지자	외교관여권 소지자		
아주지역 (22개 국가 및 지역)	뉴질랜드	90일	90일	90일	협정	
	대만	90일	90일	90일	상호주의	
	동티모르	x	무기한	무기한	일방적 면제	
	라오스	15일	90일(협정)	90일(협정)	일방적 면제/협정	
	마카오	90일	90일	90일	상호주의	
	말레이시아	90일	90일	90일	협정	
	몽골	x	90일	90일	협정	
	미얀마	x	90일	90일	협정	
	방글라데시	x	90일	90일	협정	
	베트남	15일	90일(협정)	90일(협정)	일방적 면제/협정	
	브루나이	30일	30일	30일	상호주의	
	싱가포르	90일	90일	90일	협정	
	인도	x	90일	90일	협정	
	인도네시아	30일	14일(상호주의)	14일(상호주의)	일방적 면제/상호주의	
	일본	90일	90일(협정)	90일(협정)	상호주의/협정	
	중국	x	30일	30일	협정	
	캄보디아	x	60일	60일	협정	
	태국	90일	90일	90일	협정	
	파키스탄	x	3개월	3개월	협정	
	필리핀	30일	무제한(협정)	무제한(협정)	일방적 면제/협정	
	호주	90일	90일	90일	상호주의	전자여행허가(ETA) 사전신청 필요
	홍콩	90일	90일	90일	상호주의	
대양주 (12개 국가 및 지역)	괌	45일/VWP90일	45일/VWP90일	45일/VWP90일	상호주의	
	마샬군도	30일	30일	30일	상호주의	
	마이크로네시아	30일	30일	30일	상호주의	
	바누아투	1년 내 120일	1년 내 120일	1년 내 120일	일방적 면제	

	북마리아나연방	45일/VWP90일	45일/VWP90일	45일/VWP90일	상호주의	
	사모아	60일	60일	60일	상호주의	
	솔로몬군도	1년 내 90일	1년 내 90일	1년 내 90일	상호주의	
	키리바시	30일	30일	30일	상호주의	
	통가	30일	30일	30일	상호주의	
	투발루	30일	30일	30일	상호주의	
	팔라우	30일	30일	30일	상호주의	
	피지	4개월	4개월	4개월	상호주의	
유럽지역 (쉥겐가입국 26개)	그리스	90일	90일	90일	협정	
	네덜란드	90일	90일	90일	협정	
	노르웨이	180일 중 90일	180일 중 90일	180일 중 90일	협정	
	덴마크	180일 중 90일	180일 중 90일	180일 중 90일	협정	
	독일	90일	90일	90일	협정	
	라트비아	90일	90일	90일	협정	
	룩셈부르크	90일	90일	90일	협정	
	리투아니아	90일	90일	90일	협정	
	리히텐슈타인	90일	90일	90일	협정	
	몰타	90일	90일	90일	협정	
	벨기에	90일	90일	90일	협정	
	스웨덴	180일 중 90일	180일 중 90일	180일 중 90일	협정	
	스위스	90일	90일	90일	협정	
	스페인	90일	90일	90일	협정	
	슬로바키아	90일	90일	90일	협정	
	슬로베니아	90일	90일	90일	상호주의	
	아이슬란드	180일 중 90일	180일 중 90일	180일 중 90일	협정	
	에스토니아	180일 중 90일	180일 중 90일	180일 중 90일	협정	
	오스트리아	90일	180일	180일	협정	
	이탈리아	90일	90일	90일	협정 및 상호주의	
	체코	90일	90일	90일	협정	
	포르투갈	60일	60일	60일	협정	
	폴란드	90일	90일	90일	협정	
	프랑스	90일	90일	90일	상호주의	
	핀란드	180일 중 90일	180일 중 90일	180일 중 90일	협정	
	헝가리	90일	90일	90일	협정	
유럽지역 (비쉥겐국 및 지역 29개)	교황청	30일	30일	30일	일방적 면제	
	러시아	1회 최대 연속 체류 60일, 180일 중 누적 90일	90일	90일	협정	
	루마니아	180일 중 90일	180일 중 90일	180일 중 90일	협정	
	마케도니아	1년 중 90일	1년 중 90일	1년 중 90일	일방적 면제	
	모나코	90일	90일	90일	상호주의	
	몬테네그로	90일	90일	90일	상호주의	
	몰도바	180일 중 90일	180일 중 90일(협정)	180일 중 90일(협정)	일방적 면제/협정	
	벨라루스	5일(일방적 면제)	90일	90일	일방적 면제/협정	
	보스니아 헤르체고비나	90일	90일	90일	상호주의	
	불가리아	90일	90일	90일	협정	
	사이프러스	90일	90일(협정)	90일(협정)	상호주의/협정	

	산마리노	90일	90일	90일	상호주의	
	세르비아	90일	90일	90일	상호주의	
	아르메니아	x	90일	90일	협정	
	아일랜드	90일	90일	90일	협정	
	아제르바이잔	x	30일	30일	협정	
	안도라	90일	90일	90일	상호주의	
	알바니아	90일	90일	90일	상호주의	
	영국	6개월	6개월	6개월	협정 및 일방적 면제	
	우즈베키스탄	x	x	60일	협정	
	우크라이나	90일(일방적 면제)	90일(협정)	90일(협정)	일방적 면제/협정	
	조지아	360일	90일(협정)	90일(협정)	일방적 면제/협정	
	카자흐스탄	30일(1회 최대 연속 체류 30일, 180일 중 60일)	90일	90일	협정	
	코소보	90일	90일	90일	일방적 면제	
	크로아티아	90일	90일(협정)	90일(협정)	상호주의/협정	
	키르기즈	60일	30일(협정)	30일(협정)	일방적 면제/협정	
	타지키스탄	x	90일	90일	협정	
	터키	180일 중 90일	180일 중 90일	180일 중 90일	협정	
	투르크메니스탄	x	x	30일	협정	
미주지역 (34개국)	가이아나	90일	90일	90일	상호주의	
	과테말라	90일	90일	90일	협정	
	그레나다	90일	90일	90일	협정	
	니카라과	90일	90일	90일	협정	
	도미니카(공)	90일	90일	90일	협정	
	도미니카(연)	90일	90일	90일	협정	
	멕시코	90일	90일	90일	협정	
	미국	90일	x	x	상호주의	전자여행허가(ESTA) 사전 신청 필요
	바베이도스	90일	90일	90일	협정	
	바하마	90일	90일	90일	협정	
	베네수엘라	90일	30일	30일	협정	
	벨리즈	90일	90일(협정)	90일(협정)	일방적조치/협정	
	볼리비아	x	90일(협정)	90일(협정)	협정	
	브라질	90일	90일	90일	협정	
	세인트루시아	90일	90일	90일	협정	
	세인트빈센트 그레나딘	90일	90일	90일	협정	
	세인트키츠네비스	90일	90일	90일	협정	
	수리남	90일	90일	90일	협정	
	아르헨티나	90일	90일(협정)	90일(협정)	상호주의/협정	
	아이티	90일	90일	90일	협정	
	안티구아바부다	90일	90일	90일	협정	
	에콰도르	90일	3개월(협정)	업무수행기간(협정)	상호주의/협정	
	엘살바도르	90일	90일	90일	협정	
	온두라스	90일	90일	90일	상호주의	
	우루과이	90일	90일	90일	협정	
	자메이카	90일	90일	90일	협정	

	칠레	90일	90일	90일	협정	
	캐나다	6개월	6개월	6개월	상호주의	전자여행허가(eTA) 사전 신청 필요 (2016.3.15.~)
	코스타리카	90일	90일	90일	협정	
	콜롬비아	90일	90일	90일	협정	
	트리니다드토바고	90일	90일	90일	협정	
	파나마	90일	90일	90일	협정	
	파라과이	30일	90일(협정)	90일(협정)	상호주의/협정	
	페루	90일	90일	90일	협정	
아프리카 중동지역 (24개국)	가봉	x	90일	90일	협정	
	남아프리카공화국	30일	30일	30일	상호주의	
	라이베리아	90일	90일	90일	협정	
	레소토	60일	60일	60일	협정	
	모로코	90일	90일	90일	협정	
	모리셔스	16일	16일	16일	상호주의	
	모잠비크	x	90일	90일	협정	
	베냉	x	90일	90일	협정	
	보츠와나	90일	90일	90일	일방적 면제	
	세네갈	90일	90일	90일	일방적 면제	
	세이쉘	30일	30일	30일	상호주의	
	스와질란드	60일	60일	60일	상호주의	
	아랍에미리트	90일	90일	90일	협정	
	알제리	x	90일	90일	협정	
	앙골라	x	30일	30일	협정	
	오만	30일	90일(협정)	90일(협정)	일방적 면제/협정	
	요르단	x	x	90일	협정	
	이란	x	3개월	3개월	협정	
	이스라엘	90일	90일	90일	협정	
	이집트	x	90일	90일	협정	
	카보베르데	x	90일	90일	협정	
	카타르	30일	30일	30일	상호주의	
	쿠웨이트	x	90일	90일	협정	
	튀니지	30일	30일	30일	협정	

- 미국 : 출국 전 전자여행허가(ESTA) 신청 필요
- 캐나다 : 출국 전 전자여행허가(eTA) 신청 필요
- 호주 : 출국 전 전자여행허가(ETA) 신청 필요
- 괌, 북마리아나연방(수도 : 사이판) : 45일간 무사증입국이 가능하며, 전자여행허가(ESTA) 신청 시 90일 체류 가능
- 이탈리아 : 협정상의 체류기간은 60일이나 상호주의로 90일간 체류기간 부여(2003.6.15)
- 영국 : 협정상의 체류기간은 90일이나 영국은 우리 국민에게 최대 6개월 무사증입국 허용(무사증입국 시 신분증명서, 재정증명서, 귀국항공권, 숙소정보, 여행계획 등 제시 필요(주영국대사관홈페이지 참조))

자료 : 외교부 홈페이지(2018년 5월 기준)

(3) 각국의 출 · 입국 규정

각국의 출 · 입국 규정은 변동이 될 수 있으므로 출국 전에 최신의 내용을 확인하는 것이 가장 정확한 방법이다. 해당국가의 주한 대사관이나 외교부 홈페이지를 통해서 최신 정보를 확인할 수 있다. 항공사의 홈페이지에서도 출 · 입국 규정을 안내하고 있다.

2) 출 · 입국신고서 작성하기

(1) 출 · 입국신고서의 내용

출 · 입국신고서는 E/DEmbarkation/Disembarkation 카드라고도 하며, 승선(출국)과 하선(입국)을 뜻한다. 출 · 입국신고서는 국가별로 명칭에 차이가 있는데, 입국카드는 'Arrival Card'라고 하고 출국카드는 'Departure Card'라고 한다. 입국카드와 출국카드가 따로 있는 경우도 있지만, 일반적으로 두 카드가 연결되어 한 장으로 되어 있다. 이 경우, 입국할 때 입국카드만 작성하는 것이 아니라 입 · 출국 카드를 모두 작성하여 입국심사관에게 제시하면 입국카드 부분은 떼어가고 출국카드 부분은 돌려준다. 돌려받은 출국카드는 나중에 출국 시 사용하며 출국카드에 도장을 찍어주는 경우도 있으므로 분실하지 않도록 안내한다.

유럽국가들은 출 · 입국신고서를 작성하지 않는 추세이며, 우리나라의 경우는 2006년에 출 · 입국신고서 작성이 폐지되었다. 그러나 아직 많은 나라에서 출 · 입국신고서를 작성하고 있으며, 각국의 출 · 입국신고서의 구성 내용은 비슷하다. 일반적으로 자국어와 영어로 되어있으므로, 영어로 각 항목을 숙지하면 출 · 입국신고서 작성 시 편리하다.

출 · 입국신고서의 구성 내용은 여권정보, 인적사항, 출 · 입국정보 등을 확인하는 질문으로 되어있으며 국가마다 필요한 내용이 추가되거나 생략되기도 한다. 출 · 입국신고서는 1인당 1매씩 작성을 원칙으로 하며, 영문 대문자로 작성한다. 각국 출 · 입국신고서 예제는 항공사나 여행사 등의 홈페이지에서도 제공하고 있다.

표 5.4 출 · 입국신고서 구성내용

구 분	구성 항목	내 용
여권정보	Family Name/Surname/Last Name	성
	First Name/Given Name	이름
	Sex/Male or Female	성별(남/여)
	Passport Number/Travel Document No	여권번호
	Place of Issue/Issued At	여권 발급처
	Date of Issue	여권 발급일
	Date of Expiry	여권 만료일
	Visa No.	비자번호
	Date of Birth/Birth Date	생년월일
	Place of Birth	출생지
	Nationality/Country of Citizenship	국적
출 · 입국정보	Airline and Flight Number/Vehicle Regn No.	이용항공사 및 편명
	Departed From/Boarded At	출발지/출발국
	Intended Length of Stay	체류예정기간
	Date of Arrival	입국일
	Destination/To	(다음)목적지
	Mode of Entry(Road, Rail, Sea, Air)	입국 형태
인적사항	Occupation/Profession	직업
	Home Address/Address in Country of Residence	거주지 주소
	Zip or Postal Code	우편번호
입국정보	Accompanying Number	동반 인원수
	Purpose of Entry/Purpose of Visit	입국 목적
	First Trip to?	처음 방문인가
	Travelling on Group Tour?	단체 여행인가
	Address in(Hotel)	체류지

(2) 출 · 입국신고서의 작성요령

① 여권정보 작성하기

여권정보는 여권의 내용과 동일하게 작성하는 것이 중요하다. 단체여행자의 경우 인솔자가 대필하여 작성하는 경우가 많은데, 이때 여권을 걷었다가 다시 나눠주는 것은 번거롭기 때문에 사전에 준비한 고객명단Name List 상에 필요한 내용을 기재하여 준비하여 두면 해당서류를 참고하여 작성하면 편리하다.

표 5.5 여권 관련정보 작성 예

구성 항목	작성 예
Family Name/Surname/Last Name	HONG
First Name/Given Name	GIL DONG
Sex/Male or Female	M or MALE
Passport Number/Travel Document No	M12345678
Place of Issue/Issued At	KOR or KOREA
Date of Issue	20 JUL 15
Date of Expiry	20 JUL 25
Visa No.	123456
Date of Birth/Birth Date	15 SEP 85
Place of Birth	(SEOUL) KOREA
Nationality/Country of Citizenship	KOREA

② 출·입국정보 작성하기

출·입국정보는 여행일정을 파악하기 위한 것이다. 항공권과 일정표 등을 확인하여 작성한다.

표 5.6 출·입국정보 작성의 예

Airline and Flight Number/Vehicle Regn No.	KE538
Departed from/Boarded At	SEL or SEOUL
Intended Length of Stay	7DAYS
Date of Arrival	25 APR 17
Destination/To	KOREA
Mode of Entry(Road, Rail, Sea, Air)	AIR

③ 인적사항과 입국정보 작성하기

인적사항은 입국하는 사람에 대해 파악하기 위한 것이다.

표 5.7 인적사항과 입국정보 작성의 예

Occupation/Profession	SALES MAN
Home Address/Address in Country of Residence	(216, RAINBOW APT, GANGNAM-GU) SEOUL KOREA
Zip or Postal Code	12345
Accompanying Number	2
Purpose of Entry/Purpose of Visit	TRAVEL
First Trip to?	YES
Travelling on Group Tour?	YES
Address in(Hotel)	GRAND HOTEL

2. 세관신고서 작성요령 안내

1) 세관신고 규정 안내하기

(1) 각국의 세관신고 내용

① 자진 신고제도

해외에서 입국하는 여행자들을 대상으로 대부분의 국가들은 세관신고 제도를 운영하고 있다. 이 제도는 세관검사와 면세 중 세관통로를 선택할 수 있는 이중통로 체제Dual Channel System이다. 여행자 스스로가 세관신고서를 성실하게 작성하여 신고할 물품이 없는 경우에는 '면세통로'를 이용한다. 이때 세관은 특별히 의심스럽지 않는 한 현품검사를 하지 않고 신속하게 통과시킨다. 신고물품이 있다고 신고하는 경우에는 신고가격을 그대로 인정해 주며, 다른 세금이 있을 경우는 사후 납부가 가능하게 하는 등 각종 편의를 제공한다.

우리나라는 지난 2015년 2월 6일부터 '여행자 자진신고 감면제도'를 시행하고 있으며, 국외여행자가 면세범위 초과물품을 자진신고하면 15만 원 내에서 납부할 관세의

30%를 감면해 준다. 하지만 국외여행자가 면세범위 초과물품을 자진신고하지 않고 적발되는 경우에는 납부해야 하는 세액의 40%(상습자 60%)를 가산세로 추가 납부해야 하며, 경우에 따라서는 해당물품이 압수되는 등 처벌을 받을 수 있다.

② 여행자 면세범위와 간이통관

국가별로 여행자가 휴대 반입한 물품에 대한 면세 허용범위는 다르다. 우리나라의 경우, 출국할 때 면세점 구매금액 한도는 미화 3000달러이며, 입국할 때 소지할 수 있는 면세 한도는 1인당 미화 600달러까지이다. 해당 금액은 담배와 술, 향수를 제외한 수입, 국산 등 모든 면세품이 포함된다. 600달러를 초과한 물품을 구입하여 귀국할 때는 세관에 자진신고해야 하며, 세금은 초과금액에 대해서만 부과된다. 여행자의 물품에 대해서는 신속하고 편리한 간이 통관 절차를 실시하며 일부만 선택적으로 세관검사를 실시한다.

우리나라 면세허용 범위
- 출국 시 : 1인당 미화 3,000달러(수입물품에만 한정)
- 입국 시 : 1인당 미화 600달러(수입, 국산 포함), 술 1병(1L 이하/400달러 미만), 담배 200개피, 향수 60ml

③ 기타 제한사항

대부분의 국가에서는 음란물, 화폐나 채원 및 유가증권의 위 · 변조품 또는 모조품 등은 반 · 출입이 금지되어 있다. 또한 총기, 마약, 동 · 식물 등 국제협약에서 규정한 물품은 세금 납부와 관계없이 통관에 필요한 제반 요건을 구비해야 통관이 가능하다.

여행자가 휴대 반입한 물품이 면세 범위를 초과할 경우에는 관세를 납부하고 통관해야 한다. 이때 통관할 의사가 없는 물품은 세관에 얼마 동안 보관하였다가 출국할 때 반출할 수 있는데, 소정의 보관수수료를 납부해야 한다. 여행자가 휴대 반입한 유치물품의 장치기간은 1개월이다.

④ 각국의 여행자 통관정보

국가별 여행자 통관 정보는 해당국가의 관세청 홈페이지에서 확인할 수 있다. 관세청의 해외통관지원센터Overseas Clearance Support Center에서는 여행자의 휴대품 통관 안내정보를 통해 외국 세관의 간이 통관절차와 국가별 여행자 통관정보를 제공하고 있다. 특히 술, 담배, 면세한도 금액, 외국환 신고금액, 의약품, 식품, 반입 불허품목과 기타 유의사항 등을 자세하게 제공하고 있다. 국외여행인솔자는 출장 예정국가에 대한 통관정보를 사전에 확인하여 여행자들에게 안내하여 무리하게 면세품을 구입하지 않도록 주의시켜야 한다.

표 5.8 주요 국가별 여행자 휴대품 면세범위

구 분	국 가	일반휴대품	주 류	담배(개피)	향 수
아시아	중국	2천 위안	12도 이상 1.5L	400	
	일본	20만 엔	3병(1병 760ml)	200	
	필리핀	한도 없음	2병(1L) 이하	400	
	태국	1만 바트	1L	200	제한 없음
	홍콩	한도 업음	1L(30도이하 주류면세)	19	제한 없음
	베트남	500만 동	22도 이상 1.5L, 22도 이하 2L+맥주 3L	200	
미주/유럽	미국	$100(방문자) $200(환승객)	1L	200	150ml
	영국	390파운드	와인 2L, 증류주 1L	200	기준 없음
	프랑스	430유로	22도 이하 2L 22도 초과 1L 와인 4L, 맥주 16L	200	기준 없음
	이탈리아	430유로	와인 4L, 맥주 16L	200	제한 없음
	독일	430유로	와인 4L, 맥주 16L	200	제한 없음
	스위스	300프랑	18도 이상 1L 18도 이하 5L	250	300프랑
	스페인	430유로	22도 이상 1L 22도 이하 2L	200	430유로
	터키	430유로	22도 이상 1L 22도 미만 2L	600	600ml 이하 5개

자료 : 관세청 해외통관지원센터 홈페이지(2017.7 기준)

2) 세관신고서 작성하기

목적지국에 도착하여 입국심사를 마치고 나면 휴대품 통관이 시작된다. 휴대품은 X-Ray 검색기와 문형 금속탐지기를 이용한 간접검사를 받는다. 원활한 세관신고 수속을 위해 세관신고서는 기내에서 미리 작성하는 것이 좋다. 항공기 도착시간이 가까워지면 객실승무원이 배포하며 필요시 요청하면 가져다준다. 세관신고서는 가족당 1매 작성하면 된다.

(1) 세관신고서 작성 내용

국내에 입국할 때는 한글로 작성하면 되지만 외국을 입국할 때는 영어로 작성해야 한다. 세관신고서는 사실대로 작성해야 하며, 허위로 작성하는 경우 처벌 받을 수 있다. 때문에 세관신고서는 여행자 본인이 작성하게 하며 인솔자는 옆에서 작성을 도와준다.

휴대품을 신고할 때는 신고 대상물품의 해당 칸에 '√' 표기를 하면 된다. 국가별로 신고대상 물품에 차이가 있으므로 세관신고서에서 '유의사항', '면세 허용범위', '신고대상물품' 등 안내사항을 확인한다. 세관신고서를 작성한 후에는 반드시 신고인 항목에 서명을 해야 하며 여권의 서명과 동일하게 한다.

국외여행인솔자는 세관신고서의 각 구성 내용과 항목명(영문)을 숙지해두면 작성 시 편리하다.

① 인적사항 작성

기초적인 인적사항을 묻는 항목으로 출·입국신고서의 내용보다는 간단하게 구성되어 있다.

표 5.9 세관신고서의 인적사항 구성내용

구성내용(영문)	내　용
Customs and Excise Department	세관, 관세 부서
Passenger's Declaration	여행자의 신고, 자진 신고
Sex/Male/Female	성별/여성/남성
Date of Birth	생년월일
Passport No.	여권번호
Nationality	국적
Occupation	직업
Flight No.	항공편명
From/To	출발지/목적지

② 세관신고 질문항목

신고할 물품이 있는지 없는지를 우선 묻고, 그에 따라 다음 질문지를 작성한다.

표 5.10 세관신고서의 세관신고 질문항목

구성내용(영문)	내　용
Goods to declare/Nothing to declare	신고물품 있음/신고물품 없음
If you have goods to declare please list them on the revers side	신고물품이 있을 경우 뒷면에 품목을 쓰시오.
You are carrying foreign currency or monetary insturments over $10,000 U.S or its equivalent?	미화 1만 달러나 그에 상응하는 외국화폐나 통화단위를 가지고 있는가?
I certify that all statements on this declaration are true and correct	나는 이 신고서의 개재내용 모두가 사실이고 정확함을 보증한다.
Day Monty Year	날짜/월/년도
If you have any questions, please ask a customs officer	만일 질문이 있으면 세관원에게 물어보시오.

③ 주의사항 숙지

주의사항에는 신고해야 할 물품과 신고하지 않아도 되는 물품을 설명하고 있고, 허위로 신고할 경우 처벌받을 수 있음을 경고하고 있다.

표 5.11 세관신고서의 주의사항

구성내용(영문)	내 용
Notice	주의사항
Goods not to declare cover only your own personal effects.	지극히 개인소지품 범주만 신고하지 않는 물품
Goods to declare	신고해야 할 물품
1) dutiable goods e.g. electronic goods, computers, commercial goods... etc.	관세 부과물건 : 전자제품, 컴퓨터, 상업적 물건들
2) prohibited/restricted goods e.g. firearms, ammunition, explosives, wireless transmitters and receivers, drugs, narcotics, chemical substances, etc.	금지/제한된 물건 : 화기, 탄약, 폭발물, 무선 송신기, 마약, 마약류, 화학물질 등
Warning	경고
Failure to declare, misdeclaration or false declaration are offences under the low and can result in fines or other penalties	신고하지 않거나 잘못 신고하거나 거짓 신고하는 것은 법에 위배되어 벌금이나 다른 처벌을 받을 수 있다.

④ 신고물품 목록 작성과 세관원 사용항목

신고물품이 있는 경우에만 작성하는 칸 안에 목록, 수량, 가격을 작성하면 된다. 또한 세관원이 작성하는 칸은 빈칸으로 남겨둔다.

표 5.12 세관신고서의 신고물품 목록 작성내용

구성내용(영문)	내 용
List of Declared Goods	신고된 물품의 목록
Description of Goods	물품 설명
Quantity	양
Value	가격
Customs Use Only	세관이 사용하는 칸
Receipt No.	영수증 번호
Date	날짜
Customs and Excise Officer	세관원

CAMBODIAN CUSTOMS AND EXCISE DEPARTMENT 세관신고서

Passenger's Declaration

Family Name: LEE
Given Names: HANA
Sex: Male 남 / Female 여 ✔
Date of Birth: 1982.03.01(생년월일)
Passport No.: KN12345(여권번호)
Nationality: KOREA
Occupation: Employee (직업)
Flight No.: 항공편명
From / To: 출발지/도착지

Please Check 신고물품소지여부
Goods to declare 있음 / Nothing to declare ✔ 없음
If you have goods to declare please list them on the reverse side.

You are carrying foreign currency or monetary instruments over $10,000 U.S. or its equivalent. 있음 Yes / $10,000 이상소지여부 / No ✔ 없음

I certify that all statements on this declaration are true and correct.
Signature: 이하나
Date Day 12 Month 03 Year 2007

If you have any questions, please ask a customs officer.

Notice:
Goods not to declare cover only your own personal effects.
Goods to declare cover (1) dutiable goods e.g. electronic goods, computers, commercial goods...etc., (2) prohibited/restricted goods e.g. firearms, ammunition, explosives, wireless transmitters and receivers, drugs, nacotics, chemical substances...etc.

Warning: Failure to declare, misdeclaration or false declaration are offences under the law and can result in fines or other penalties.

List of declared goods

Description of goods	Quantity	Value	Customs Use Only
신고물품	수량	가격	
Total			

Receipt No.
Date:
Date ......
......
Customs and Excise Officer

그림 5.13 캄보디아 세관신고서

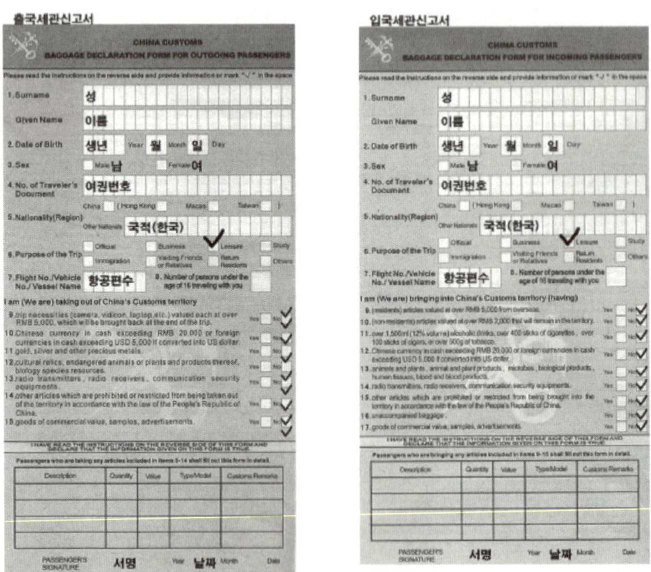

출국세관신고서

CHINA CUSTOMS
BAGGAGE DECLARATION FORM FOR OUTGOING PASSENGERS

Please read the instructions on the reverse side and provide information or mark "√" in the space

1. Surname: 성
Given Name: 이름
2. Date of Birth: 생년 Year 월 Month 일 Day
3. Sex: Male 남 / Female 여
4. No. of Traveler's Document: 여권번호
5. Nationality(Region): China (Hong Kong / Macao / Taiwan) / Other Nationals 국적(한국)
6. Purpose of the Trip: Official / Business / Leisure ✔ / Study / Immigration / Visiting Friends or Relatives / Return Residents / Others
7. Flight No./Vehicle No./Vessel Name: 항공편수
8. Number of persons under the age of 16 traveling with you

I am (We are) taking out of China's Customs territory

9. trip necessities (camera, vidicon, laptop,etc.) valued each at over RMB 5,000, which will be brought back at the end of the trip. Yes / No ✔
10. Chinese currency in cash exceeding RMB 20,000 or foreign currencies in cash exceeding USD 5,000 if converted into US dollar. Yes / No ✔
11. gold, silver and other precious metals. Yes / No ✔
12. cultural relics, endangered animals or plants and products thereof, biology species resources. Yes / No ✔
13. radio transmitters, radio receivers, communication security equipments. Yes / No ✔
14. other articles which are prohibited or restricted from being taken out of the territory in accordance with the law of the People's Republic of China. Yes / No ✔
15. goods of commercial value, samples, advertisements. Yes / No ✔

I HAVE READ THE INSTRUCTIONS ON THE REVERSE SIDE OF THIS FORM AND DECLARE THAT THE INFORMATION GIVEN ON THIS FORM IS TRUE.

Passengers who are taking any articles included in items 9-14 shall fill out this form in detail.

Description	Quantity	Value	Type/Model	Customs Remarks

PASSENGER'S SIGNATURE 서명 Year 날짜 Month Date

입국세관신고서

CHINA CUSTOMS
BAGGAGE DECLARATION FORM FOR INCOMING PASSENGERS

Please read the instructions on the reverse side and provide information or mark "√" in the space

1. Surname: 성
Given Name: 이름
2. Date of Birth: 생년 Year 월 Month 일 Day
3. Sex: Male 남 / Female 여
4. No. of Traveler's Document: 여권번호
5. Nationality(Region): China (Hong Kong / Macao / Taiwan) / Other Nationals 국적(한국)
6. Purpose of the Trip: Official / Business / Leisure ✔ / Study / Immigration / Visiting Friends or Relatives / Return Residents / Others
7. Flight No./Vehicle No./Vessel Name: 항공편수
8. Number of persons under the age of 16 traveling with you

I am (We are) bringing into China's Customs territory (having)

9. (residents) articles valued at over RMB 5,000 from overseas. Yes / No ✔
10. (non-residents) articles valued at over RMB 2,000 that will remain in the territory. Yes / No ✔
11. over 1,500ml (12% volume) alcoholic drinks, over 400 sticks of cigarettes, over 100 sticks of cigars, or over 500g of tobacco. Yes / No ✔
12. Chinese currency in cash exceeding RMB 20,000 or foreign currencies in cash exceeding USD 5,000 if converted into US dollar. Yes / No ✔
13. animals and plants, animal and plant products, microbes, biological products, human tissues, blood and blood products. Yes / No ✔
14. radio transmitters, radio receivers, communication security equipments. Yes / No ✔
15. other articles which are prohibited or restricted from being brought into the territory in accordance with the law of the People's Republic of China. Yes / No ✔
16. unaccompanied baggage. Yes / No ✔
17. goods of commercial value, samples, advertisements. Yes / No ✔

I HAVE READ THE INSTRUCTIONS ON THE REVERSE SIDE OF THIS FORM AND DECLARE THAT THE INFORMATION GIVEN ON THIS FORM IS TRUE.

Passengers who are bringing any articles included in items 9-15 shall fill out this form in detail.

Description	Quantity	Value	Type/Model	Customs Remarks

PASSENGER'S SIGNATURE 서명 Year 날짜 Month Date

그림 5.14 중국 세관신고서

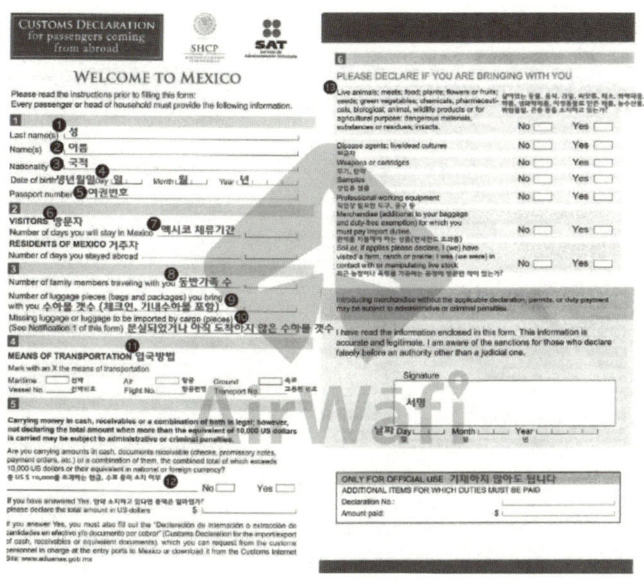

CUSTOMS DECLARATION for passengers coming from abroad

SHCP SAT

WELCOME TO MEXICO

Please read the instructions prior to filling this form:
Every passenger or head of household must provide the following information.

1

Last name(s) ❶ 성

Name(s) ❷ 이름

Nationality ❸ 국적

Date of birth 생년월일 ❹ Day 일 Month 월 Year 년

Passport number ❺ 여권번호

2

VISITORS ❻ 방문자

Number of days you will stay in Mexico ❼ 멕시코 체류기간

RESIDENTS OF MEXICO 거주자

Number of days you stayed abroad

3

Number of family members traveling with you ❽ 동반가족 수

Number of luggage pieces (bags and packages) you bring with you 수하물 갯수 (체크인, 기내수하물 포함) ❾

Missing luggage or luggage to be imported by cargo (pieces) ❿
(See Notification 1 of this form) 분실되었거나 아직 도착하지 않은 수하물 갯수

4

MEANS OF TRANSPORTATION ⓫ 입국방법

Mark with an X the means of transportation

Maritime 선박 Vessel No. 선박번호 Air 항공 Flight No. 항공편명 Ground 육로 Transport No.

5

Carrying money in cash, receivables or a combination of both is legal; however, not declaring the total amount when more than the equivalent of 10,000 US dollars is carried may be subject to administrative or criminal penalties.

Are you carrying amounts in cash, documents receivable (checks, promissory notes, payment orders, etc.) or a combination of them, the combined total of which exceeds 10,000 US dollars or their equivalent in national or foreign currency? ⓬ No ☐ Yes ☐

If you have answered Yes, please declare the total amount in US dollars $

If you answer Yes, you must also fill out the "Declaración de internación o extracción de cantidades en efectivo y/o documento por cobrar" (Customs Declaration for the import/export of cash, receivables or equivalent documents), which you can request from the customs personnel in charge at the entry ports to Mexico or download it from the Customs Internet Site: www.aduanas.gob.mx

6

PLEASE DECLARE IF YOU ARE BRINGING WITH YOU

⓭ Live animals; meats; food; plants; flowers or fruits; seeds; green vegetables; chemicals, pharmaceuticals, biological, animal, wildlife products or for agricultural purpose; dangerous materials, substances or residues; insects. No ☐ Yes ☐

Disease agents; live/dead cultures No ☐ Yes ☐

Weapons or cartridges 무기, 탄약 No ☐ Yes ☐

Samples No ☐ Yes ☐

Professional working equipment No ☐ Yes ☐

Merchandise (additional to your baggage and duty-free exemption) for which you must pay import duties. No ☐ Yes ☐

Soil or, if applies please declare: I (we) have visited a farm, ranch or prairie; I was (we were) in contact with or manipulating live stock. No ☐ Yes ☐

Introducing merchandise without the applicable declaration, permits, or duty payment may be subject to administrative or criminal penalties.

I have read the information enclosed in this form. This information is accurate and legitimate. I am aware of the sanctions for those who declare falsely before an authority other than a judicial one.

Signature 서명

날짜 Day 일 Month 월 Year 년

ONLY FOR OFFICIAL USE 기재하지 않아도 됩니다

ADDITIONAL ITEMS FOR WHICH DUTIES MUST BE PAID

Declaration No.:

Amount paid: $

그림 5.15 멕시코 세관신고서

03 검역규정 안내

1. 검역규정 안내하기

1) 검역과 감염병

1851년 파리에서 열린 '제1차 국제위생회의'에서 지중해연안 12개국 대표들이 콜레라, 페스트, 황열 등의 예방과 치료에 대해 논의하고, 1969년 제정된 '국제보건규칙'에서는 콜레라, 페스트, 황열 등을 국제검역 감염병으로 지정하였다. 최근에는 신종 감염병의 등장으로 그 종류가 늘어가는 추세이다. 우리나라의 경우, 검역 감염병의 종류는 콜레라, 페스트, 황열, 동물인플루엔자 인체감염증, 중동호흡기증후군, 폴리오 등이며 구체적인 내용은 다음과 같다.

표 5.13 검역 감염병의 오염지역 : 59개국

구 분		국가(59개국)	콜레라(14)	페스트(1)	황열(42)	동물인플루엔자 인체감염증(2)	중동호흡기 증후군(5)	폴리오(4)
아시아 · 중동 12개국	1	Pakistan						O
	2	China*(14개 省, 市)				O		
	3	Laos						O
	4	Afghanistan						O
	5	Saudi Arabia					O	
	6	Qatar					O	
	7	United Arab Emirates					O	
	8	Oman					O	
	9	Kuwait					O	
	10	Nepal	O					
	11	Yemen	O					
	12	Philippines	O					
아프리카 33개국	1	Cameroon			O			
	2	Democratic Republic of Congo(DRC)	O		O			
	3	Republic of Congo	O		O			
	4	Angola			O			
	5	Benin	O		O			
	6	Burkina Faso			O			
	7	Burundi	O		O			
	8	Central African Republic	O		O			
	9	Chad			O			
	10	Cote d'Ivoire			O			
	11	Egypt				O		
	12	Equatorial Guinea			O			
	13	Ethiopia			O			
	14	Gabon			O			
	15	Gambia			O			
	16	Ghana	O		O			
	17	Guinea			O			
	18	Guinea Bissau			O			
	19	Kenya			O			
	20	Liberia			O			
	21	Mali			O			
	22	Mauritania			O			
	23	Niger			O			
	24	Nigeria	O		O			O
	25	Sierra Leone			O			

구 분		국가(59개국)	콜레라(14)	페스트(1)	황열(42)	동물인플루엔자 인체감염증(2)	중동호흡기 증후군(5)	폴리오(4)
	26	Senegal			○			
	27	South Sudan	○		○			
	28	Sudan			○			
	29	Togo			○			
	30	Uganda			○			
	31	Madagascar		○				
	32	Tanzania	○					
	33	Somalia	○					
아메리카 14개국	1	Argentina			○			
	2	Bolivia			○			
	3	Brazil			○			
	4	Colombia			○			
	5	Ecuador			○			
	6	French Guiana			○			
	7	Guyana			○			
	8	Panama			○			
	9	Paraguay			○			
	10	Peru			○			
	11	Suriname			○			
	12	Trinidad and Tobago			○			
	13	Venezuela			○			
	14	Haiti	○					

자료 : 질병관리본부 국립검역소 홈페이지(2017.3.6 시행기준)

2) 검역의 목적과 항공기 검역

검역은 감염병이 자국 내로 유입되거나 국외로 전파되는 것을 방지하기 위한 목적으로 시행하고 있다. 이를 위해서 국제적인 이동수단인 항공기, 선박, 열차, 자동차 등의 승무원과 승객 및 화물에 대한 검역 및 예방조치에 필요한 세부절차를 규정하고 있다. 특히 최근 들어 국외여행이 증가하고 중증급성호흡증후군SARS, 조류독감 등 신종 감염병이 발생하고 있어 검역의 중요성이 더욱 커지고 있다.

이동수단 내의 변기오수, 음용수 등 가검물 채취검사, 승객에 대한 검역질문서 제출요구, 설사증세를 보이는 환자에게 필요할 때 가검물 채취검사 및 사후관리 등을 포함한 감염병 정보수집 및 분석을 실시한다.

목적지에 도착 후 항공기에서 내리면 가장 먼저 입국심사를 받기 전에 검역 질문지를 작성하여 제출하고, 열감지카메라를 이용하여 검역을 실시한다. 만일 검역 시 이상이 있는 승객은 채변 등 가검물을 채취하여 검사하고 격리지정 병원으로 후송 조치한다. 환자와 접촉한 사람도 자택에 격리 조치된다.

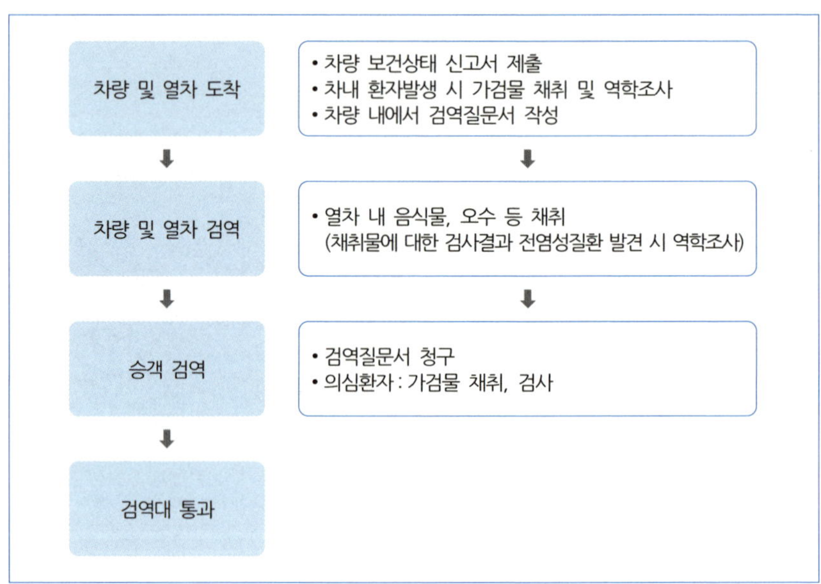

그림 5.16 검역의 절차

2. 국가의 검역규정과 감염병 지역

국립보건원 질병관리본부나 국외여행질병정보센터를 통해 여행하고자 하는 지역에 대한 검역 규정을 확인할 수 있다. 검역 질문서에는 최근 방문한 지역에 대한 질문이 포함되는 경우가 있는데, 이는 감염병 발생지역으로부터 입국하는 경우에 주의를 요하기 때문이다.

각국은 검역 규정에 따라 검역 감염병 오염지역을 정하고 있으며, 이 지역에서 입항하는 항공기의 모든 탑승자는 반드시 검역 질문서를 작성하여 제출하도록 하고 있다. 국외여행인솔자는 출국 예정국가의 감염병 여부를 사전에 확인해야 하며, 특히 감염병 지역을 여행하는 경우에는 더욱 세심한 주의를 기울여야 한다.

표 5.14 전 세계 검역대상 감염병 정보

구 분	아시아/중동	아프리카		아메리카	유 럽
황열	–	앙골라, 베닝, 브루키나파소, 부룬디, 카메룬, 중앙아프리카공화국, 차드, 콩고, 코트디부아르, 콩고민주공화국, 적도기니, 에티오피아, 가봉, 감비아, 가나	기니, 기니비소, 케냐, 라이베리아, 말리, 모리타니, 니제르, 나이지리아, 시에라리온, 세네갈, 남수단, 수단, 토고, 우간다	아르헨티나, 볼리비아, 브라질, 콜롬비아, 에콰도르, 프랑스령기아나, 가이아나, 파나마, 파라과이, 페루, 수리남트리니다드토바고, 베네수엘라	–
콜레라	네팔, 예멘, 필리핀	콩고민주공화국 콩고, 베냉, 부룬디중앙아프리카공화국 가나, 나이지리아 남수단, 탄자니아, 소말리아	아이티	–	–
페스트	–	마다가스카르	–	–	–
동물인플루엔자 인체감염증	중국, 이집트	–	–	–	–
폴리오	파키스탄, 라오스, 아프가니스탄	나이지리아	–	–	–

자료 : 질병관리본부 국외여행질병정보센터(2017.7 기준)

3. 검역 질문서 작성하기

1) 검역 질문서 내용과 작성

국가별 검역 규정에 따라 검역 감염병 오염지역에서 입항하는 항공기의 모든 탑승자는 반드시 검역질문서Health Declaration Card를 작성하여 제출하도록 하고 있다. 항공기가 도착하여 입국심사를 받으러 이동하는 과정에 검역대가 설치되어 있다. 보통 검역관과 열감지카메라가 설치되어 있다. 기내에서 미리 작성한 검역질문서를 검역관에게 제출하고 열감지카메라 앞을 지나가면 자동으로 촬영된다.

검역질문서는 입국하는 국가의 언어와 영어로 작성되어 있으며, 간단한 인적사항과 건강관련 질문들이다. 검역질문서는 1인당 한 장씩 작성해야 한다.

(1) 인적사항의 작성

여행자의 인적사항과 함께 이용한 교통편 정보, 그리고 연락처를 기록한다. 연락처의 경우 현재는 신체의 이상증세가 없더라도 이용 교통편(예 : 항공기) 검역에서 바이러스가 발견되는 경우에는 탑승객에 대한 역학조사가 이루어질 수도 있기 때문이다.

표 5.15 검역질문서의 인적사항 구성내용

구성 항목(영어)	내 용	작성 예시
Health Declaration Card 또는 Arrival/Departure Medical Card	검역 질문서	
Name	이름	HONG/GIL DONG
Age	나이	26
Male/Female	여성/남성	M
Date of Birth	생년월일	20 SEP 90
Passport NO.	여권번호	M12345678
Nationality	국적	KOREA
Registration No. of Identification Means of Transport	이용교통편	OZ382
From To	출발지/목적지	SEOUL/HANOI
Address in(Vietnam)	(베트남) 내의 주소	HILTON HOTEL
In Case of Emergency Please Contact with(Name, Address, Telephone No.)	비상시 연락처	

(2) 이상증세의 질문 내용

감염병이 의심되는 경우를 발견하기 위해 최근 10일 이내에 느낀 증세에 대한 질문으로 구성된다. 일반적으로 YES, NO 형태로 질문하므로 해당되는 칸에 표기하면 된다.

표 5.16 검역질문서의 내용

구성 항목(영어)	내 용
Within the last 10 days	최근 10일 이내에
Have you been in close contact with a person who has been diagnosed with Severe Acute Respiratory Syndrome? Yes No.	심한 호흡기질환 증후군으로 진단된 사람과 접촉한 적이 있는가?
Have you traveled to the areas reporting case of Severe Acute Respiratory Syndrome? Yes No.	심한 호흡기질환 증후군으로 보고된 지역을 여행한 적인 있는가?
Have you got any of the following symptoms?	다음의 증세가 나타난 적이 있는가?
Fever of more than 38℃(100.4F)	38℃ 이상의 열
Cough	기침
Shortness of Breath	몹시 숨이 참
Difficulty of Breath	호흡곤란
and Other Symptoms	다른 증세들
Headache	두통
Muscular Stiffness	근육경직
Lost of Appetite	식욕부진
Malaise	무기력함
Confusion	의식장애
Rash	발진
Diarrhea	설사
For your health, if you have any of the above symptoms please proceed immediately to the Health Quarantine Service for consultation.	만일 위의 증세가 있으면 당신의 건강을 위해 즉시 검역소로 방문하십시오.

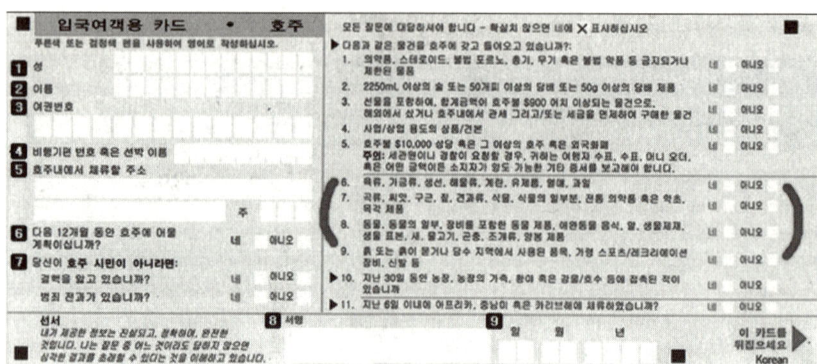

입국여객용 카드 • 호주

푸른색 또는 검정색 펜을 사용하여 영어로 작성하십시오.

1 성

2 이름

3 여권번호

4 비행기편 번호 혹은 선박 이름

5 호주내에서 체류할 주소

주

6 다음 12개월 동안 호주에 머물 계획이십니까? 네 아니오

7 당신이 호주 시민이 아니라면:

결핵을 앓고 있습니까? 네 아니오

범죄 전과가 있습니까? 네 아니오

선서

내가 제공한 정보는 진실되고, 정확하며, 완전한 것입니다. 나는 질문 중 어느 것이라도 답하지 않으면 심각한 결과를 초래할 수 있다는 것을 이해하고 있습니다.

8 서명

모든 질문에 대답하셔야 합니다 – 확실치 않으면 네에 X 표시하십시오

▶ 다음과 같은 물건을 호주에 갖고 들어오고 있습니까?:

1. 의약품, 스테로이드, 불법 포르노, 총기, 무기 혹은 불법 약물 등 금지되거나 제한된 물품 네 아니오
2. 2250mL 이상의 술 또는 50개피 이상의 담배 또는 50g 이상의 담배 제품 네 아니오
3. 선물을 포함하여, 합계금액이 호주불 $900 어치 이상되는 물건으로, 해외에서 샀거나 호주내에서 관세 그리고/또는 세금을 면제하여 구매한 물건 네 아니오
4. 사업/상업 용도의 상품/견본 네 아니오
5. 호주불 $10,000 상당 혹은 그 이상의 호주 혹은 외국화폐 네 아니오
   주의: 세관원이나 경찰이 요청할 경우, 귀하는 여행자 수표, 수표, 머니 오더, 혹은 어떤 금액이든 소지자가 양도 가능한 기타 증서를 보고해야 합니다.
6. 육류, 가금류, 생선, 해물류, 계란, 유제품, 열매, 과일 네 아니오
7. 곡류, 씨앗, 구근, 짚, 견과류, 식물, 식물의 일부분, 전통 의약품 혹은 약초, 목각 제품 네 아니오
8. 동물, 동물의 일부, 장비를 포함한 동물 제품, 애완동물 음식, 알, 생물재제, 생물 표본, 새, 물고기, 곤충, 조개류, 양봉 제품 네 아니오
9. 흙 또는 흙이 묻거나 담수 지역에서 사용된 품목, 가령 스포츠/레크리에이션 장비, 신발 등 네 아니오

▶ 10. 지난 30일 동안 농장, 농장의 가축, 황야 혹은 강물/호수 등에 접촉된 적이 있습니까 네 아니오

▶ 11. 지난 6일 이내에 아프리카, 중남미 혹은 카리브해에 체류하였습니까? 네 아니오

9 일 월 년

이 카드를 뒤집으세요 ▶

Korean

그림 5.17 호주의 검역질문서

HEALTH DECLARATION CHECKLIST

IMPORTANT REMINDER: Accomplish this form honestly and completely to facilitate quarantine procedures. Anyone found giving false information is liable and punishable in accordance with Philippine laws.

Personal Data:

Name: 성 (Last Name) 이름 (First Name) (Middle Name)

Sex 성별 Age 나이 Nationality 국적

Flight # 항공편명 Seat # 좌석번호 Arrival Date: 필리핀 도착날짜

ADDRESS IN THE PHILIPPINES:

비워두세요~

House No. Street Brgy./Subd.

Town/City

Tel. / Mobile No.: (063) 전화번호 +82 10-123-4567

E-mail Address: 이메일 주소

NAME OF HOTEL (For Tourist): 숙박하는 호텔 또는 리조트 이름

Address of Hotel:

Town/City

Travel History: 최근 4주안에 다른 나라에 다녀온적이 있습니까?

Countries visited for the past four (4) weeks:

[] Liberia [] Guinea [] Sierra Leone [] Arabian Peninsula

[] Others:

Please check if you have any of the following at present or during the past 30 days: 최근 30일 안에 아래와 같은 증상이 있습니까?

[] Fever 열 [] Cough 기침 [] Difficulty of Breathing 호흡곤란

[] Headache 두통 [] Abdominal Pain 복통 [] Diarrhea 설사

[] Sore Throat 인후염 [] Body Weakness 몸살 [] Vomiting 구토

History of Exposure : 병원, 농장의 방문여부. 모두 No에 체크하세요.

	Yes	No
Did you visit any health facility?	[]	✓
Did you visit any zoo, poultry farm, animal market or slaughter house?	[]	✓
Did you take anti-fever medication during the last 4-6 hours?	[]	✓
Did you visit or cared for a health worker?	[]	✓

서명

Signature of Passenger / Crew

香港特別行政區衛生署

Department of Health

Hong Kong Special Administrative Region of China

入境健康申報表

Health Declaration on Arrival

姓名 Name: 이름 性別 Sex: 성별 □ 男 Male □ 女 Female

出生日期 Date of Birth: 생년월일 ___年 yy ___月 mm 國籍 Nationality: 국적

護照/身份證號碼 Passport/Identity Card no.: 여권번호 聯絡電話 Telephone no.: 전화번호

香港聯絡住址 Correspondence address in Hong Kong: 홍콩체류주소

航班號/車(船)次 Flight/ship/vehicle no.: 비행기편명

來自國家 From (country): South Korea 途經地區 Via:

1. 請列出在過去七日內,你到過的國家和城市
   Please list the countries and cities that you visited in the past 7 days
   지난 7일동안 체류한 국가 및 도시
2. 在過去七日,你有否與懷疑或證實患上豬型流感的病人接觸?
   Have you had contact with any suspected or confirmed Swine Influenza patient in the past 7 days?
   □ 有 Yes □ 否 No 지난 7일 동안 신종플루 환자와 접촉한 적이 있습니까?
3. 如有以下症狀,請在症狀前加上 ☑ 아래의 증상이 있으면 체크하세요.
   Please put a ☑ before the symptom if you have any
   i) □ 發燒 Fever 열
   ii) □ 咳嗽 Cough 기침 □ 喉嚨痛 Sore throat 후두염 □ 肌肉痛 Muscle pain 근육통
   □ 氣喘 Shortness of breath 숨가쁨 □ 呼吸困難 Breathing difficulty 호흡곤란 □ 嘔吐 Vomiting 구토
   □ 腹瀉 Diarrhoea 설사

我已閱知本申報表所列事項,並保證以上申報內容正確屬實。

I hereby declare that all the information given above is true and correct.

日期 Date: 날짜 旅客簽名 Signature: 서명

[신종플루] 홍콩 검역신고서

그림 5.18 필리핀 & 홍콩의 검역질문서

고객상태 수시 점검하기

1. 행동이상의 승객 점검

1) 좌석이탈의 고객 살피기

(1) 건강상의 이유

기내 안의 공간은 좁기 때문에 지나치게 잦은 좌석이탈과 이동은 자제하는 것이 좋다. 또한 일행끼리 몰려가서 대화를 나눈다거나 소란스럽게 하는 것을 자제하도록 인솔자는 관리해야 한다. 그러나 좌석에 오랫동안 앉아만 있으면 피가 굳어 혈류를 막는 현상, 즉 일반석 증후군이 생길 수 있으므로 이를 방지하기 위해서는 좌석에 앉아서도 스트레칭을 해줘야 한다. 또한 항공기 내의 가장 뒤쪽에 위치한 주방Galley 근처에는 비상구와 화장실이 함께 위치해 있어 공간이 확보되어 있으므로, 몇 시간에 한 번씩 이곳에서 스트레칭을 하고 좌석으로 돌아오는 것도 좋다.

국외여행인솔자는 항상 고객의 상태를 살펴서 문제가 있을 경우에는 적극적으로 해결하려는 노력을 기울여야 한다. 특히 기내에서 신체의 이상증세를 느끼는 경우가 없는지 주의 깊게 살펴야 하며, 기내는 지상보다 기압이 높고 밀폐된 공간이므로 소화기능이 떨어지고, 이 · 착륙 시 고도변화와 기압 등으로 인해 귀가 먹먹해지거나 두통과 멀미에 시달릴 수 있다. 따라서 고객의 안색을 살피고 불편한 증상이 보이는 고객에게는 자연스럽게 그 상태를 알아내도록 해야 한다.

(2) 심리적 이유

기내는 공간이 한정되어 있고 이동이 자유롭지 못한 상태에서 항공기 엔지소음과 기압, 건조함 등으로 신체적 불편함과 동시에 심리적으로 매우 민감해질 수 있다. 기체가 기류변화가 심한 곳을 통과할 때는 멀미 등의 신체적 불편과 심리적인 불안감이 커질 수 있으며, 주변승객의 행동에 따라 불쾌감을 느끼는 등 평소보다 더욱 예민해져서 드물게는 단체여행자끼리 다툼이 발생하는 경우도 있다.

여행일정을 시작하는 단계에서 여행자들 사이의 불화는 여행일정 내내 불편함과 불쾌감을 주고, 결국 여행상품 전체에 대한 불만족이 되므로 인솔자는 고객들 사이의 이상기류가 느껴질 때는 최대한 분위기를 반전시킬 수 있어야 한다.

국외여행인솔자는 특별한 건강상의 이유가 없는데, 자주 좌석을 이탈하는 여행자가 있을 경우 해당 여행자와 대화하여 그 원인을 파악하고 심리적 불편함을 해소시키는데 최선을 다해야 한다. 필요하다면 승무원에게 도움을 요청하여 해결방안을 모색해야 한다.

(3) 고객 특성에 따른 이유

단체여행일 경우 다양한 유형의 고객이 함께 여행을 하게 된다. 여행자에 따라 나이, 성격, 여행경험 횟수 등이 다르기 때문에 기내에서의 적응력도 다를 수 있다. 연령이 많거나 항공여행 경험이 없어 불안감으로 인해 화장실을 자주 이용하거나 좌석이탈이 잦을 수도 있다. 어린이 승객 중에는 지나치게 소란스럽거나 뛰어다니는 경우도 있다. 이럴 경우 통로 쪽에 앉은 승객은 불편할 수 있으므로, 예의를 지킬 수 있도록 서로 주의해야 한다.

2) 고객의 안색변화 살피기

(1) 건강이상 증세

지나친 좌석 이탈을 다른 사람에게 불편함을 줄 수 있지만, 장거리 비행에서 좌석에만 앉아 있는 경우 일반석 증후군 증상이 나타날 수 있으므로 가끔 일어나서 걷도록 하는 것이 좋다. 국외여행인솔자는 고객들을 살펴볼 수 있는 곳에 좌석배정을 하여 수시로 고객의 안색을 살펴보아야 한다.

기내에서는 소화불량, 멀미, 두통 등의 증세가 발생할 수 있으며, 안색이 좋지 않거나 불편해 보이는 여행자가 있을 경우에는 즉각 확인하여 대처해야 한다. 특히 연세가 많은 고객은 자주 확인해야 하며, 기내에서의 복장은 혈액순환이 잘되는 편안한 복장을 착용하게 하고, 수분섭취를 자주 하는 것이 좋다. 또한 식후에는 바로 수면을 취하지 말고 가볍게 기내산책을 하고, 깨어있을 때는 스트레칭을 하도록 안내한다.

(2) 심리적 이유

사람에 따라서 불쾌감을 느끼는 상황과 정도는 다를 수 있다. 특히 한정된 공간 안에서 장시간 비행을 하다보면 다소 예민해지게 되는데, 이는 자칫 싸움으로 이어질 수도 있으므로 주의해야 한다. 국외여행인솔자는 고객의 안색을 수시로 살펴 불편함이나 불쾌감을 보이는 고객이 보일 때는 즉시 상태를 확인하고 해결방법을 찾도록 한다.

2. 객실승무원과 의사소통

1) 담당 객실승무원과 인사하기

(1) 국적기 승무원과 인사하기

항공기 내에서는 객실승무원의 지시사항에 우선 따라야 한다. 단체여행자인솔자는 해당 여행자의 관리를 위해 때로는 승무원의 도움과 협조를 받기도 한다. 따라서 인솔자는 항공기에 탑승한 후 구역Zone의 담당승무원과 인사를 나누는 것이 좋다. 본인이 단체인솔자임을 밝히고 단체의 인원수와 좌석번호 등을 알려준다. 이렇게 하면 단체여행자의 이상을 승무원이 먼저 발견했을 때 인솔자에게 알려주어 도움을 받을 수도 있다. 또한 입국할 때 필요한 서류들도 단체여행자 수만큼 미리 받아서 고객에게 서류를 배포하면서 안내할 수 있다.

(2) 외국항공사 승무원과 인하사기

외국항공사를 이용해서 여행을 하게 될 경우에는 국적항공사를 이용할 경우보다

인솔자는 여행자를 더 신경 써서 관리해야 한다. 여행자 중에는 영어로 의사소통이 불가능한 경우가 있기 때문이다.

외국항공사의 경우 대부분의 승무원은 외국인이지만, 한국에서 출발하는 경우 한국인 승무원이 탑승하고 있다. 따라서 인솔자는 구역 담당승무원이 아니더라도 한국인승무원과 인사를 나누고 필요시 도움을 받는 것이 좋다.

2) 객실승무원과 의사소통하기

(1) 국적기 승무원과 의사소통

국적기를 이용할 경우에는 여행자가 직접 객실승무원과 의사소통이 가능하기 때문에 인솔자의 도움을 많이 필요로 하지 않는다. 그러나 기내생활에 익숙하지 않은 고객이 실수를 하거나 부당한 요청을 할 수도 있기 때문에, 고객의 요구나 상태를 국외여행인솔자는 파악하고 승무원에게 적절한 도움을 받도록 한다. 특히 건강이상 증세를 나타내는 고객의 경우에는 승무원에게 도움을 받을 수 있기 때문에, 담당 승무원과 인사를 통해 업무를 협조하는 등의 원활한 의사소통이 필요하다.

(2) 외국항공사 승무원과의 의사소통

외국항공사를 이용할 경우에, 한국에서 출발하는 항공기에는 한국인 승무원이 탑승하기는 하지만, 한두 명일 경우가 많다. 대부분의 한국인 승객들은 한국인 승무원에게 필요한 요청을 하기 때문에, 고객이 직접 승무원과 의사소통을 하기에는 다소 어려움이 있을 수 있다. 따라서 인솔자도 한국인 승무원과만 의사소통을 시도해서는 안 되며, 외국인 승무원과도 인사를 나누고 적절한 의사소통을 해야 한다.

기내에서 여행자들 사이에 발생하는 인간관계에서의 불편함은 인솔자가 해결하지만, 단체여행자와 항공기 승객 사이에 발생하는 불편사항은 승무원에게 요청하여 해결하는 것이 바람직하다.

3. 인솔자의 좌석안내

1) 여행사의 지침 확인하기

(1) 국외여행인솔자의 행동요령

국외여행인솔자는 소속여행사의 대표자로서 마음가짐을 가지고 높은 사명감과 책임감이 있어야 한다. 단체여행자들이 인솔자를 믿고 의지할 수 있도록 리더십을 발휘하며, 편안하고 즐거운 여행이 되도록 해야 한다. 여행자들은 그들이 구매한 여행상품의 만족여부를 인솔자에 대한 만족여부까지 포함하여 결정한다. 따라서 국외여행인솔자는 확정일정표 내의 일정을 진행함에 있어 고객들이 최대한 즐겁고 만족한 여행이 될 수 있도록 투철한 서비스정신으로 도와야 한다.

인솔자는 특정여행자에게만 관심을 보이거나 친밀감을 표시해서는 안 되며, 모든 여행자에게 공평하게 대할 수 있도록 노력해야 한다. 특히 기내업무는 항공사의 업무기준에 의해 결정되기 때문에 여행자가 원하는 모든 것들을 들어주기는 어렵다. 고객의 요구사항에 대해 불가능한 것은 잘 설명하여 이해시키고, 필요하다면 항공사 직원을 통해서 직접 설명하도록 하는 것도 필요하다.

(2) 인솔자의 좌석 착석 전 업무

- 인솔자는 여행자가 탑승권에 지정된 좌석에 앉도록 돕고, 휴대수하물의 보관을 도우며 모든 여행자의 착석여부를 확인한다.
- 좌석벨트와 리모컨 사용법을 안내한다.
- 컵홀더와 식사테이블 사용법을 안내한다.
- 비상구와 화장실의 위치를 안내한다.
- 기내서비스의 내용과 시간을 안내한다.
- 기타 기내 편의시설의 종류와 사용법을 안내한다.
- 승무원 호출방법을 안내하고, 인솔자의 좌석번호를 알린다.

2) 인솔자의 좌석 알리기

(1) 인솔자의 좌석번호 알리기

국외여행인솔자는 기내에서 여행자의 착석여부가 확인되면 본인의 좌석번호와 위치를 알리고 착석한다. 국적기를 이용할 경우에는 여행자가 직접 승무원에게 필요사항을 요청하기도 하지만, 외국항공사를 이용할 경우에는 인솔자의 도움을 필요로 하는 경우가 많기 때문에 인솔자의 좌석번호와 위치를 알려주어 필요시에는 쉽게 찾을 수 있도록 한다.

(2) 인솔자 좌석에서의 업무

① 고객 살피기

- 고객명단, 여행일정표, 여행확정서 등의 서류를 재확인하고, 여행자 특성을 파악하여 기내업무에 참고한다. 따라서 서류가방은 선반에 넣지 않고 항상 소지하는 것이 좋다.
- 고객들을 관리할 수 있는 좌석배정을 하여 고객들의 이상행동이 발생하지 않는지 주시하고, 항상 고객들과 눈이 마주칠 수 있도록 한다.
- 비행 중에는 일정시간에 한 번씩 고객의 좌석을 둘러보며 관심을 보이고 상황을 파악한다.
- 야간 장거리비행일 때는 여행자들이 수면을 취할 수 있도록 돕고, 수면 중에도 가끔씩 이상 유 · 무를 확인한다.

② 서류 업무하기

- 다음 목적지의 입국카드를 승무원으로부터 받아서 작성하고, 서명은 여행자가 직접 하도록 한다.
- 다음 목적지의 세관신고서를 승무원으로부터 받아서 여행자에게 작성방법을 안내한다.
- 다음 목적지의 검역질문서를 승무원으로부터 받아서 여행자에게 작성방법을 안

내한다.

③ 고객 상황에 따른 대처 업무하기

- 여행자의 건강이상이 발견되면 승무원에 약품 및 필요한 조치를 요청한다.
- 기내에서 화장품, 주류 등 면세품 구입을 돕는다.
- 여행자가 승무원과 직접 의사소통이 잘되지 않을 때는 돕는다.

평가문제

01/ 아래의 탑승권에서 탑승항공사와 편명을 찾아 쓰시오.

02/ 아래의 탑승권을 보고 목적지와 비행기 출발시간을 찾아 쓰시오.

03/ 아래의 탑승권을 보고 탑승게이트와 좌석번호를 찾아 쓰시오.

04/ 기내 좌석배정 시 인솔자의 좌석 위치는 어디로 배정하는 것이 좋은가?

05/ 비상구 좌석에 착석한 고객이 갖는 의무사항(주의사항)은 무엇인가?

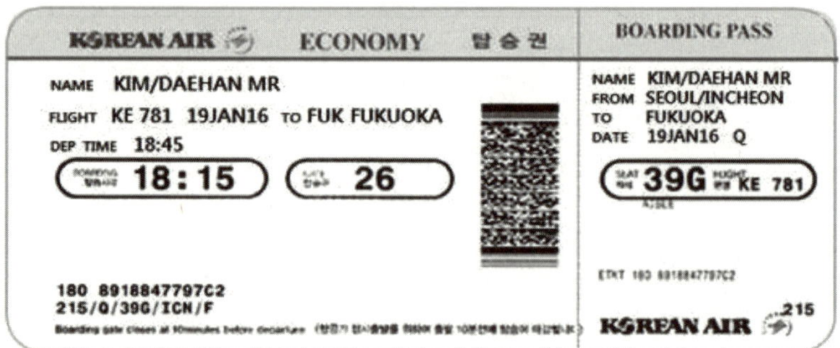

CHAPTER 06

입국업무

학 | 습 | 목 | 표

입국수속, 수하물 수취와 입국장 안내를 하며 가이드와 미팅을 할 수 있다.

학습모듈의 내용체계

학 습	학습내용	수 준
1. 입국수속하기	1-1. 검역절차 안내	3
	1-2. 출 · 입국심사절차 안내	
	1-3. 세관절차 안내	
2. 수하물 수취 · 입국장 안내	2-1. 수하물 수취장소 안내	3
	2-2. 수하물 분실 · 파손 시 대처	
	2-3. 입국장 안내	
3. 가이드와 미팅하기	3-1. 가이드와 미팅장소 확인	3
	3-2. 현지 공항에서 가이드 소개	
	3-3. 차량의 탑승위치 안내	

01 입국수속하기

1. 검역절차 안내

1) 입국수속

입국수속은 출국 수속과는 조금 다르게 검역Quarantine → 입국심사Immigration, Passport Control → 위탁수하물 수취Baggage Claim → 세관심사Customs Declaration의 순서로 진행되며, 입국 절차는 여행의 목적지 공항에 도착하여 입국하는 실질적인 과정이다. 출국수속 절차가 CIQ 순서인 것과는 반대로, 입국수속 절차는 QIC 순서로 진행된다.

입국하는 과정은 국가에 따라 다를 수 있으므로, 국외여행인솔자는 출장을 준비할 때 여행목적지국가의 출·입국, 세관검사, 검역의 각 규정과 관련서류 등 입국수속에 필요한 사항을 사전에 숙지해야 한다. 입국 통관 절차를 위해 기내에서 여행자 세관 신고서를 받아 작성하여 여권 및 입국심사에 필요한 서류와 함께 소지한다.

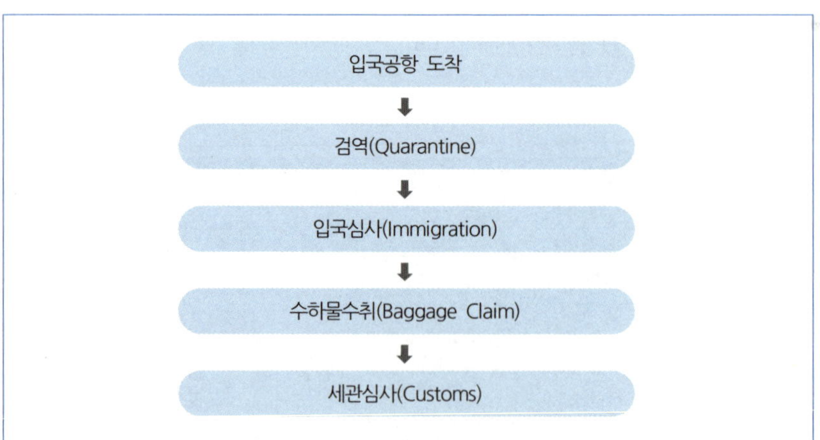

그림 6.1 입국절차 흐름도

(1) 국외여행인솔자의 입국심사장 업무

① 항공기 출구 앞 집결 및 인원점검

항공기가 목적지에 도착하면, 국외여행인솔자는 여행자보다 먼저 항공기에서 내려 여행자를 신속하게 유도하여 한 곳에 집결시킨 후 항공기에 두고 내린 것이 없는지 확인하고 인원점검을 실시한다. 인원점검 후 입국심사가 끝날 때까지 개인행동을 삼가도록 주의사항을 전달하고 다함께 입국심사장으로 이동한다.

② 입국심사장 안내

국가별로 입국심사장으로 이동할 때 안내표지Sign Board가 다를 수 있으며, 일반적으로 'Transit(경유)' 또는 'Arrival(입국)'이라는 표기를 사용한다. 그 외에도 Immigration, Passport Control, Baggage Claim 또는 Way Out 등으로 표기되어 있으므로, 인솔자는 유의하여 입국심사장 방향으로 이동한다.

그림 6.2 입국심사장 안내

③ 입국심사장 앞 집결

입국심사장에 도착하면, 여행자들을 다시 집결시켜 입국수속을 위한 서류와 여권을 준비하도록 한다. 입국수속 서류는 기내에서 미리 배포하는 것이 입국수속을 신속하게 진행하는데 도움이 되지만, 미처 배포하지 못했다면 입국심사장에 도착한 후 서류를 배포한다. 이때 서류작성은 기내에서 미리 작성하는 것이 좋다.

입국에 필요한 서류는 국가에 따라 다르며, 미국과 일부국가의 경우 항공권을 요구하기도 하므로 귀국편 항공권과 미리 작성한 출·입국신고서Em/Disembarkation Card, 세관신고서, 검역신고서(또는 예방접종카드Yellow Card)를 여권과 함께 소지하도록 알린다. 특히 세관신고에 있어서는 입국할 나라가 요구하는 신고대상 물품이나 화폐 등을 소지하고 있는지를 확인하고 해당 여행자는 반드시 신고하게 한다.

입국수속에 필요한 서류준비가 완료되면 입국수속 과정 및 요령에 대해 간략하게 설명하고, 인솔자가 가장 선두에 서서 입국심사를 통과하고 뒤이어 여행자들이 통과하도록 안내한다. 이때 인솔자는 가장 먼저 입국심사를 통과한 후 마지막 여행자가 입국심사를 통과할 때까지 입국심사장을 떠나지 말고 지켜보아야 하며, 혹시 문제가 발생한 여행자가 발생하면 신속하게 도와야 한다.

2. 검역

1) 검역 절차

항공기 착륙 후 입국심사 안내표지판을 따라 가다보면 검역 신고대가 나온다. 검역은 예방접종증명서를 제출하거나 검역질문서를 작성하여 제출하는 비교적 간단한 절차이며, 전염병 발생지역이나 의심지역을 여행하고 돌아오는 경우에는 검역질문서를 작성하여 제출한다. 아프리카와 같은 특수지역이나 오염지역으로부터 입국하는 경우를 제외하고는 대부분의 국가들이 실제적인 검역을 생략하는 추세이며, 간단하게 적외선 열감지기 장치로 대체하기도 한다. 검역을 실시하는 국가의 경우는 기내에서 작성한 검역신고서를 검역관에게 제시하고 입국심사를 진행하면 된다.

2) 검역 검사

검역은 예방접종증명서를 보여주거나 검역질문서를 작성하여 제출하는 간단한 절차이며, 검역 검사는 검역 심사대에서 적외선 투시기를 통과하는 것이다. 만일 적외선 투시기에 발열반응이 나타날 경우에는 별도의 검역 심사를 받는다. 우리나라의 경우에는 동남아시아, 남아메리카, 아프리카 등의 오염지역으로부터 입국하는 승객 및 승무원은 기내에서 배부되는 검역 질문서를 작성하여 입국할 때 제출하도록 하고 있다.

유럽 국가들의 경우에는 유럽 내를 이동할 때는 일반적으로 검역 심사를 하지 않으며, 다른 대륙에 도착했을 때만 한 번 검역을 받는다. 한편, 같은 국가에 입국할 경우라도 출발지와 경유지에 따라 예방접종증명서의 제시 여부가 다르므로, 국외여행인솔자는 예방접종증명서가 필요한 국가의 검역정보를 사전에 조사해야 한다.

호주와 뉴질랜드는 검역 심사가 매우 까다로운 국가들이므로, 세관신고서를 작성할 때 여행자들에게 반입금지 품목, 신고 품목 등에 대해 자세하게 설명하여 입국할 때 문제가 발생하지 않도록 안내한다. 특히 생과일이나 축산물가공품(육포, 치즈 등)은 반입을 금지하며 흙이 묻은 신발조차도 신고하도록 되어 있다. 만약 허위신고나 신고하지 않았을 경우에는 압수나 벌금이 부과될 수 있으므로, 해당국가의 검역규정에 대하여 인솔자는 세심하게 파악하여 여행자들에게 사전에 안내해야 한다. 검역신고 관련 사항을 정리하면 다음과 같다.

- 오염지역으로부터 입국하는 항공기 탑승자는 검역 질문서를 작성하여 도착할 때 검역심사대에 제출해야 한다.
- 여행 중에 건강에 이상이 생기면 입국 후에 즉시 검역관에게 연락하여 상의하고, 2주 이내에 설사, 복통, 구토 등의 증세를 보이면 가까운 검역소나 보건소에 신고해야 한다.
- 동물과 축산물 및 식물을 가지고 입국할 경우에는 국립수의과학검역원 및 식물검역소에 신고하여 검역을 받아야 한다. 세관 검사를 할 때 내용을 말하며, 세관에서 안내를 받아 수출국에서 발행한 동물검역증 및 식물검역증을 제출해야 한다.

검역질문서 (檢疫質問書)
(HEALTH QUESTIONNAIRE)

도착연월일(到着年月日)
Arrival Date ___/___/___

선박·항공기·열차·자동차명 (船舶·航空機·列車·車輛名)
Vessel·Flight·Train·Car No. : ______
좌석번호 (座位號碼) Seat No. : ______

성 명(姓名) Name in full : ______
주민등록번호 Passport No.(护照号码) : ______
국 적(國籍) Nationality : ______ 남(男) Male ___ 여(女) Female ___ 연령(年齡) Age ___
한국내 주소(韓國內 地址) Contact address in Korea.
전화(電話) (Tel.______)

과거 10일 동안의 체재국명을 기입하여 주십시오. (請填寫過去十天之內停留的 國家)
Please list the countries where you have stayed during the past 10 days before arrival.

과거 10일 동안에 아래 증상이 있었거나 있는 경우 해당란에 「V」표시를 하여 주십시오.
(過去十天之內如有以下症狀, 請在症狀前劃 「V」)
Please check a mark 「V」. If you have or have had any of the following symptoms during the past 10 days before arrival.

□ 설사(腹瀉) Diarrhea
□ 구토(嘔吐) Vomiting
□ 복통(腹痛) Abdominal pain
□ 발열(發熱·發燒) Fever
□ 기침(咳嗽) Cough
□ 호흡곤란(呼吸困難) Difficulty breathing
□ 잦은 호흡(呼吸急促) Shortness of breath

검역질문서 작성을 거부하거나 허위작성 제출하는 경우 검역법 제8조 및 제39조의 규정에 의거 1년 이하의 징역 또는 500만원 이하의 벌금 처벌을 받을 수 있습니다.
If you make a false statement concerning your health or fail to fill out the Health Questionnaire, you may face a sentence of up to one year of imprisonment or up to 5 million won in fines, in accordance with Articles 8 and 39 of the Quarantine Act.

대한민국 국립인천공항검역소(大韓民國 國立仁川空港檢疫所)
Incheon Airport National Quarantine Station
Republic of Korea

148mm×210mm

Public Health Questionnaire
검역질문서 응답지

Must be completed by ALL persons age 18 and above boarding the vessel - one form per adult
18세 이상의 모든 승객은 1인당 1장씩 작성해주어야 합니다.

Date(날짜): ______
Ship(선박명): ______
Cabin No.(객실번호): ______

Name(영문성함): ______

Names of children under the age of 18 travelling with you.
18세 미만의 동반 자녀의 영문성함을 기입하여주시기 바랍니다.
1. ______ 3. ______
2. ______ 4. ______

To assist us in preventing the spread of Communicable Disease during your cruise, we require you to answer the following questions:
쾌적하고 안전한 크루즈 여행환경을 위하여 다음의 질문사항에 답해주시기 바랍니다.

1. Within the last 7 days, have you or any person listed above been in contact with a confirmed Swine Flu case OR have any of the following symptoms:
Fever, Chills, Cough, Runny Nose, or Sore Throat?
최근 7일 동안에 발열, 오한, 기침, 콧물 또는 목 가려움 등의 증상이 있으셨습니까?
□ Yes(네) □ No(아니오)

2. Within the last 2 days, have you or any person listed above developed any Symptoms of Diarrhea or Vomiting?
최근 2일간 설사 또는 구토 증상이 있으셨습니까?
□ Yes(네) □ No(아니오)

If you answer "Yes", you will be assessed free of charge by a member of our shipboard medical staff. You will be allowed to travel, unless you are suspected to have an illness of international public health concern.
I cerify that the above declaration is true and correct and that any dishonest answers may have serious public health implications.

Signature(서명): ______

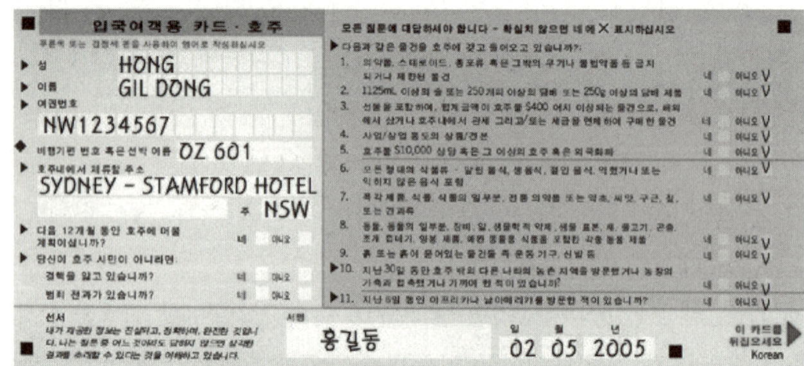
입국여객용 카드 · 호주
▶ 성 HONG
▶ 이름 GIL DONG
▶ 여권번호 NW1234567
◆ 비행기편 번호 혹은 선박 이름 OZ 601
▶ 호주내에서 체류할 주소 SYDNEY - STAMFORD HOTEL 주 NSW
▶ 다음 12개월 동안 호주에 머물 계획이십니까? 네 아니오
▶ 당신이 호주 시민이 아니라면
경력을 앓고 있습니까? 네 아니오
범죄 전과가 있습니까? 네 아니오

모든 질문에 대답하셔야 합니다 - 확실치 않으면 네에 X 표시하십시오
▶ 다음과 같은 물건을 호주에 갖고 들어오고 있습니까?:
1. 의약품, 스테로이드, 총포류 혹은 그밖의 무기나 불법약품 등 금지되거나 제한된 물건 네 아니오 V
2. 1125mL 이상의 술 또는 250개피 이상의 담배 또는 250g 이상의 담배 제품 네 아니오 V
3. 선물을 포함하여, 합계 금액이 호주불 $400 어치 이상되는 물건으로, 해외에서 샀거나 호주내에서 관세 그리고/또는 세금을 면제하여 구매한 물건 네 아니오 V
4. 사업/상업 용도의 상품/견본 네 아니오 V
5. 호주불 $10,000 상당 혹은 그 이상의 호주 혹은 외국화폐 네 아니오 V
6. 모든 형태의 식품류 - 말린 음식, 생음식, 절인 음식, 익혔거나 또는 익히지 않은 음식 포함 네 아니오 V
7. 목각 제품, 식물, 식물의 일부분, 전통 의약품 또는 약초, 씨앗, 구근, 짚, 또는 견과류 네 아니오 V
8. 동물, 동물의 일부분, 장비, 알, 생물학적 약제, 생물 표본, 새, 물고기, 곤충, 조개 껍데기, 양봉 제품, 애완 동물용 식품을 포함한 각종 동물 제품 네 아니오 V
9. 흙 또는 흙이 묻어있는 물건들 즉 운동 기구, 신발 등 네 아니오 V
▶ 10. 지난 30일 동안 호주 밖의 다른 나라의 농촌 지역을 방문했거나 농장의 가축과 접촉했거나 가까이 한 적이 있습니까? 네 아니오 V
▶ 11. 지난 6일 동안 아프리카나 남아메리카를 방문한 적이 있습니까? 네 아니오 V

선서
서명 홍길동
일 02 월 05 년 2005
이 카드를 뒤집으세요
Korean

그림 6.3 검역질문서 및 세관신고서 샘플

3. 출 · 입국심사 절차안내

1) 출 · 입국심사 절차

(1) 출 · 입국심사

검역 심사 후 입국심사대에서 출 · 입국신고서와 여권을 제출하여 해당국가로부터 입국 허가를 받는 과정이 입국심사다. 이는 입국자가 제출하는 서류를 통해 신분 확인 및 입국자격 심사를 하는 것으로 여권, 비자, 입국 목적 등을 확인하고 심사를 거쳐 입국 허가를 결정하는 과정이다.

입국수속은 입국자가 제출한 여권에 입국심사필 도장을 찍고 출·입국신고서E/D Card 중에 입국 신고서를 잘라 수거하고, 출국 신고서를 돌려주는 것으로 끝난다. 이때 출국 신고서를 여권에 스테이플러Stapler로 찍어주거나 끼워서 돌려주는데, 이 서류는 여행 후 해당국가를 출국할 때 사용되므로 분실하지 않도록 여행자에게 안내해야 한다.

일반적으로 입국심사는 내국인Nations, Residents과 외국인Foreigners, Aliens으로 구분되어 있으며, EU국가는 'EU'와 'Others'로 표기하기도 한다. 외국인 심사대에서 여권과 입국서류를 제시하면 여권에 입국 날짜가 표기된 입국심사필 도장Stamp을 찍어주는 것으로 끝난다. 이때 간단한 입국심사 질문을 하기도 한다.

그림 6.4 입국심사장

우리나라는 지난 2005년 출·입국신고서 작성 제출이 폐지되어 내국인 및 외국인 등록증 소지자는 서류를 제출하지 않는다. 그러나 대한민국에 미등록된 외국인이 입국할 때는 입국신고서를 작성하여 제출해야 한다. 또한 우리나라는 입·출국 심사에 소요되는 시간을 줄이고 여행자들의 편의를 위해 자동 입·출국관리시스템을 운영하고 있다.

일본, 미국 등 일부 국가에서는 테러와 범죄를 예방하기 위해서 개인식별정보 제공을 의무화하는 새로운 입국심사 수속을 도입하여 자국에 입국하는 모든 여행자의 지문 채취와 안면 사진을 찍고 있다. 이러한 입국심사 방식은 전 세례로 확산될 전망이다.

캐나다, 영국, 괌 등 일부 국가에서는 입국심사 시 귀국 항공권Return Ticket을 제시하도록 요청하므로 미리 여행자들에게 전자항공권을 배포해야 한다. 서유럽 대부분의 나라는 출·입국 서류를 작성하지 않고 통과하는 경우가 많으며, 독일의 경우에는 서류는 물론이고 입국 수속을 생략하고 있다. 한편, 동유럽이나 발칸유럽의 경우에 장거리 버스LDC로 이동하는 경우, 국경 통과 시 입국심사 시간이 다소 길어지는 경우도 있으므로 인솔자는 사전에 국가별 입국수속의 방법 및 시간을 숙지하여 여행자들에게 안내해야 한다.

중동 및 아프리카 북부에 위치한 일부 이슬람국가의 경우에는 입국자의 여권에 이스라엘의 입국 도장이 찍혀 있으면 입국 자체가 거부되기도 한다. 따라서 국외여행인솔자는 여행 일정 상 이스라엘을 먼저 방문하게 되는 경우에는 이스라엘 입국심사관에서 이러한 상황을 설명하고 여권이 아닌 별도의 용지에 입국 도장을 받도록 해야 한다. 이때 국외여행인솔자는 모든 여행자의 여권을 모아서 보여주어야 한다.

비자를 필요로 하는 국가의 경우는 입국심사가 까다로울 수 있으니 국외여행인솔자는 해당국가의 입국심사 방법을 사전에 숙지하고 여행자들에게 미리 설명해야 한다.

그림 6.5 입국심사대

(2) 입국심사 방법

일부국가들은 입국심사를 신속하고 효율적으로 진행하기 위해 개별심사와 단체심사로 구분하여 진행하기도 한다. 단체 전용심사 창구Group Lane가 운영되는 공항에서는 인솔자가 여행자들을 단체 전용심사 창구로 안내하여 신속하게 입국심사가 이루어지도록 한다.

입국심사 순서는 국외여행인솔자가 가장 먼저 통과한다. 이때 입국관련 질문을 받게 되면 단체여행자임을 밝히고 대표자로서 입국심사에 답변을 한다. 또한 상황에 따라서는 서류를 요청할 수 있으므로 여행자명단, 수배확정서, 예약기록PNR 등을 준비하여 제시한다. 입국심사관이 질문하는 내용은 일반적으로 입국 목적 및 체재일수, 체류할 호텔 등이며, 예상 질문에 대한 답변을 미리 준비해 두어야 하며, 인솔자는 언어소통에 필요한 해당언어 또는 영어실력을 갖추어야 한다.

여행자들이 입국심사 할 때 언어소통에 어려움이 있을 수 있으므로, 인솔자는 본인의 심사가 끝난 후에도 입국심사대 주변에서 대기하며 도움이 필요한 여행자가 발생할 경우 신속하게 대처한다. 그러나 일부국가에서는 입국심사대 주변에 대기하는 것을 금지하는 경우도 있으므로 현지의 공항 사정에 맞춰 행동한다.

4. 세관 절차의 안내

1) 세관 절차

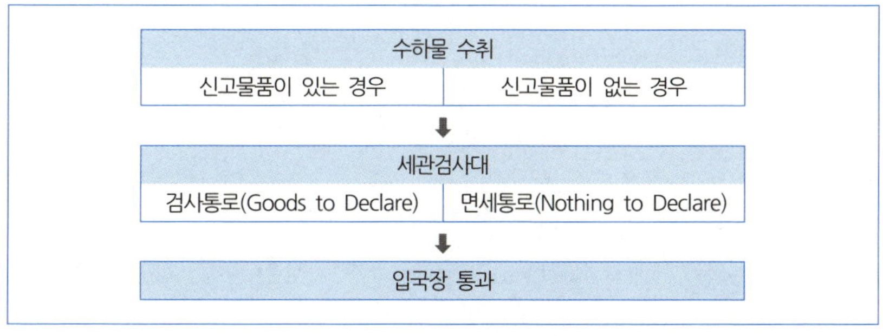

그림 6.6 세관의 통과절차

세관절차는 입국심사 과정 중 가장 마지막 단계이며, 입국심사를 마친 후 항공사에 위탁한 수하물을 찾아서 세관 검사대를 통과하게 된다.

(1) 위탁수하물 회수

목적지 공항에 도착하여 입국심사대를 통과하고 나면, 공항의 모니터에 항공기 편명에 대한 수하물 수취대의 번호가 표시된다. 인솔자는 해당 항공기의 수하물 수취대의 번호를 확인하여 여행자들에게 안내하여 수하물을 찾도록 한다.

수하물의 총 개수와 수하물 상태에 이상여부를 확인한 후, 문제가 없으면 세관심사대로 향한다. 짐이 많은 여행자들은 수하물용 카트Baggage Cart를 이용하도록 안내하고, 모든 수하물을 확인하고 나면 세관심사를 통과하여 입국장으로 나간다. 이때 비슷한 가방 모양으로 인해 수하물이 바뀌는 사고가 발생할 수 있으니 꼼꼼히 확인하도록 안내한다.

그림 6.7 수하물 수취대 및 안내전광판

2) 세관 통관

(1) 세관검사

여행자는 미리 준비해 둔 세관신고서를 세관 직원에게 제출하고 세관검사를 통과한다. 이때 '세관검사 안내표지Red Seal, Yellow Seal'가 부착된 짐은 세관 직원의 안내를 받아 휴대품검사를 받아야 한다.

국가에 따라 휴대품을 문형 금속탐지기에 통과시킨 후 세관원에게 서류를 제출하기도 하며, 이때 세관원이 의심되는 물품이 있다고 판단되면 수하물을 풀어 검사를 한다. 과세대상 품목이 있음에도 불구하고 세관신고를 하지 않거나 허위신고를 하여 적발되면 압류를 당하거나 벌금 또는 처벌을 받게 된다.

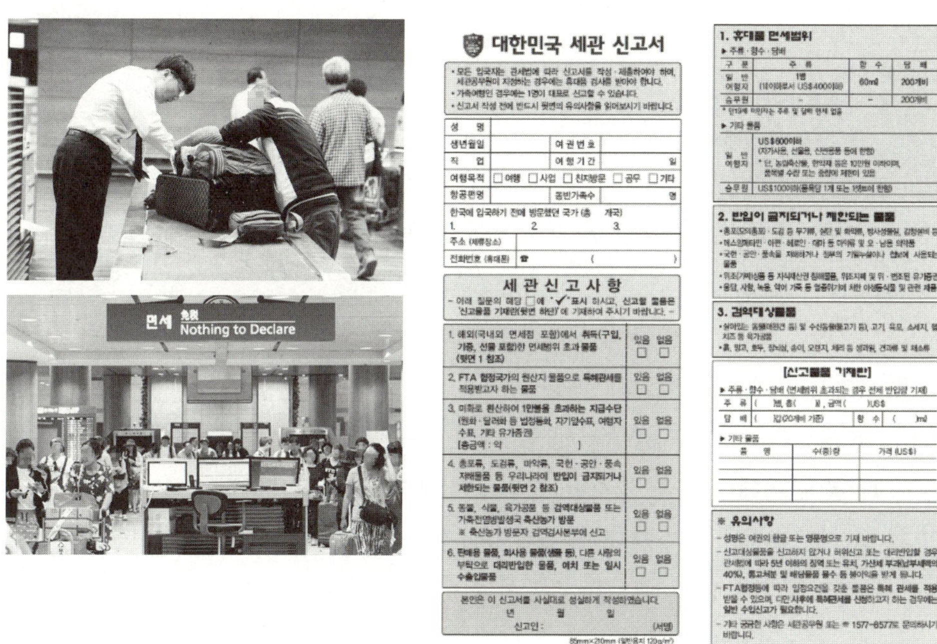

대한민국 세관 신고서

- 모든 입국자는 관세법에 따라 신고서를 작성 · 제출하여야 하며, 세관공무원이 지정하는 경우에는 휴대품 검사를 받아야 합니다.
- 가족여행인 경우에는 1명이 대표로 신고할 수 있습니다.
- 신고서 작성 전에 반드시 뒷면의 유의사항을 읽어보시기 바랍니다.

성 명			
생년월일		여권번호	
직 업		여행기간	일
여행목적	□여행 □사업 □친지방문 □공무 □기타		
항공편명		동반가족수	명

한국에 입국하기 전에 방문했던 국가 (총 개국)
1. 2. 3.

주소 (체류장소)	
전화번호 (휴대폰)	☎ ( )

세 관 신 고 사 항

- 아래 질문의 해당 □에 "✓"표시 하시고, 신고할 물품은 '신고물품 기재란(뒷면 하단)'에 기재하여 주시기 바랍니다. -

1. 해외(국내외 면세점 포함)에서 취득(구입, 기증, 선물 포함)한 면세범위 초과 물품 (뒷면 1 참조)	있음 □ 없음 □
2. FTA 협정국가의 원산지 물품으로 특혜관세를 적용받고자 하는 물품	있음 □ 없음 □
3. 미화로 환산하여 1만불을 초과하는 지급수단 (원화 · 달러화 등 법정통화, 자기앞수표, 여행자수표, 기타 유가증권) [총금액 : 약]	있음 □ 없음 □
4. 총포류, 도검류, 마약류, 국헌 · 공안 · 풍속 저해물품 등 우리나라에 반입이 금지되거나 제한되는 물품(뒷면 2 참조)	있음 □ 없음 □
5. 동물, 식물, 육가공품 등 검역대상물품 또는 가축전염병발생국 축산농가 방문 ※ 축산농가 방문자 검역검사본부에 신고	있음 □ 없음 □
6. 판매용 물품, 회사용 물품(샘플 등), 다른 사람의 부탁으로 대리반입한 물품, 예치 또는 일시 수출입물품	있음 □ 없음 □

본인은 이 신고서를 사실대로 성실하게 작성하였습니다.
년 월 일
신고인 : (서명)

85mm×210mm (일반용지 120g/m²)

1. 휴대품 면세범위

▶ 주류 · 향수 · 담배

구 분	주 류	향 수	담 배
일 반 여행자	1병 (1ℓ이하로서 US$400이하)	60mℓ	200개비
승무원	-	-	200개비

* 만19세 미만자는 주류 및 담배 면세 없음

▶ 기타 물품

일 반 여행자	US$600이하 (자가사용, 선물용, 신변용품 등에 한함) * 단, 농림축산물, 한약재 등은 10만원 이하이며, 품목별 수량 또는 중량에 제한이 있음
승무원	US$100이하(품목당 1개 또는 1셋트에 한함)

2. 반입이 금지되거나 제한되는 물품

- 총포(모의총포) · 도검 등 무기류, 실탄 및 화약류, 방사성물질, 감청설비 등
- 메스암페타민 · 아편 · 헤로인 · 대마 등 마약류 및 오 · 남용 의약품
- 국헌 · 공안 · 풍속을 저해하거나 정부의 기밀누설이나 첩보에 사용되는 물품
- 위조(가짜)상품 등 지식재산권 침해물품, 위조지폐 및 위 · 변조된 유가증권
- 웅담, 사향, 녹용, 악어 가죽 등 멸종위기에 처한 야생동식물 및 관련 제품

3. 검역대상물품

- 살아있는 동물(애완견 등) 및 수산동물(물고기 등), 고기, 육포, 소세지, 햄, 치즈 등 축가공품
- 흙, 망고, 호두, 잣나무, 송이, 오렌지, 체리 등 생과일, 견과류 및 채소류

[신고물품 기재란]

▶ 주류 · 향수 · 담배 (면세범위 초과되는 경우 전체 반입량 기재)

주 류	( )병, 총( )ℓ, 금액( )US$		
담 배	( )갑(20개비 기준)	향 수	( )mℓ

▶ 기타 물품

품 명	수(중)량	가격 (US$)

※ 유의사항

- 성명은 여권의 한글 또는 영문명으로 기재 바랍니다.
- 신고대상물품을 신고하지 않거나 허위신고 또는 대리반입할 경우 관세법에 따라 5년 이하의 징역 또는 유치, 가산세 부과(납부세액의 40%), 통고처분 및 체납물품 몰수 등 불이익을 받게 됩니다.
- FTA협정등에 따라 일정요건을 갖춘 물품은 특혜 관세를 적용받을 수 있으며, 다만 사후에 특혜관세를 신청하고자 하는 경우에는 일반 수입신고가 필요합니다.
- 기타 궁금한 사항은 세관공무원 또는 ☎ 1577-8577로 문의하시기 바랍니다.

그림 6.8 세관신고서 및 세관검사

① 면세출구Nothing to Declare

출구의 간판이나 램프 또는 바닥의 안내선Line이 녹색으로 되어있으며, 비과세 대상자는 이곳으로 통과하여 입국장으로 나간다. 일반적으로 Free Pass(무사통과)가 많지만, 세관원의 지시에 따라 X-ray 검색대에 통과시켜 검사를 받게 하는 경우도 있다.

② 과세출구Goods to Declare

출구의 간판이나 램프 또는 바닥의 안내선이 적색으로 되어있으며, 과세 대상자나

세관검사 안내 표지가 부착된 짐을 가진 여행자 또는 정밀검사 대상 여행자는 이곳으로 통과한다. 짐을 X-ray에 통과시킨 후에 세관원이 직접 가방을 열어 정밀조사를 하며, 과세 대상물품이 있을 경우에는 규정에 의한 세금을 부과하고, 반입금지 품목이 있을 경우에는 세관에서 압수하거나 예치Bond시켜 놓을 수 있다. 이때 예치된 물품은 다음출국 때 찾을 수 있다.

수하물 탁송 유의사항

- 정밀검사가 필요한 과세출구(적색)의 지정대상자
- 무신고자 중 우범성이 있는 여행자
- 밀수정보가 있는 자 및 감시대상자
- 우범표시(Seal) 부착물품을 소지한 자
- 기타 휴대품이 과대한 자 등

③ 국가별 면세 허용범위의 특징

각 국가는 여행자 휴대품 반 · 출입 제한 물품과 제한 기준을 정해두고 있으며, 동 · 식물류에 대해 검역에 합격한 경우에 한해 통관을 허용하는 반입 제한을 두고 있다. 즉 세관검사는 국가마다 면세범위와 검사기준이 다르므로, 국외여행인솔자는 사전에 해당국가의 관련 규정을 파악하고 있어야 한다.

표 6.1 우리나라 휴대품 통관정보

품 목	단 위	비 고
주류	1L, $400 이하 1병	단, 만 19세 미만의 미성년자가 반입하는 주류 및 담배는 제외
담배	궐련 – 200개비	
	엽궐련 – 500개비	
	기타 담배 – 250g	
향수	60ml	
기타		여행자가 출구할 때 반출물품으로 본인이 재 반입하는 물품
	정부, 지방자치단체, 국제기구 간에 기증 또는 통상적 선물용품으로 세관장이 타당하다고 인정하는 물품	

자료 : 인천본부세관 홈페이지

3) 세관 예치

세관 예치Bond는 여행자가 입국할 때에 면세허용 한도를 넘는 물건이나 입국할 국가에 반입이 금지된 물건을 보세창고에 예치시켜 보관하였다가 출국할 때 찾아가는 제도이며, 이 물품을 예치품이라고 한다. 짐을 예치시키면 보관표를 받아 출국일자, 항공편명 등을 알린다.

입국했던 공항에서 출국할 경우에는 항공사의 카운터에서 예치품을 인수하지만, 입국했던 공항이 아닌 다른 공항에서 출국할 경우에는 항공사의 책임 보관으로 처리되어 그 나라를 출국하여 최초의 도착공항에서 인수하게 된다. 세관예치는 무료인 경우도 있으나 대체로 약간의 보관료Bond Fee를 지불한다.

(1) 유치품

여행자가 입국할 때 휴대한 물품으로 세관의 통관 승인 또는 자격을 구비하지 못하여 세관이 이를 일정기간 유치 조치를 내린 물품을 말한다. 이러한 물품은 자격을 갖추어 통관하거나 출국할 때 반송이 가능하다. 여행자는 세관으로부터 발급받은 휴대품 유치증을 항공사의 체크인 카운터에서 제출하고 접수증을 교부받아 출국장 안에 있는 세관의 유치실에서 유치품을 반환받는다. 일반적으로 유치기간은 3개월이며, 기관장의 통고 후 1개월이 경과하면 국고에 귀속된다.

(2) 예치품

여행자가 입국할 때 반입 의사가 없는 휴대물품을 세관장에게 신고하여 일시적으로 세관의 보세창고에 예치한 물품을 말한다. 예치품은 출국 라운지 내에 위치한 보세창구에서 관세협회가 발급하는 예치증을 제시하고 반환받을 수 있다. 이때 창고에서 수수료를 지불해야 하며, 예치품이나 유치품의 중량이나 부피가 커서 기내휴대가 불가능할 경우는 탑승구에서 근무하는 항공사 직원에게 이를 제시하고 위탁수하물로 처리할 수도 있다.

02 수하물 수취 · 입국장 안내

1. 수하물 수취 장소안내

1) 수하물 수취장

수하물 수취는 입국심사 후 세관심사 이전에 이루어지는 과정이다. 입국심사를 마친 후에 항공사에 위탁한 수하물을 찾아서 세관검사대를 거쳐 공항 밖으로 나오게 된다. 수하물 수취장Baggage Claim Area은 입국심사 후에 'Baggage Claim'이라고 쓰인 안내 표지를 따라 이동하면 운항게시 모니터에서 이용 항공편명이나 탑승 도시명과 함께 수하물 수취대 번호가 게시되어 있다.

국외여행인솔자는 운항게시 안내 모니터를 참조하여 변경된 사항이 없는지 확인하면서 여행자들을 해당 항공기의 수하물 수취대로 인솔한다. 수하물 수취대에 이르면 콘베이어 벨트의 번호를 확인한 후에 수하물을 회수한다.

그림 6.9 수하물 수취장 및 안내표지

2) 수하물 확인

수하물 수취대의 번호를 확인한 후 콘베이어 벨트에서 수하물을 회수할 때 안전선

밖에 대기하도록 안내한다. 본인의 수하물을 회수하고 나면 한쪽에 대기하도록 안내하고, 수하물 꼬리표Baggage Tag 등을 통해 본인의 수하물이 맞는지 재확인하도록 한다. 또한 수하물의 파손과 내용물의 분실이 있는지 등 상태를 반드시 확인하도록 한다.

국외여행인솔자는 모든 여행자가 위탁수하물을 회수하면 인원과 수하물 개수를 재확인하고 출구로 인도하여 세관신고에 대한 안내를 진행한다.

3) 수하물 수취장 업무

수하물 수취장에서 한국에서 위탁한 수하물을 찾는다. 여권은 본인이 지니도록 하고, 세관신고서 작성여부를 재확인한다. 일행이 모든 위탁수하물을 수령하면 인원과 수하물을 다시 한 번 확인하고 출구로 인솔한다. 수하물을 이동시킬 때 짐수레Cart를 사용해도 상관없으나, 세관검사를 받아야 하므로 모든 수하물은 가족단위 또는 여행자가 각자 휴대하는 것이 바람직하다.

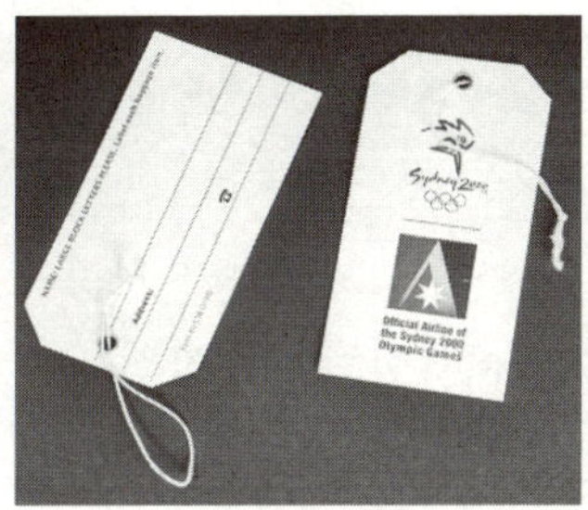

그림 6.10 수하물 꼬리표

2. 수하물 분실 · 파손 시 대처

1) 수하물 분실 · 파손 시의 대처방안

위탁수하물은 때로는 온전한 상태로 수취되지 않고 파손Damage되거나 분실Missing

및 지연Delay 도착되는 경우가 발생한다. 국외여행인솔자는 수하물 사고를 당한 여행자와 함께 해당 항공사의 수하물 사고신고소Lost and Found Office로 이동하여 수하물 사고보고서PIR : Property Irregularity Report를 작성하도록 도움을 준다. 신고할 때 여권과 탑승권, 항공권 및 수하물표를 지참해야 한다.

분실이나 파손이 있는 경우에는 즉각 세관통관 전에 해당 항공사의 직원에게 사실을 신고하여 필요한 경우에 변상조치를 받도록 해야 한다.

(1) 수하물 분실 시

수하물을 분실했을 경우에 세관통관 전에 해당 항공사의 수하물 분실신고센터에서 탑승 수속할 때 받은 수하물 수취증을 제시하고 지정된 수하물 사고보고서PIR에 수하물의 내용물, 귀중품 유 · 무, 수하물의 크기 및 형태, 색깔, 표식 등 외관상의 특징과 잠금장치 여부, 화물을 반환받을 수 있는 호텔명과 연락처 등을 작성하여 제출한다. 또 수하물이 바뀐 경우나, 기내에 짐을 두고 나온 경우에는 해당 항공사에 신고하고 기다려야 한다.

(2) 수하물 파손 시

수하물이 파손된 경우에는 손상 정도에 따라 보상에 차이가 있으나, 일반적으로 수선이 필요한 정도는 파손된 수하물의 수리비영수증을 첨부하면 실제비용으로 정산된다. 만약 수리가 불가하다고 판단되면, 해당 항공사의 보상규정에 따라 유사한 종류의 가방을 지급받거나 보상금을 지급받게 된다. 일부 저비용항공사의 경우에는 항공사 지정 수리센터를 통해 수선을 처리해 주기도 한다.

현지가이드와 미팅이 없는 경우에는, 여행자들에게 사고 상황을 설명한 후 신고를 마칠 때까지 잠시 기다리도록 양해를 구하고, 현지가이드와 미팅이 있는 경우에는 여행자들을 먼저 세관을 통과시켜 입국 환영홀에서 현지가이드와 만날 수 있도록 안내한다. 이때 현지가이드에서 현 상황을 알릴 것을 일행에게 부탁한다.

그림 6.11 수하물 분실 신고센터

(3) 지연도착Delay

위탁수하물이 기다려도 나오지 않는 경우가 종종 발생한다. 이럴 경우, 여권과 탑승권 및 수하물표 등 필요서류를 준비하여 유실물사무소에 가서 항공사 직원에게 수하물이 도착되지 않았음을 알린다. 인적사항, 항공일정과 수하물번호, 수하물의 모양과 색상, 크기 및 다른 특징 등 항공사 직원의 안내에 따라 수하물 사고보고서를 작성하여 신고한다. 1부는 수하물이 도착할 때까지 잘 보관하고, 수하물을 찾았을 때 받을 수 있는 호텔의 이름과 연락처, 현지여행사의 연락처 등을 기록하여 신속하게 수하물을 전달받을 수 있도록 요청한다.

수하물의 배송 오류사고는 의외로 흔히 발생하는데, 늦어도 3일 정도 이내에 항공사에서 호텔로 배달된다. 그러나 단체여행의 경우는 한 호텔에만 머무르는 것이 아니고 지역을 계속 이동하는 경우가 많으므로, 현지여행사(랜드사)를 통해 연락을 하도록 처리하고 인솔자는 현지여행사를 통해 연락을 받는 것도 좋은 방법일 수 있다. 수하물을 수취하면 가방의 손상이나 내부물품의 분실여부를 확인하도록 한다. 가방의 분실이나 지연 등의 상황이 발생하면 항공사로부터 지연보상금 및 서바이벌 키트를 지급받게 되며 구체적인 내용은 다음과 같다.

① 지연보상Out of Pocket Expense

위탁수하물이 도착하지 않은 경우에 세면도구나 간단한 속옷 등 임시 생활용품을 구매하라는 의미로 해당승객에게 지급되는 응급비용이다. 1회에 한해 미화 $50~100의 금액이 지급된다(항공사별로 상이). 단, 여행자가 연고지가 없는 지역에 숙박하고 있을 때만 제공된다.

② 서바이벌 키트Survival Kit

위탁수하물이 도착하지 않은 경우에 지급되는 응급용품으로, 일상생활을 하는 데에 필요한 세면도구, 간단한 속옷, 양말 등이 들어있다.

2) 수하물 사고의 보상범위

구 분	수하물 사고의 보상범위
1	항공사의 책임에 대해 현재 발효 중인 바르샤바협약(Warsaw Convention)에 의하면 분실(Missing)의 경우 최고 배상책임 한도액은 위탁수하물은 1kg당 미화 20달러이며, 휴대수하물의 경우 1인당 최대 미화 400달러 상당의 범위 내에서 입증된 손해액으로 제한된다.
2	몬트리올 협약(Montreal Convention)이 적용되는 경우는 1인당 1,000SDR(special drawing rights : 특별 인출권)가 된다. 그러나 사전에 보다 높은 가격을 신고하고 증가요금을 지불한 경우, 책임 한도는 신고가격으로 한다.
3	파손(Damage)의 경우는 수선했을 때는 파손된 수하물의 수선비 영수증을 첨부하여 실제비용으로 정산하며, 신품을 구입할 때에는 파손된 수하물의 원 구입가격에 감가상각비를 적용한 금액으로 설정된다.
4	도난(Pilferage)의 경우는 도난물품의 중량에 의한 최고 배상한도액과 승객 청구액 중 낮은 금액으로 보상된다.
6	지연(Delay)의 경우는 일용품 구입비로 미화 50달러 한도에서 해당 승객에게 1회에 한해 지불된다.

표 6.2 항공사별 수하물 수취지연 및 분실에 대한 배상

항공사	지 연		분 실
	이코노미	비즈니스	
대한항공	50달러	100달러	• 몬트리올조약(1999)에 따라 최대 1131 SDR(약180만 원)까지 배상함. 무게, 수하물 내용 등에 따라 협의 • 일부 바르샤바조약(1929)을 적용해 1kg 당 17~19SDR 또는 20달러를 적용
일본항공	영수증 (100달러 한도)	영수증 (150달러 한도)	
중국국제항공	300위안	500위안	
싱가포르항공	현지물가 수준에 따라 지급, 필요시 지사장 승인 하에 비즈니스 정장 구매도 가능		
에미레이트항공	공항에서 없음		
캐세이퍼시픽항공	5만 원	8만 원	

자료 : 머니투데이뉴스(2014.10.16)

3. 입국장 안내

1) 입국장

공항의 입국장이란 입국심사, 수하물 수취장, 세관심사의 시설물이 갖추어진 구역을 말한다. 입국절차에 따라 위탁수하물을 회수하고 세관검사를 통과하면 공항에서 필요한 수속은 모두 마치게 된다. 이때 세관검사가 끝나는 구역이 입국절차 상의 마지막 과정을 끝내는 구역이 된다. 입국장은 여행자들의 안전한 입국을 위해 필요한 서비스를 지원하고 여행자의 잃어버린 물건을 되찾아주거나 여행자의 불편을 해결해주는 곳이다.

사전에 현지여행사 또는 현지가이드와 약속한 입국장 출구가 있다면 해당 출구를 확인해야 하며, 사전에 약속한 출구가 없다면 개인 및 단체 출구가 구분되어 있는지 확인하고 이동한다.

2) 입국장 업무

입국절차에 따라 모든 수속이 끝나면 인솔자는 여행자들을 인솔하여 입국장으로 향한다. 현지가이드가 미팅을 나와 있는 상황이라면, 가이드를 확인하고 미팅한다. 여행자들이 모두 입국장으로 나오면 다시 한 번 인원점검을 실시하고, 급한 용무가 있는 분들을 위해 잠시 휴식시간을 갖는다.

그림 6.12 공항 입국장(환영홀)

03 가이드 미팅하기

1. 가이드의 미팅장소 확인

1) 환영홀

입국장의 출구를 나오면 환영홀이라고 하는 입국 대기구역Arrival Waiting Area이 있는데, 이곳이 현지가이드를 만나는 장소이다. 입국장 출구를 통과하여 출구에서 대기하고 있는 현지가이드를 만난다. 많은 사람들이 환영 홀에서 대기하고 있으므로 미리 약속된 장소 및 팻말 등을 확인하여 신속하게 가이드를 만날 수 있도록 한다.

환영 홀 안의 안내 카운터에서 호텔, 택배, 관광 및 지도, 항공사 도착안내, 교통 및 렌터카 등의 안내를 받을 수 있다.

2) 가이드와의 만남

입국장 환영 홀에는 현지가이드(또는 보조가이드)나 운전기사가 여행사 이름이나 단체명을 적은 팻말Signboard을 들고 기다리고 있으므로 쉽게 찾을 수 있다. 인솔자는 팻말을 주의 깊게 살펴보고, 발견하면 손을 가볍게 흔들어 인사하고 여행자를 현지가이드에게 인계하는 업무를 진행한다.

유럽의 경우는 노가이드No Guide 구간이 많아, 첫날 가이드 미팅을 하지 않는 경우도 있다. 이때는 운전기사와 미팅Meeting을 해야 하며 사전에 운전기사의 이름 및 연락처, 차량번호 등을 확인하여 숙지하고 있어야 한다. 운전기사가 팻말을 들고 기다리는 경우도 있지만, 인솔자가 직접 대형버스 주차장에 가서 차량번호로 확인하여 미팅을 해야 하는 경우도 있다. 이때 여행자들은 환영홀 한쪽에 잠시 모여 있게 하고, 인솔자는 신속하게 차량번호 및 운전기사를 확인한 후 되돌아와 여행자들을 인솔하여 차량에 탑승시킨다.

2. 현지 공항에서 가이드의 소개

1) 현지가이드와의 만남

(1) 가이드를 만났을 때 업무

① 공용 편의시설 용무

현지가이드와 만나면 간단히 인사를 나누고, 여행자 중에 급한 용무가 있으신 분을 확인하여 공항 화장실을 이용할 시간을 준다.

② 인사와 간단한 협의

여행자가 급한 용무를 보는 사이에 인솔자는 현지가이드에게 여행자의 특성 및 특이사항 등을 간단하게 알려주어, 안내하는데 도움이 되도록 한다. 그리고 일정 중에 변동은 없는지 확정서와 가이드가 가지고 온 일정표를 대조하여 확인하고 점검한다. 기타 상세한 협의는 호텔 체크인 후에 진행한다.

(2) 현지가이드 소개

국외여행인솔자와 현지가이드의 서로 존중하는 언어와 행동은 여행자에게 가이드와 인솔자에 대한 믿음과 신뢰를 준다. 따라서 서로 간에 필요 이상으로 친밀감을 과시하지 않도록 주의하며, 안면이 있는 가이드라 하더라도 높임말을 사용하여 서로 존중하도록 한다.

① 가이드의 소개방법

입국장에서는 가볍게 가이드임을 알려주는 정도로 인사를 하고, 버스에 탑승한 후 본격적으로 소개한다. 가이드 미팅 시 명함을 주고받아 이름을 확인하고, "이번에 우리 단체를 위해 관광안내를 맡아 수고해 주실 현지가이드 OOO 부장님입니다. 앞으로 잘 부탁드립니다."라고 소개한다. 간단한 소개가 끝나면, 현지가이드가 선두에 서고 인솔자는 맨 뒤에서 여행자들을 대기 중인 차량으로 인솔한다.

3. 차량의 탑승 위치 안내

(1) 차량의 탑승 위치

현지가이드가 미팅을 나오는 경우에는 가이드의 안내에 따라 차량으로 이동하면 되므로, 인솔자는 가이드의 지시 하에 여행자들을 잘 인솔하여 이동하면 된다. 그러나 현지가이드와 미팅이 없는 경우에는 버스의 운전기사와 미팅하여 차량 위치를 물어본 후 여행자들을 이동시킨다.

(2) 수하물 탑재

여행자들이 버스에 탑승할 때 위탁수하물은 버스 아래 짐칸에 싣는다. 이때 여행자는 짐칸 앞에 수하물을 놓아두면 운전기사가 짐을 차에 싣도록 한다. 인솔자는 옆에서 짐이 분실되지 않도록 감독하며 마지막으로 인솔자의 짐까지 싣고 나면 차량에 탑승한다. 이때 포터를 이용했다면 포터비용을 지불하고 차량에 탑승한다.

(3) 차량 탑승

인솔자는 수하물 탑재가 끝나면 짐칸의 문이 닫힌 것을 확인한 후 현지가이드와 함께 버스에 승차한다. 버스의 맨 앞줄은 여행자들의 안전 및 원활한 일정 진행을 위해 비워두도록 미리 안내하고, 인솔자과 가이드가 그 자리에 앉는다. 차량에 탑승한 후 다시 한 번 인원점검을 실시하고 여권 및 귀중품을 재확인하도록 안내한다. 모든 수속이 끝나면 차량을 출발시키고, 정식으로 인솔자와 가이드의 소개 및 인사한다.

그림 6.13 차량탑승 및 공항 미팅보드

평가문제

01⁄ 입국을 위해 통과해야 하는 수속단계와 순서를 제시하시오.

02⁄ 입국심사를 위해 준비해야 하는 서류의 종류를 제시하시오.

03⁄ 대한민국 입국 시 면세 허용범위를 제시하시오.

04⁄ 수하물의 지연 또는 분실 시 인솔자가 취해야 하는 조치방법을 제시하시오.

05⁄ 차량탑승 시 인솔자의 좌석과 여행객들에게 좌석을 안내하는 방법을 제시하시오.

NCS활용

국외여행인솔실무

CHAPTER 07

국외여행 행사관리

학 | 습 | 목 | 표

국외여행안내 시 현지 일정을 점검하고 현지 가이드와 일정의 협의 및 지원을 할 수 있다.

학습모듈의 내용체계

학 습	학습내용	수 준
1. 일정점검 업무	1-1. 전체 및 세부일정 점검안내 업무	3
	1-2. 행사진행 특이사항 파악 업무	
2. 일정협의 업무	2-1. 전체일정 협의 업무	3
	2-2. 선택관광 안내 업무	
	2-3. 쇼핑관광 안내 업무	
3. 가이드지원 업무	3-1. 가이드지원 업무	3
	3-2. 일정 변경사항 협의 업무	
	3-3. 현지여행사 입장조율 업무	

01 일정 점검

1. 전체 및 세부일정 점검

1) 행사확정서 개념

행사확정서Final Confirm Sheet는 최종적으로 확정된 현지수배 내용(숙박, 식사, 교통편, 현지관광 내용 등)과 행사조건 등이 기재된 서류로 국외여행인솔자TC : Tour Conductor가 여행사의 수배담당자(상품 담당자)로부터 인수받아야 할 가장 기본적이며 중요한 서류이다. 행사확정서는 현지에서 행사를 진행할 현지여행사Land Operator : 랜드사, 지상수배업자가 여행사의 상품담당자에게 여행 출발 전에 송부하는 여행서류로써, 국외여행인솔자는 행사확정서를 확인하고 현지에서 진행되는 행사일정이 확정서와 동일하게 행사가 진행되어야 한다.

2) 행사확정서의 구성과 유형

행사확정서는 상품(행사)명, 여행기간과 일시, 여행 인원, 객실 유형, 여행 지역, 현지가이드 정보와 이용 교통편, 숙박, 식사, 관광지 등 현지 수배 내용으로 구성된다. 그 양식은 대략적인 여행 일정 내용만 기재된 행사확정서부터 식당의 주소와 메뉴까지 기재된 행사확정서에 이르기까지 회사마다 다양한 양식을 사용하고 있다.

표 7.1 국외여행 확정서 구성요소

① 상품명(행사명)	② 여행기간과 일시
③ 여행인원	④ 객실유형(Room Type)
⑤ 현지관광지 및 관광정보	⑥ 교통편(항공/선박/철도/버스 등)과 시간
⑦ 호텔정보(등급, 주소, 전화번호)	⑧ 식사 정보(메뉴 등)
⑨ 현지가이드 정보(현지가이드명, 전화번호)	

3) 여행 조건 및 견적서 개념

(1) 견적서의 개념

여행견적서Travel Quotation는 여행과 관련된 여행공급자(현지여행사/랜드사)가 주문자인 여행사에 공급 가능한 여행의 기본구성 내용과 부대서비스 내용을 기재하여 주문 여행사에 제출하는 문서로, 이를 여행 견적서라고 한다. 대부분의 여행사들은 행

표 7.2 여행 견적서

JPW TRAVEL
여행 견적서

수 신	JPW 여행사/ㅇㅇㅇ님	발 신	JPW1 TRAVEL
전화번호	0000-0000	PAGE	2 PAGE
팩스번호	0001-0001	날 짜	28. JAN 2018
행 사 명	서유럽 4개국 10일 PTY/OZ1430511		
행사기간	2018.3.12.~3.21.		

1. TOUR COUORSE : (현지 TOTAL : 8N(NIGHTS) 10D(DAYS))

ICN – LON(1) – E/STAR – PAR(2) – TGV – INT(1) – MIL(1) – VCE(1) – ROM(2) – ICN

2. TOTAL NET FARE

인 원	1인 요금
22+01 FOC	EUR 1620-
SGL SUPP	EUR-

3. INCLUDED
- 호텔 FIRST급 TWB ROOOM 사용 기준
- 전일 조식(BUFFET OR AMERICAN) 포함, 중식 8회, 석식 8회 포함
- 입장료 : 루브르박물관, 에펠탑+세느강 유람선(야간), 베르사유궁전, 융프라우, 베네치아 곤돌라, 폼페이 유적지, 바티칸박물관
- 2ND CLASS E/STAR, TGV 포함
- 기사, 가이드, 식당 TIP포함

4. EXCLUDED
- 현지 개인경비

5. 일정표 첨부

사가 확정된 후 다수의 현지여행사(현지여행사의 한국사무소)에 여행 조건 및 견적서를 요청, 지상가격 및 여행조건을 비교 후에 행사 조건이 가장 적절한 현지여행사를 선택 행사를 진행한다.

(2) 여행 조건 및 견적서 구성

여행조건 및 견적서는 국가, 지역, 현지여행사에 따라 형식과 내용이 상이하지만 일반적으로 상품(행사)명, 여행기간, 여행경비, 싱글요금, 여행지역, 포함 사항 · 불포함 사항, 현지 안내원 등으로 구성된다.

표 7.3 여행조건 및 견적서 구성요소

① 상품명(행사명) ② 여행기간과 일시 ③ 여행경비 ④ 호텔(Single Charge) 요금 ⑤ 요금 내 포함 사항(항공료, 숙박, 식사, 교통편, 비자, 입장료, 공항세 등) ⑥ 현지 안내원 유 · 무 ⑦ 요금 적용기간 ⑧ 요금 내 불포함 사항 ⑨ 현지정보

4) 여행 일정표

(1) 여행 일정표의 개념

여행 일정표Itinerary는 무형의 여행 현상을 유형의 상품으로 전환시키는 구체화된 문서로서 여행기간 동안의 구체적인 일정이다. 여행 일정표와 행사확정서의 내용은 유사할 수 있는데, 여행 일정표는 여행가가 여행자에게 제공하는 여행자용 여행 일정이고, 행사확정서는 현재의 여행사가 행사를 주최하고 여행자를 모집한 여행사에게 제공하는 최종 확정된 여행 일정이라고 할 수 있다. 여행상품의 주체가 여행사일 경우 불특정다수의 일반여행자를 기준으로 하므로, 여행사는 일반적인 여행상품을 개발하며 여행자의 주문에 의한 것일 경우Oder Made Tour에 주체여행자(회사/단체)의 희망과 조건에 적합한 여정으로 작성한다.

(2) 여행 일정표의 구성

여행 일정표에는 여행 날짜별 여행지 관광내용, 이용 교통수단, 쇼핑횟수, 숙박장소, 식사 등 여행의 전반적 일정과 여행 시 제공서비스 내용, 현지 유의사항이 포함된다.

표 7.4 여행 일정표 구성요소

① 상품명(행사명)
② 여행 기간(여행 출발일과 도착일)과 일시
③ 공항 미팅시간 및 공지사항
④ 항공 이용편명, 현지 교통편
⑤ 숙박정보(호텔명, 주소, 전화번호)
⑥ 식사정보(식사의 포함 유·무, 식사 종류 등)
⑦ 현지여행날짜별 지역명 및 관광 세부일정
⑧ 선택관광, 쇼핑관광 정보

2. 행사진행 특이사항 파악

1) 행사 관련 정보와 지식

(1) 현지 관련 정보

출장 전 해당국가나 지역에 대한 일반적인 정보를 인터넷, 서적 등 다양한 매체를 통해 수집한다. 현지 관련사항으로는 전반적인 해당국가의 역사·정치·경제·사회·문화·기후·지리·치안 및 위생·시차, 출·입국수속 및 세관여행 시 주의사항과 유의사항 등이 있다.

(2) 여행상품 관련 정보

출장 전 여행상품과 관련된 정보를 본사 담당자, 현지여행사 등을 통해 수집한다.

여행상품 관련 정보가 필요한 사항으로는 관광지 정보 및 일정 · 숙박시설 · 식당 · 메뉴 등 식당 관련 · 선택관광 · 쇼핑관광 · 현지 교통관련 사항 등이 있다.

2) 고객 관련 정보와 지식

(1) 고객명단

고객 관련 기본정보는 판매담당자 혹은 상품담당자가 작성한 고객명단Name List/Passenger List으로 연령 · 성별 · 동반 가족수 등을 미리 파악할 수 있으며, 출발 전 설명회 · 사전 전화통화 등 사전접촉을 통해 여행자들의 정보를 미리 숙지하고 있어야 한다.

표 7.5 고객명단(Name List)

	성 별	이 름	생년월일	여권번호	주 소	전화번호	동반자
1	남	홍길동	760101	y123456	강남 대치동		
2							
3							
4							
5							
6							
7							
8							
9							
10							
11							
12							
13							
14							
15							

(2) 여행자들과의 직접 접촉

그 밖의 정보는 여행 도중 여행자들과의 접촉을 통해 얻을 수 있다. 직업 · 가족관계 · 거주지역 · 국외여행 경험 · 여행 중 불만사항 · 개별 특이사항 등 원활한 여행진행을 위해 고객정보는 행사진행에 큰 도움이 된다.

3) 행사진행 기본사항

(1) 여행자들에게 제공된 여행 일정표를 기준으로 진행

최종 확정서, 여행 일정표, 여행조건 및 견적서를 비교하되, 내용에 차이가 있을 경우는 고객들이 소지하고 있는 여행 일정표를 가장 최우선으로 고려한다.

(2) 매일 모든 일정을 확인

현지가이드와 매일매일 모든 일정을 자세히 검토하고 재확인한다. 특히 교통편, 그날의 숙박호텔, 여행일정, 식사는 매일 사전에 매번 확인 검토한다.

(3) 일정 중 세부사항 구체적으로 파악

일정 중 확정서와 여행 일정표에 나와 있지 않은 세부사항, 즉 관광지에서 다음 관광지까지의 소요시간, 버스 이동 도중 휴게실과 화장실 여부, 노인이나 어린이에게는 힘들 수 있는 관광지 등이 기재되어 있지 않은 경우 구체적인 정보를 파악한다.

(4) 예정에 없는 일정은 지양

예정된 일정과 다른 일정이 즉흥적으로 진행 문제가 발행되면, 국외여행인솔자는 현지에서의 일정 진행에 책임이 있으므로 일정에 없는 것은 가능한 한 지양한다.

02 일정 협의

1. 전체일정 협의

1) 여행일정표 기반에 의한 일정 협의

현지가이드와 일정 협의에 있어 가장 유의할 것은 일정이 여행객들이 가지고 있는 여행일정표에 의해 진행되어야 한다. 행사확정서는 여행사와 현지여행사와의 계약이며, 여행일정표는 여행사와 여행객과의 계약이기 때문에 여행일정표를 우선으로 협의되어야 한다.

2) 현지상황 변동에 따른 협의

국외여행에서 확정된 여행일정은 가급적 변동되지 않는 것이 바람직하다. 그러나 현지사정에 의한 교통상황이나 치안 및 그 밖의 현지의 환경 변수에 의해 일정 변동이 발생될 수 있다. 현지상황으로 인해 일정 변동이 생겨 협의가 필요한 경우, 여행객에게 일정 변경의 불가피한 상황을 자세히 설명하고 이해 및 동의를 구해야 한다. 국외여행인솔자는 여행객들의 안전을 최우선적으로 고려하여 협의가 이루어져야 한다.

3) 여행객의 편의를 위한 협의

여행객의 편의와 만족을 고려하여 일정 변경을 협의할 수 있다. 일행에 노약자 및 어린이가 많을 경우 도보와 같은 노선을 최소화로 변경, 또는 관광목적지에 교통체증으로 시간이 지체될 것이라 판단될 경우 방문지의 동선을 변경, 여행객들의 편의 및 만족을 고려하여 국외여행인솔자는 현지가이드와 현지상황을 수시로 파악하여 일정을 협의 조정한다.

2. 선택관광 협의

1) 선택관광의 개념

선택관광은 부대서비스 요인으로 "일정에는 포함되어 있지 않지만, 개인적으로 비용을 지불하여 자발적 참여의사에 의해 이루어지는 관광"을 말한다. 선택관광으로 인한 수익은 쇼핑관광과 함께 국외여행인솔자와 현지가이드의 주요 수입원이 된다. 선택관광에는 여행사가 주도하는 현지에서의 선택관광과 여행자들이 주도하는 선택관광으로 구분할 수 있는데, 여행사 주도는 '파리의 세느강 유람선 탑승'처럼 지역적 특색을 갖추고 일반적으로 잘 알려진 형태의 관광이며, 여행자가 주도하는 선택관광은 여행자들이 원하여 국외여행인솔자가 인솔해 주기를 요청하는 관광이다.

2) 선택관광의 수행

여행사가 주도하는 선택관광은 이미 현지에서 상품화되어 있는 것으로, 현지가이드의 도움을 받아 어려움 없이 수행할 수 있으나, 여행자가 주도하는 선택관광은 참가 여행자의 유형에 따라 원하는 선택관광이 상이하므로 현지가이드가 수용하기 곤란한 내용도 있다. 여행 참가자가 주도하는 선택관광은 다양한 여행자가 참가하는 일반패키지 투어에서는 수용할 필요가 없으나, 인센티브 투어에서는 무리한 요구가 아니라면 현지가이드와 협의하여 진행하는 것이 좋다.

3) 선택관광의 유형

선택관광은 목적지국가와 지역과 환경에 따라 다양하다. 일반적으로 잘 알려져 있는 선택관광에서부터 인지도가 높지는 않으나 만족도가 높은 선택관광에 이르기까지 다양한 선택관광이 존재한다. 국외여행인솔자는 구체적인 선택관광 정보를 가지고 여행자들에게 선택관광에 대해 자세한 설명을 해줄 수 있어야 하며, 해당국가와 지역의 일반적으로 잘 알려진 선택관광지에 대한 지식을 가지고 있어야 한다.

표 7.6 아시아지역 선택관광

국 가	지 역	선택관광 명	소요시간	내 용
타이	파타아	알카자/티파니 수상 스포츠 전통 마사지 코끼리 트레킹 바이욕 뷔페	1시간 20분 1~1시간 30분 20~30분 1시간	트랜스젠더쇼 제트스키/시 워킹 등 마사지 코끼리트레킹 전망뷔페
필리핀	마닐라 세부	어메이징쇼 히든밸리 스쿠버다이빙 호핑투어 마사지	1시간 30분 1~2시간 1시간 30분 3시간 1시간	극장식쇼 자연휴양지 스쿠버다이빙 해양관광 마사지
인도네시아	발리	데이 크루즈 게짝 댄스 래프팅 선셋 디너 크루즈	6시간 1시간 4시간 3시간	스노클링, 원주마을 민속춤 래프팅 디너 크루즈
중국	베이징 상하이	발 마사지/전신 마사지 인력거 투어 서커스	1~1시간 30분 1~1시간 30분 1시간 30분	마사지 옛골목 인력거 투어 서커스
홍콩	마카오 중국 심천 홍콩 시내	마카오 투어 심천 투어 나이트 시티 투어	반일 반일 2시간	카지노관람 등 민속촌방문 등 야경 투어
싱가포르	싱가포르	나이트 투어 나이트 사파리 리버 보트	1시간 1시간 30분 1시간	트라이쇼(인력거) 투어 야간 동물원관광 소형 보트관광

표 7.7 유럽지역 선택관광

국 가	지 역	선택관광 명	소요시간	내 용
터키	이스탄티불 카파토키아 안탈리아	밸리댄스 야경 투어 열기구 투어 유람선	2시간 2시간 3시간 1시간	민속춤 야간 시내투어 열기구 투어 유람선 투어
프랑스	파리	리도쇼/물랑루즈쇼 센강 유람선 에펠탑 관람	2시간 1시간 30분 1시간	극장식쇼 유람선 탑승 에펠탑 전망대
오스트리아	빈 인스부르크 잘츠부르크	비에나음악회 티롤쇼 유람선+케이블카	1시간 20분 1시간 30분 1시간 30분	클래식음악회 민속춤 유람선+케이블카
스페인	그라나다 바르셀로나	플라멩코 야간 투어	1시간 30분 1시간 30분	민속춤 야간 도심투어

국 가	지 역	선택관광 명	소요시간	내 용
그리스	아테네	아테네 야간투어	1시간	아테네 야간투어
이탈리아	로마 베니스	벤츠관광 곤돌라	3시간 40분	벤츠 이용 시내관광 곤돌라 승선
슬로베니아	블레드	블레이드섬	1시간 30분	섬관광
크로아티아	두브로브니크	성벽 투어 두브로브니크 유람선	2시간 40분	케이블카와 성벽투어 유람선 투어

표 7.8 기타지역 선택관광

국 가	지 역	선택관광 명	소요시간	내 용
미국	라스베이거스 뉴욕 버팔로	주블리쇼 경비행기 스카이라이드 제트보트	2시간 1시간 1시간 2시간	극장식쇼 그랜드 캐니언투어 엠파이어 스테이트빌딩 전망대 나이아가라폭포 주변
캐나다	온타리오	나이아가라 폭포 투어	2시간	나이아가라폭포 투어
호주	시드니 포트스테판	시드니 야경 투어 하버 브리지 전망대 돌핀 크루즈	3시간 2시간 2시간	나이트 투어 전망대 돌고래 탐방
뉴질랜드	퀸스타운	퀸스타운 제트 보트 번지 점프, 패러글라이딩	30분 30분	제트보트 번지점프, 패러글라이딩
	크라이스트 처치/밀포드	관광 경비행기/관광 헬리콥터	1시간	경비행기/헬리콥터관광

3. 선택관광 시 주의사항

선택관광은 현지가이드나 국외여행인솔자의 주된 수익원이 된다. 수익 확보를 위해 무리하게 추진하는 경우도 있으나, 선택관광에 참여하지 않는데 대한 추가적인 비용이나 일정상의 불이익은 없어야 한다. 또한 일정이 끝난 후에 진행하도록 하며 선택관광을 하지 않는 여행자에게 피해가 가지 않도록 한다. 선택관광에 참여하지 않는 여행자들을 고려하여 가능한 한 자유시간이나 일정이 끝난 후 진행하는 것이 바람직하다. 일정상 어쩔 수 없이 중간에 진행해야 하는 경우에는, 반드시 양해를 구하고 참여하지 않는 여행자가 불편하지 않도록 배려한다. 최근 많은 여행사가 여행 일정 자체에 선택관광 정보를 포함하여(선택관광 설명, 소요시간, 가격 등) 선택관광으로 인한 여행자들의 불만을 최소화하기 위해 노력하고 있다.

표 7.9 선택관광 진행 시 주의사항

① 여행자들에게 정확한 정보를 제공한다. ② 현지가이드와 협의하여 적절한 선택관광을 선택, 지나친 권유 및 강요를 하지 않는다. ③ 선택관광 설명 및 권유는 현지가이드에게 맡긴다. ④ 선택관광을 원하지 않는 여행자들에게 피해를 주지 않도록 스케줄에 주의한다. ⑤ 일정에 차질이 없는 범위에서 진행한다.

4. 쇼핑관광

1) 쇼핑관광의 개념

여행에서 쇼핑은 중요한 요소인 동시에 쇼핑 자체가 목적이 되기도 한다. 여행자들은 여행 기념으로 현지 지역을 대표하는 기념품 및 토산품, 특산물 등을 구매하고 싶어하고, 쇼핑은 여행자에게 또 하나의 즐거움으로 나타나기도 한다. 이는 각 국가나 지역마다 그 지역에서만 볼 수 있는 특산품들이 존재하기 때문이다.

2) 쇼핑관광의 구조

현지여행사는 부족한 지상비를 보조하는 수단으로 쇼핑관광을 진행하며, 현지가이드와 국외여행인솔자의 경우 실직적인 수입이 쇼핑과 선택관광에서 발생한다. 이러한 이유로 여행자들은 여행사 상품에 포함되어 있는 쇼핑을 부정적인 시각으로 바라보는 여행자들이 존재하기 때문에, 현지에서 지나친 쇼핑 일정과 구매 권유는 국외여행인솔자나 현지가이드를 불신하는 이유가 되기도 한다. 그러므로 지나친 구매 권유는 피해야 한다.

3) 각 나라의 특산품

각 나라의 주요 토산품은 표 7.10과 같다.

표 7.10 국가별 대표적 쇼핑관광

국 가	쇼 핑
〈아시아〉	
일본	전자제품, 양식진주, 자기제품, 칠기, 자기
타이완	상아제품, 산호, 차, 옥공예품, 라텍스제품, 대리석, 과자(펑리수)
타이	상아제품, 실크, 악어가죽제품, 보석(루비, 사파이어), 라텍스
중국	한약, 차, 옥공예품
필리핀	목공예품, 조개세공품, 진주
인도네시아	바틱제품, 목공예품, 은세공품
말레이시아	주석제품, 바틱제품, 나비표본, 라텍스제품
싱가포르	브랜드상품, 악어가죽제품, 보석
홍콩	브랜드상품, 시계, 보석, 카메라, 라텍스제품, 차/한약, 면세점
네팔	조끼, 금은세공품, 수공예품
인도	실크제품, 사리, 상아제품, 대리석, 헤나
파키스탄	주단, 자수, 견직물, 티크, 세공품
〈유럽〉	
영국	자기류, 레인코드, 캐시미어 스웨터, 위스키, 양복지
이탈리아	와인, 가죽제품, 유리세공품, 브랜드상품, 가구
프랑스	와인, 브랜 상품, 화장품/향수, 패션의류
스위스	시계, 칼, 등산용품, 자수제품, 치즈, 초콜릿
스페인	가죽제품, 레이스제품, 도자기, 금속공예품, 올리브제품
〈유럽〉	
포르투갈	코르크제품, 포도주
노르웨이	스웨터, 모피류, 민예품
네덜란드	다이아몬드, 치즈, 인형, 도자기
덴마크	은제품, 음향기기
핀란드	모피, 도자기, 유리제품
헝가리	공예품, 토카이와인, 올리브유 및 비누
불가리아	장미핸드크림, 화장품
체코	크리스털, 가닛, 호박 자수제품 등
오스트리아	시계, 명품가방, 크리스털, 자수제품
터키	향료, 차, 민속공예품, 면직류, 양탄자

국 가	쇼 핑
〈미주〉	
미국	스포츠용품, 청바지, 의류
멕시코	가죽제품, 금은세공품, 데킬라
브라질	커피, 보석, 악어가죽, 은제품, 나비표본
칠레	등제품, 목공예품, 직물
아르헨티나	마테차
페루	모피제품, 은제품, 인디오 수직제품, 직물
〈대양주〉	
뉴질랜드	양털제품, 마리오공예품, 과일, 꿀, 로열젤리
호주	무스탕, 오팔, 로열젤리, 양털제품, 꿀, 스쿠알렌
〈아프리카〉	
이집트	파피루스, 보석, 금은세공품
모로코	가죽제품, 양탄자, 수직제품
남아프리카 공화국	다이아몬드
케냐	가죽제품, 금은세공품, 커피
이스라엘	다이아몬드

4) 면세와 관세 통관

(1) 면세와 통관의 범위

국외여행인솔자는 여행자들에게 쇼핑을 안내할 때 면세와 관세의 통관에 대한 내용을 숙지하고 여행자들에게 설명할 수 있어야 한다. 면세 통관의 경우는 아래의 범위에 국한된다.

표 7.11 면세 통관의 범위

① 1인당 해외에서 취득(무상 포함)한 물품 및 구입물품의 총 가격이 미화 60달러 미만인 경우 면세를 받을 수 있다(2014.9.5. 이후).

② 아래의 물품은 1인당 면세금액에 포함되지 않는다.
- 주류 1L, 미화 4달러 이하 1병
- 궐련 200개피, 엽궐련 50개비, 기타담배 250g 향수 60ml
- 여행자가 출국할 때 반출 신고한 물품으로 본인이 재 반입하는 물품

(2) 관세 통관

여행자 휴대품으로 인정된 물품의 통관은 통관 절차에 따르고, 여행자 휴대품으로 볼 수 없는 물품은 일반수입 통관 절차에 따라 통관할 수 있다. 여행자가 휴대품을 반입할 때 납부세액(금)은 아래와 같이 계산한다.

표 7.12 여행자 휴대품 반입 때 납부세액(금) 계산

- 세액(금) = 과세가격×세율(간이세율)
- 과세가격 = 외국에서 물품을 살 때 실제 지불한 가격(영수증에 표시된 가격)
- 세율 = 주요 수입품에 대한 간이세율표 상의 세율

표 7.13 주요품목 간이세율

간이세법	품 명	간이세율	비 고
201	보석, 진주, 별갑 신호, 호박 및 상아와 이를 사용한 제품(과세가격, 185만 2,000 초과 시)	185만 2,000원 초과 금액의 50%+37만 400원	개별소비세 20%
202	귀금속 제품(과세가격 185만 2,000원 초과 시)	185만 2,000원 초과 금액의 50%+37만 400원	개별소비세 20%
203	고급사진기와 그 관련 제품(과제가격 185만 2,000원 초과 시)	185만 2,000원 초과 금액의 50%+37만 400원	개별소비세 20%
236	녹용(함유량이 전체무게의 100분의 50 이상인 것을 포함하며, 천연상태의 것은 제외	45%	개별소비세 7%
252	방향용 화장품(향수, 콜롱, 분말향, 향낭)	35%	개별소비세 7% 농어촌특별세 10%
254	로열젤리(함유량이 전체무게의 100분의 50 이상인 것을 포함하며, 천연상태의 건은 제외)	30%	개별소비세 7%
281	모피의류, 모자 등 기타 모피제품(172만 4,000원 초과의 개별소비세 과세대상 제외)	30%	
282	모피목도리, 모자 등 기타 모피제품(172만 4,000원 초과의 개별소비세 과세대상 제외)	30%	
283	가죽제 의류 및 컴포지션 레더제 의류	25%	
284	가죽제 및 컴포지션 레더제 장갑, 벨트 및 기타 부속품	25%	
285	직물류, 자수포 및 양탄자 등 바닥 깔개류(도포직물 및 편물을 포함하며 특소세 부과대상은 제외)	25%	
286	재킷, 바지, 코트, 셔츠, 수영복, 메리야스, 브래지어, 거들 등 모든 의류와 스타킹류	25%	
288	모포, 타월, 리넨, 커튼 등 실내용품과 텐트, 보자기, 청소용포, 테이블보 세트 등	25%	
289	신발류	25%	

5) 쇼핑관광 진행 시 유의사항

국외여행인솔자는 지역의 특산물에 대해 정확한 정보를 가지고 여행자들이 문의할 때 명확하게 설명해 줄 수 있어야 한다. 또 관세청이 명시한 면세와 과세 통관의 범위(표 7.11)를 숙지하여 입국 시 쇼핑으로 인한 문제가 생기지 않도록 해야 한다. 국외여행인솔자는 수익보다는 여행자들의 만족도를 우선적으로 고려하며 행사를 진행해야 한다. 국외여행인솔자는 쇼핑을 추천하지만 실제 구매에는 개입하지 않아야 하며, 모든 구매는 여행자가 판단하도록 한다. 정확한 정보 없이 여행자에게 물품 구입을 권하지 않아야 하며, 보석이나 한약 같은 품목들은 전문가가 아니면 제대로 판단할 수 없으므로, 물건의 구매 여부는 여행자 자신이 전적으로 판단하도록 해야 한다. 쇼핑관광에서 유의할 점은 아래와 같다.

표 7.14 쇼핑관광 진행 시 유의사항

① 같은 품목이라도 국내보다 저렴해야 한다. ② 제품의 품질을 믿을 수 있어야 한다. ③ 면세와 관세통관의 범위를 사전에 확인한다. ④ 물건의 구매를 강요하지 않는다. ⑤ 현지가이드에게 전적으로 맡기지 않는다. ⑥ 쇼핑하지 않는 여행자를 차별대우하지 않는다. ⑦ 쇼핑시간을 정하고 여행자들에게 사전에 공지한다.

6) 부가세 환급

유럽은 쇼핑한 물건의 약 7%의 부가세 금액을 면세 받을 수 있다. 면세점Tax Free 로고가 있는 상점에서 일정금액 이상의 물품을 구입한 후에 환급증명서를 발부받으면 된다. 유럽연합 국가를 입 · 출국할 때는 최종 출국국가의 공항에서 구입한 물품을 제시하고 세관에서 세금환급Tsx Refund 서류에 확인을 받은 후에 공항 내 환급 창구에서 현금으로 받거나 카드계좌로 2~3개월 후에 받으면 된다.

03 현지가이드 지원업무

1. 가이드 지원

1) 현지가이드와 국외여행인솔자의 역할

현지에서 여행을 안내하는 것은 현지가이드Local Guide의 역할이며, 단체의 여행의 총괄 운영하는 것은 국외여행인솔자의 역할이다. 현지가이드와 국외여행인솔자는 여행자들의 전반적인 여행 만족도에 매우 중요한 역할을 하므로, 상호 협조하여 여행 일정을 무리 없이 진행해야 한다.

2) 현지가이드와 국외여행인솔자의 관계

여행 진행의 주도권으로 인해 국외여행인솔자와 현지가이드가 불편한 관계를 유지하는 경우도 간혹 발생한다. 이는 여행자들에게도 매우 부정적인 영향을 끼치므로 국외여행인솔자와 현지가이드는 서로 협력하고 보조해야 한다. 국외여행인솔자와 현지가이드는 주종관계가 아닌 상호보완의 관계이다.

국외여행인솔자와 현지가이드가 지나치게 친밀한 관계 또한 여행자들에게는 국외여행인솔자의 신뢰를 잃게 하고 거리감을 주는 요인이 되므로 공식적인 선을 적당히 유지하도록 한다.

3) 국외여행인솔자의 역할

국외여행인솔자는 현지가이드가 있을 경우, 현지가이드를 보조해 주는 역할을 한다. 간혹 현지에서 모든 것을 현지가이드에게 일임하고 자신도 여행객인 것처럼 행동해서는 안 된다.

현지가이드는 여행객들 앞에서 관광을 안내하고, 국외여행인솔자는 뒤에서 일행을 보조한다. 국외여행인솔자는 현지에서 문제가 발행하면 현지가이드는 계획된 일정을 예정대로 진행하고, 국외여행인솔자는 문제를 해결하여 전체 일정에 차질이 없도록 해야 한다.

국외여행인솔자는 여행의 구체적인 일정 진행을 현지가이드와 협의하여, 대략적인 시간 배정과 관광 순서에 대해 사전에 상의 계획해야 한다. 단체의 특성을 고려하여 관광지에서의 시간 배정, 쇼핑과 옵션 등도 국외여행인솔자와 현지가이드가 긴밀히 협의해야 하는 사항이다.

2. 현지가이드 지원업무

1) 인원 확인

국외여행인솔자의 기본업무로써 관광지에 도착하면 현지가이드를 앞장서게 하고, 국외여행인솔자는 맨 뒤에서 일행이 두고 내린 물건이 없는지, 혼잡한 관광지에서 뒤쳐지는 일행이 없는지 등을 항상 체크한다.

2) 일정과 시간관리

관광지에서의 승차 및 하차, 관광지로의 이동, 교통 혼잡 등으로 예상하지 못한 시간이 소요되는 경우가 많으므로, 국외여행인솔자는 항상 현지가이드와 협의하여 여행의 일정과 시간을 관리해야 한다.

3) 현지가이드 업무보조

관광지를 안내할 때 현지가이드가 안내하고 국외여행인솔자는 여행자를 보조하는 역할을 한다. 국외여행인솔자는 뒤처지는 일행이 없는지 항상 확인하고, 마지막으로 따라가는 것이 바람직하다.

4) 가이드의 업무수행

출국 및 입국, 기내, 공항에서의 여행자 인솔, 호텔 체크인 이후 여행자 관리, 현지 가이드가 없는 지역 내에서의 여행안내 등 모든 상황에서 국외여행인솔자는 가이드의 업무를 수행해야 한다.

3. 일정 변경사항 협의

1) 현지상황 변동으로 인한 일정 변경

지진 · 홍수 · 화산폭발 등 천재지변으로 인한 일정 변경과, 항공기 · 선박 · 기차 등 교통수단의 상황 변동 · 기상 변화 등으로 인해 발생하는 일정 변경을 말한다. 기차의 연착, 항공기의 취소, 관광지의 극심한 교통 혼잡 등으로 이후 일정을 진행할 수 없거나 변경해야 할 경우의 일정 변경이다.

2) 본사와 현지여행사의 상황으로 인한 일정 변경

본사와 현지여행사의 수배 미스 등 부정확한 정보 등으로 인해 발생한다. 관광지 입장시간의 착오, 부정확한 소요시간 예측, 호텔과 교통편의 오류, 차량 및 현지가이드 미팅오류 등 다양한 상황에서 발생한다.

3) 여행자로 인한 일정 변경

여행자의 문제로 인한 교통편 오류와 지연 등으로 일정이 변경되는 경우, 인센티브 여행의 경우에는 여행자들의 합의에 의한 일정 변경이 가능하다.

4. 일정 변경상황 대처

1) 현지 상황의 변수

예정된 일정을 변경하는 것은 가급적 지양해야 한다. 국외여행인솔자는 일정표에 기재된 일정대로 진행하도록 하며, 일정을 변경할 경우에는 여행자들에게 사정을 충분히 설명하고 이해를 시켜야 한다. 그리고 현지의 불가항력적인 상황 변동의 일정 변경은 여행자들에게 정확하게 설명하고 양해를 얻어야 한다.

2) 본사와 현지여행사의 상황

일정 변경의 원인이 본사 혹은 현지여행사의 실수라면, 귀국 후에 손해배상의 대상이 되는 경우가 발생되므로 국외여행인솔자는 여행자들에게 공식적으로 명확하게 잘못을 사과하고 일정에 영향이 미치지 않도록 최선을 다해야 한다. 본사 혹은 여행사의 상황으로 인한 일정 변경의 경우, 그에 합당한 보상을 해줘야 하며 보상에는 금전적 보상뿐만 아니라 대체관광지 및 식사 업그레이드 등 다양한 보상이 포함된다.

3) 여행자로 인한 일정 변경

일부 여행자의 실수 혹은 사고로 인한 일정 변경의 경우에도, 일정에 최소의 영향이 미치도록 국외여행인솔자는 최선을 다해야 한다. 시간이 많지 않더라도 중요한 관광지의 경우에는 잠깐이라도 반드시 다녀올 수 있도록 해야 하며, 시간상 불가능할 경우에는 현지여행사, 현지가이드와 의논하여 대체 관광지를 섭외한다.

5. 현지여행사의 입장 조율

1) 현지여행사 랜드오퍼레이터

현지여행사를 랜드오퍼레이터Land Operator 또는 랜드사라고 부르며, 현지에 주재하면서 현지의 지상에 관한 모든 제반사항에 대해 책임을 지고 수배 및 예약의 업무를 하는 여행사를 말한다. 랜드사는 다수의 여행사로부터 수배의뢰를 받고 현지여행 행사의 모든 일정을 조율 및 결정하며, 이에 따른 지상비를 여행사로부터 지급받는다. 여행사 본사와 현지여행사는 주종관계가 아닌 균형 있는 관계가 유지되어야 행사가 잘 진행된다.

2) 국외여행인솔자와 현지여행사의 관계

국외여행인솔자는 여행사를 대표하는 대리인으로서의 업무를 수행하게 된다. 현지여행사의 현지행사 진행을 직접 확인하며 관리 조율하는 관리자의 역할도 함께 수행한다. 또한 국외여행인솔자는 여행자의 대표자로 문제가 발생하면 현지여행사에 의견을 제시하고 수용을 요구할 수 있는 위치에 있으며, 현지여행사는 현지여행의 절대적 위치에 있다. 국외여행인솔자는 회사를 대표하고 여행자를 대변하며 여행을 총괄하는 자로서, 현지행사의 절대적인 현지여행사와의 긴밀한 상호협력 관계를 유지하여 여행자들에게 불편함이 없는 여행을 제공해야 한다.

3) 본사와 현지여행사의 상황 고려

본사와 현지 여행사에서 협의된 이상의 금액이 경비로 지출되는 경우, 국외여행인솔자는 한쪽에 편중되지 않고 양사의 피해가 최소가 될 수 있도록 해결하기 위해 노력해야 한다.

4) 현지상황의 변동

현지상환의 변동으로 인해 입장조율이 필요하다고 판단될 경우, 현지상황에 대한 이해를 우선적으로 해야 하며, 현지상황을 정확하게 이해하고 파악하여 최대한 객관적이며 합리적인 정보를 본사에 제공해야 한다.

평가문제

01/ 네임리스트에 들어갈 내용은 무엇인가?

02/ 현지가이드와 일정 협의 기본사항 4가지는 무엇인가?

03/ 선택관광의 개념은?

04/ 쇼핑관광의 개념과 구조는?

05/ 국외여행인솔자의 현지가이드 지원업무 5가지는 무엇인가?

CHAPTER 08

국외여행 시 위기관리

학 | 습 | 목 | 표

국외여행 안내 시 환자발생, 천재지변, 분실물, 사건 · 사고에 대해 위기관리를 할 수 있다.

학습모듈의 내용체계

학 습	학습내용	수 준
1. 환자발생의 위기 관리하기	1–1. 상황파악 및 신고 · 대처 방법	3
	1–2. 보고 및 사후 업무	
2. 천재지변의 위기 관리하기	2–1. 상황파악 및 신고 · 대처 방법	3
	2–2. 보고 및 사후 업무	
3. 분실 · 도난 대처하기	3–1. 상황파악 및 신고 · 대처 방법	3
	3–2. 보고 및 사후 업무	
4. 사건 · 사고의 위기 관리하기	4–1. 상황파악 및 신고 · 대처 방법	3
	4–2. 보고 및 사후 업무	

 환자발생의 위기 관리하기

1. 상황파악 및 신고 · 대처 방법

1) 국외여행 시 환자발생 요인

(1) 여행목적지 요인

여행목적지의 거리 및 위치 · 고도의 영향이 개인의 건상상태에 악영향을 미쳐 환자가 발생할 수 있으며, 너무 더운 날씨 또는 너무 추운 날씨에도 영향을 받는다. 특히 식사 및 식수, 위생상태, 풍토병에 따른 질병 발생률이 높으며, 목적지별 치안 및 안전, 사회기반시설 부족으로 질병은 물론 사고발생률이 높아진다. 이러한 지역에서 환자가 발생하면 병원 및 기타 의료시설이 부족하고, 전문 의료진의 적절한 치료를 받기가 쉽지 않은 경우가 빈번히 발생하기도 한다. 이에 따라 국가별 여행 · 체류 시 특별한 주의가 필요하며, 여행목적지의 질병과 안전수칙을 미리 확인한다.

(2) 여행자 요인

여행자의 연령 및 체력 · 건강상태에 따라 여행목적지에서 사고와 질병에 취약해 질 수 있다. 여행자가 건강상태가 양호하지 못하면 면역력이 떨어져 풍토병이나 기타 질병에 노출될 확률이 높아지며, 체험여행이나 해양스포츠가 동반된 여행 일정이라면 그 위험성은 더욱더 가중된다. 또한 여행자의 연령이 높거나 낮은 경우 이런 환경에 더 취약하다. 인솔자는 이런 사항을 미리 숙지하여 사고대처법과 응급처리 요령 및 절차를 숙지하고 있어야 한다.

(3) 여행 자체의 요인

여행 자체의 요인은 여행자가 일상생활을 벗어나 주거공간에서 여행목적지로 이동하는 수단(항공, 선박, 차량 등)과 과도한 이동시간 및 여행 일정, 타 지역에 대한 이질감에 따른 피로감 등이 복합적으로 작용하기 때문에 정신적인 부분과 육체적인 피로가 높아져 질병을 유발시킬 가능성을 높일 수 있다. 또한 현지가이드의 과도한 옵션과 쇼핑의 강요에 따른 스트레스 요인도 이에 해당한다.

2) 환자발생 예방을 위한 기본업무

(1) 현지와 관련된 위험요소 확인

국외여행인솔자는 여행인솔 시 사전에 여행국가 및 지역에 대한 위험요소를 미리 파악하여, 여행자에게 발생할 수 있는 위험요소를 미리 예방할 수 있도록 안내하고, 여행자에게 사전 미팅이나 전화통화를 할 때 다시 한 번 안내해야 한다. 이에 따라 인솔자는 예방접종 관련사항이나 예비상비약이나 구급약을 준비해야 하며, 여행자도 필요시 예방접종을 미리 접종하고 출국하는 것이 좋다. 또한 국외여행 시 여행자들에게 여행국가와 지역의 위험요소 및 일정상의 유의사항과 위험요소를 구체적으로 설명하고 주의사항을 전달해야 한다. 그리고 출국 전 질병관리본부나 외교부 홈페이지를 통해 자세히 알아볼 수 있으며 안전정보포털, 해외안전여행, 질병관리본부 애플리케이션Application 등을 참조할 수 있다.

그림 8.1 안전정보포털, 해외안전여행, 질병관리본부 애플리케이션

(2) 비상의약품 준비

국외여행인솔자는 출국 전 간단한 상비약이나 구급약을 준비해야 하며, 고객과의 사전미팅에서 병약자나 만성질환자를 미리 파악하여 기존에 복용하고 있는 약을 충분히 준비하도록 해야 하며, 분실 시 문제가 될 수 있기 때문에 처방전도 여행 시 지참하는 것이 좋다.

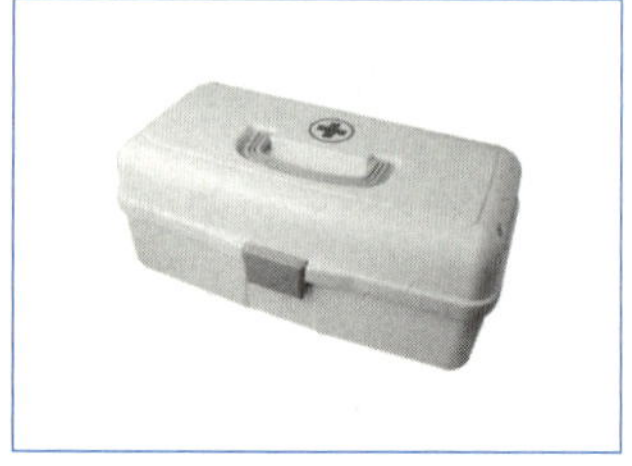

그림 8.2 구급키트, 구급상자

식품의약품안전처에서는 여행용 상비약으로 10가지를 추천하고 있는데 ① 해열 · 진통 · 소염제, ② 지사제 · 소화제, ③ 종합감기약, ④ 살균소독제, ⑤ 상처에 바르는 연고, ⑥ 모기기피제, ⑦ 멀미약, ⑧ 일회용 밴드, 거즈, 반창고, ⑨ 고혈압 · 당뇨 · 천식 등 만성질환용 약, ⑩ 소아용 지사제 · 해열제 등이 있다.

인솔자는 상비약과 구급약을 찾기 쉽도록 구급상자나 키트로 소지하는 것이 좋다. 그리고 국외여행인솔자는 여행 중 여행자들의 건강을 수시로 체크하여 건강상의 문제가 없는지를 확인해야 한다. 특히, 동반자 없이 여행하는 병약자나 만성질환자는 수시로 확인하여 여행 중 불상사를 미연에 방지해야 하며, 환자가 발생했을 경우 신속히 대처하고 수시로 환자의 상태를 확인해야 한다.

(3) 개별 안전과 위생관리

표 8.1 질병의 감염경로와 발생지역 및 주요질병

감염경로	발생지역	주요질병
모기	아시아, 중남미, 아프리카의 개발도상국의 온대 및 열대지역에서 주로 발생	말라리아, 뎅기열, 일본뇌염, 황열, 치쿤군야 등
오염된 물과 음식	전 세계적으로 발생하지만 특히 아시아, 중남미, 아프리카의 개발도상국 온대 및 열대지역에서 주로 발생	A형간염, 장티푸스, 폴리오, 콜레라 등
직접 전염 (사람 → 사람, 동물 → 사람)	전 세계적으로 개발도상국에서 많이 발생하지만, 최근에는 미국, 호주, 유럽 등의 선진국에서 지속적으로 유행하고 있음	인플루엔자, 백일해, 홍역, 풍진, 수두, 수막구균, B형간염, 공수병 등

3) 지역별 주의해야 할 질병

국외여행자가 늘어나고 지역이 확대됨에 따라 여행자들은 다양한 질병에 노출되고 있다. 질병관리본부KCDC는 검역감염병과 검사기간, 주요 여행지역을 나타내는 검역감염병 오염지역을 고지하고 있다. 예를 들면, 중동호흡기중후군MERS는 14일의 감시기간을 가지고 있으며, 대상국으로는 아랍에미리트, 카타르, 사우디아라비아, 오만 등이 그 대상국가다. 즉 위의 나라들을 여행할 때에는 MERS를 조심해야 한다. 자세한 내용은 그림 8.3과 같다.

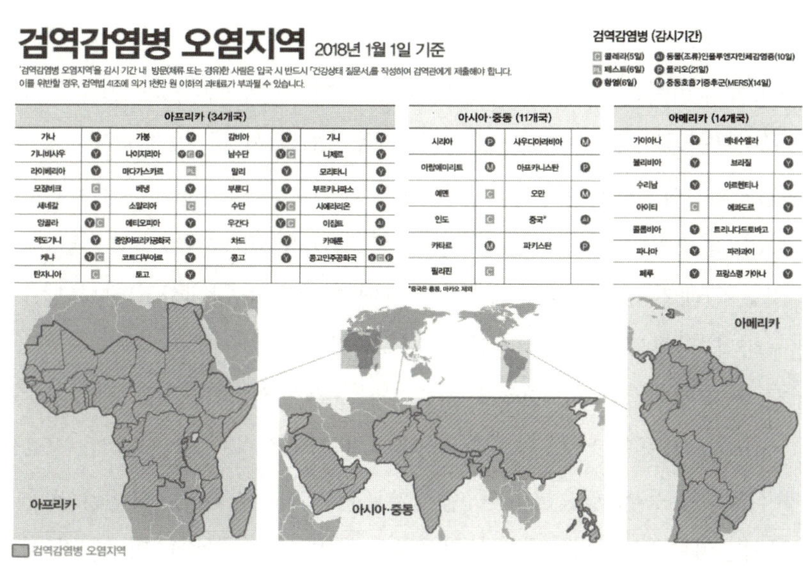

검역감염병 오염지역 2018년 1월 1일 기준

'검역감염병 오염지역'을 감시 기간 내 방문(체류 또는 경유)한 사람은 입국 시 반드시 「건강상태 질문서」를 작성하여 검역관에게 제출해야 합니다.
이를 위반할 경우, 검역법 41조에 의거 1천만 원 이하의 과태료가 부과될 수 있습니다.

검역감염병 (감시기간)
C 콜레라(5일) / ▦ 페스트(6일) / Y 황열(6일) / AI 동물(조류)인플루엔자인체감염증(10일) / P 폴리오(21일) / M 중동호흡기증후군(MERS)(14일)

아프리카 (34개국)							
가나	Y	가봉	Y	감비아	Y	기니	Y
기니비사우	Y	나이지리아	Y C P	남수단	Y C	니제르	Y
라이베리아	Y	마다가스카르	▦	말리	Y	모리타니	Y
모잠비크	C	베냉	Y	부룬디	Y	부르키나파소	Y
세네갈	Y	소말리아	C	수단	Y C	시에라리온	Y
앙골라	Y C	에티오피아	Y	우간다	Y C	이집트	AI
적도기니	Y	중앙아프리카공화국	Y	차드	Y	카메룬	Y
케냐	Y C	코트디부아르	Y	콩고	Y	콩고민주공화국	Y C P
탄자니아	C	토고	Y				

아시아·중동 (11개국)			
시리아	P	사우디아라비아	M
아랍에미리트	M	아프카니스탄	P
예멘	C	오만	M
인도	C	중국*	AI
카타르	M	파키스탄	P
필리핀	C		

*중국은 홍콩, 마카오 제외

아메리카 (14개국)			
가이아나	Y	베네수엘라	Y
볼리비아	Y	브라질	Y
수리남	Y	아르헨티나	Y
아이티	C	에콰도르	Y
콜롬비아	Y	트리니다드토바고	Y
파나마	Y	파라과이	Y
페루	Y	프랑스령 기아나	Y

자료: 질병관리본부(2018)

그림 8.3 검역감염병 오염지역

2. 보고 및 사후 업무

1) 여행자보험

여행자보험은 여행 중 불의의 사고나 질병, 휴대품의 도난, 배상책임 손해 등을 보상해 주는 보험이다. 여행자보험은 보험 가입기간과 보상 한도액, 보험사마다 그 금액이나 조건이 상이하나, 보험 가입기간은 여행기간으로 한정되어 있기 때문에 일반보험에 비해 저렴한 편이며, 여행기간 중에 발생한 예기치 못한 사고들에 대해 보상을 요구할 수 있다. 또한 사고나 질병으로 인해 외국의 의료기관에서 의료비가 발생했을 시 현지는 물론 귀국 후에도 입원 및 통원치료, 약제비에 대해 청구할 수 있다. 여행자보험은 각 보험사의 ON-OFF 라인 상에서 가입이 가능하며, 인천국제공항의 여행자보험 창구에서도 즉시 가입이 가능하다.

2) 여행자보험 항목 및 처리절차

여행자보험의 항목은 크게 6가지로 나눌 수 있다. ① 상해(사망보험금, 후유장애보험금, 의료비보험금), ② 질병(사망보험금, 의료비보험금), ③ 배상책임(제3자에게 피해를 입혔을 경우에 대한 손해배상), ④ 특별비용(수색구조비용, 유해이송비용, 구원자의 교통비 및 숙박비 등), ⑤ 휴대물품 보상(도난 및 파손), ⑥ 항공기납치 항목(항공기 납치로 인해 발생목적지 미도착 및 그에 발생되는 상해사고)으로 나누어지며, 이를 청구하기 위해서는 입증서류들이 필요하다.

도난 시 현지 경찰서에서 Police Report(도난경위서)와 피해물품 구입 영수증이 필요하며, 사고 및 질병으로 인해 치료 시 병원의 의사소견서 및 진단서, 진료비 내역서, 약제비 영수증 등이 필요하다. 공통서류로는 보험증권 사본, 보험금 청구서(해당보험사 양식), 피보험자 여권 사본(사진면과 출 · 입국 스템프란), 피보험자 사증란 사

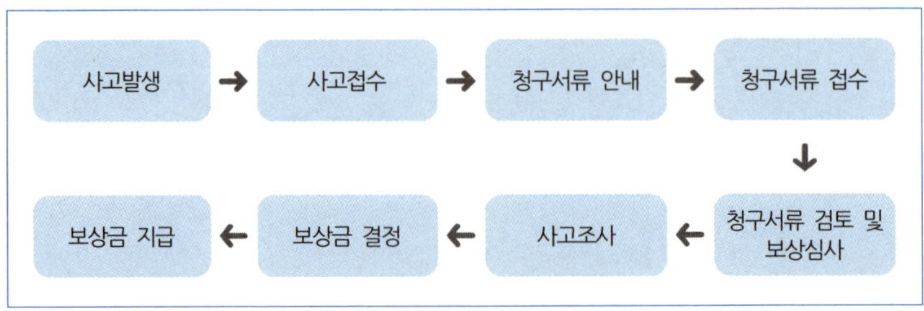

그림 8.4 여행자보험 처리절차

본, 피보험자 통장사본, 도난 및 파손 시 휴대품 손해명세서 등이 필요하며, 미성년자의 경우 보호자의 통장사본 및 관계증명서를 첨부하면 된다.

02 천재지변 위기 관리하기

1. 상황파악 및 신고 · 대처방법

1) 천재지변

천재지변은 태풍 · 지진 · 해일 · 산사태 · 화산폭발 · 낙뢰 · 집중호우 · 대설 · 한파 · 폭염 등의 자연재해를 뜻하며, 인솔자는 사전에 그 나라의 기상조건, 날씨 및 자연재해 사항을 파악해야 한다. 기상조건과 날씨는 사전에 파악할 수 있지만, 천재지변은 예측이 불가능하다.

표 8.2 천재지변 발생사례

국 가	발생연도	지 역	천재지변 유형 및 피해
필리핀	2013.11	중부지역	태풍(6,000명 이상 사상자)
	2012.12	민다나오섬 남부	태풍(2,000명 이상 사망, 실종)
인도네시아 등	2004.12	인도네시아, 스리랑카, 인도, 타이, 몰디브, 말레이시아, 미얀마, 방글라데시	쓰나미(250,000명 이상 사망, 실종)
미국	2012.10	미동부	허리케인(250여명 사망자)
	2005.8	루이지애나주 뉴올리언스	허리케인(10,000여명 사망자)
일본	2011.3	동북부	대지진(20,000명 이상 사망, 실종)
아이티	2010.1	포르토플애스	대지진(230,000명 이상 사망)
중국	2008.5	쓰촨성	대지진(88,000명 사망, 실종)
	1976.1	허베이성 탕산	대지진(230,000명 이상 사망)

출처 : NCS 모듈 - 국외여행 시 위기관리

2) 천재지변 대비 기본업무

천재지변을 미리 대비하기에는 한계가 있다. 그러나 만일의 사태를 대비하여 인솔자는 외교부 및 국가재난정보센터 홈페이지를 활용하여 여행국가와 여행지역의 안전정보를 미리 확인할 수 있다. 이에 고객들의 비상연락망을 미리 파악하고, 제외 공관 및 응급의료시설의 연락처를 미리 확인해야 한다. 이에 인솔자는 출장 전 ① 해당국의 안전정보 확인, ② 재외공관 연락처 파악, ③ 비상연락망 파악, ④ 현지연락처 파악, ⑤ CPR 지식, ⑥ 해당국가 및 지역의 위험요소 파악, ⑦ 여행자의 안전상태 파악, ⑧ 정해진 일정표대로 행사 진행, ⑨ 위급상황 시 선조치 후보고, ⑩ 천재지변 유형과 대처법을 미리 숙지해야 한다.

2. 보고 및 사후업무

1) 재외공관

천재지변 발생 시 재외공관은 여행자의 안전 확인 및 피해자보호를 지원하므로 사고발생 시 재외공관에 연락하여 안전하게 보호받을 수 있도록 신속히 연락을 취해야 한다. 외교부 영사콜센터에서는 재난대응, 사건 및 사고접수, 해외 안전여행 지원, 해외송금 지원, 24시간 통역서비스, 영사 지원 등에 관한 서비스를 제공한다.

2) 외교부 신속 대응팀

외교부 신속 대응팀은 우리 국민을 보호하는데 필요한 조치를 취한다. ① 생존자와 부상자에 대한 의료지원과 안전정보, 비상용품 제공 등 이에 필요한 대처를 한다. ② 생존자 및 사망자의 신속한 귀국을 위한 교통·숙식 제공 등의 조치를 취한다. ③ 필요시 유관부처의 추가파견 요청 및 현지상황의 정확히 파악한 후 보고한다. ④ 사망자의 시신 운구 및 한국의 가족에게 연락을 취한다. ⑤ 희생자 가족이 도착했을 때에 가능한 지원을 제공한다. ⑥ 추가 위험요소를 줄이는 예방조치를 추진한다. ⑦ 신속·정확한 언론보도를 위한 지원을 한다. ⑧ 피해현장에서 해당국과의 협조선 구축의 역할을 한다.

3) 여행사의 책임

여행사는 일정표(확정서)대로 행사를 진행해야 하며, 여행자를 안전하게 관리할 책임이 있다. 그러나 천재지변에 대한 안전책임이 여행사의 책으로 전가되는 경우는 거의 없으나, 여행사는 여행자를 위해 최선을 다해 안전하게 안내를 해야 하는 관리자로서의 도덕적 의무를 가지고 있다.

03 분실 · 도난 대처하기

1. 상황파악 및 신고 · 대처방법

1) 국외여행 중 분실 · 도난

국외여행 시 분실·도난 사례는 빈번하게 일어난다. 여행국이 선진국과 후진국을 막론하고 발생하는데, 분실·도난은 여행 대상국의 치안과 안전에 크게 관련이 있다. 특히 사람이 많고 혼잡한 관광지의 경우, 분실·도난의 위험이 있으니 개인소지품 관리에 각별히 신경을 써야 한다. 이는 요즘 관광지에서 행해지는 분실·도난사건이 점차 대형화·조직화로 인해 사건발생이 빈번히 일어나기 때문이다.

2) 분실 · 도난 방지를 위한 기본업무

인솔자는 분실·도난사고를 방지하기 위해 여행국가 및 지역에 관해 위험요소를 미리 파악하고 이를 설명회나 기타 유인물로 안내를 해야 한다. 특히 공항이나 기차역, 선착장은 수많은 사람들이 이용하기 때문에 주의가 소홀해질 수 있다. 잠깐 이동을 하더라도 소지품을 잘 챙기도록 인솔자가 자주 주지시켜주어야 한다. 그리고 식당이나 호텔, 관광지에서 낯선 사람의 접근을 피하고, 개인물품 및 귀중품을 테이블이나 의자에 놓고 다니지 않도록 해야 한다. 귀중품은 호텔금고Safety Box나 프런트 데스크에 맡겨놓는 것이 좋다.

3) 분실 · 도난 시 신고 · 대처 방법

(1) 여권분실과 재발급 신청

여행 중 여권분실 · 도난 시 현지 경찰서에 분실 · 도난 신고 후 확인서를 받아야 하며, 우리나라의 재외공관에서 여권분실 신고서를 작성하고 재발급 신청을 해야 한다. 필요한 서류는 분실신고 확인서, 여권사진 2매, 여권번호 및 발행일이 필요하다. 여행 중 여권분실 · 도난 시 재발급까지 많은 시간이 소요되기 때문에 현지여행사의 협조를 얻어야 하며, 인솔자는 여행 일정의 합류 및 귀국 가능여부를 판단하여 여행사와 여행자 사이에서 신속하고 정확한 판단과 조치가 필요하다.

(2) 여행증명서

여행 중 여권의 분실 · 도난 시 여권 재발급의 시간적 여유가 없는 단기 체류자에게는 여행증명서를 발급받는 경우가 많으며, 여행증명서는 여권과는 달리 유효기간이 1년 이내로 짧다. 또한 여행목적지가 기재되어 있으며, 유효기간이 남아있다고 하더라도 여행증명서에 기재되지 않은 국가를 여행하거나, 여행증명서에 기재된 국가를 여행한다고 하더라도 여행의 목적을 달성하면 여행증명서의 효력은 상실된다.

그림 8.5 여행증명서

(3) 신속 해외송금제도

여행 중 현금 및 귀중품을 분실·도난당했을 경우, 현지 경찰서에 신고 후 Police Report(도난경위서)를 발급받아 귀국 후 보험사에 청구해야 한다. 여행자금이 급하게 필요한 경우, 신속 해외송금제도를 이용하면 되는데, 본 제도는 해외에서 우리 국민이 소지품 분실·도난 등 예상치 못한 사고로 일시적으로 궁핍한 상황에 처하여 현금이 필요한 경우, 국내지인이 외교부계좌로 입금하면 현지 대사관 및 총영사관에서 국외여행자에게 긴급경비를 현지화로 전달하는 제도이다. 신속 해외송금제도를 이용하려면 가까운 대사관 및 총영사관에서 신청하거나, 영사콜센터 상담을 통해 이용할 수 있다. 지원한도는 최고 3,000불 이하(미화 기준)이다.

- 국내 : 02-3210-0404
- 해외 현지국제전화코드 : +822-3210-0404(유료)
- 해외 현지국제전화코드 : +800-2100-0404(무료)

2. 보고 및 사후업무

1) 여행사의 책임

국외여행 표준약관 14조 4항에 따르면 "여행업자는 자기나 그 사용인이 여행자의 수하물 수령, 인도, 보관 등에 관하여 주의를 해태(懈怠)하지 아니하였음을 증명하지 아니하면 여행자의 수하물 멸실, 훼손 또는 연착으로 인한 손해를 배상할 책임을 면하지 못합니다."라고 규정되어 있으므로, 인솔자는 고객의 수하물을 위탁받았을 시 안전하게 보관해야 할 의무가 있다. 그러나 여행사의 과실이 아닌 개인의 부주의로 인해 분실·도난 상황이 발생하였을 경우, 여행자 당사자에게 모든 책임이 있다.

2) 여행자보험

여행 중 휴대물품에 대한 도난 및 배상책임, 손해는 여행자보험에서 보상이 가능하다. 보상한도는 여행 전 가입한 보험의 한도 내에서 가능하며, 보험사 및 보험금에 따라 보상의 한도가 상이하다. 또한 보험금 지급 신청 시 보상에 따른 심사가 이루어지며 일반적으로 도난, 파손, 화재로 휴대품의 손해가 생긴 경우에 대해서 약 10만 원에서 300만 원 한도 내에 손해액에 따른 보상이 가능하다. 그러나 현금 및 수표, 신용카드, 유가증권, 인지, 항공권, 여권 등은 보상되지 않는다.

04 사건 · 사고 위기관리하기

1. 상황파악 및 신고 · 대처방법

1) 사건 · 사고의 예방을 위한 기본업무

(1) 국외여행 중의 사건 · 사고

국외여행 중의 사고 유형으로는 교통(항공기, 선박, 차량)사고, 인질 · 납치, 천재지변(지진 · 해일 · 화산폭발 · 태풍 등), 테러 · 폭발, 방사능 · 유독물질 오염 같은 대형사고부터 도난 · 분실, 교통편 연착 · 지연, 호텔수배 오류, 식당수배 오류, 정전 등에 이르기까지 크고 작은 사건 · 사고가 발생할 수 있기 때문에, 인솔자는 항상 안전에 유의하고, 사고발생 시 신속하고 정확한 판단에 의해 대처해야 한다.

(2) 사건 · 사고의 예방

- 현지 관련 법규를 준수하고, 여행국가 및 지역의 위험요소를 미리 여행자들에게 공지해줘야 한다.

- 여행자들의 건강상태를 수시로 확인(항공기 안, 버스 안, 숙소, 식사장소 등)해야 하며, 이동 시 인원수는 물론 수하물수도 항상 확인해야 한다.
- 인솔자는 정해진 일정대로 일정이 진행되도록 관리 · 감독을 해야 하며, 예정되지 않은 일정은 자제하도록 하는 것이 중요하다. 또한 만일의 사태를 대비하여 여행자, 현지여행사, 여행지역의 의료기관, 재외공관 등의 연락처를 항상 휴대해야 한다.

2. 국가 여행경보의 발령단계

인솔자는 여행국가 및 지역을 방문할 때 외교부 홈페이지http://www.0404.go.kr의 여행경보단계를 확인하여 여행자 안전에 만전을 기해야 한다. 여행 경보단계는 총 6단계 남색경보(여행유의), 황색경보(여행자제), 적색경보(철수권고), 흑색경보(여행금지), 특별여행주의보(철수권고), 특별여행경보(즉시대피)로 적색경보이상의 여행국가는 방문하지 않는 것을 권장한다. 자세한 국가별 경보단계는 그림 8.6과 같다.

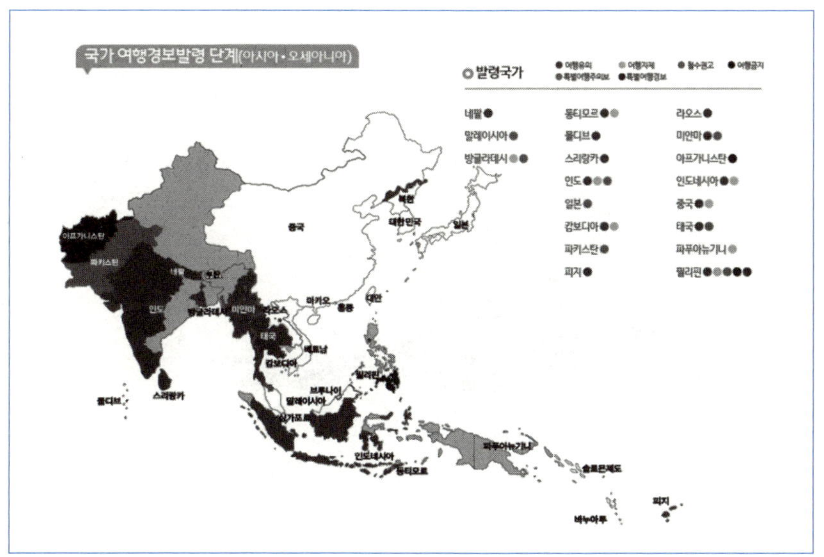

국가 여행경보발령 단계(북미·중남미)
발령국가
여행유의 여행자제 철수권고 여행금지
특별여행주의보 특별여행경보
과테말라
멕시코
브라질
에콰도르
자메이카
파나마
니카라과
베네수엘라
아르헨티나
엘살바도르
콜롬비아
파라과이
도미니카공화국
볼리비아
아이티
온두라스
트리니다드토바고
페루

국가 여행경보발령 단계(유럽·CIS)
발령국가
여행유의 여행자제 철수권고 여행금지
특별여행주의보 특별여행경보
러시아
스페인
우즈베키스탄
코소보
터키
벨기에
아르메니아
우크라이나
키르키스스탄
투르크메니스탄
보스니아-헤르체고비나
아제르바이잔
조지아
타자키스탄
프랑스

출처: 외교부 2017 해외안전여행 가이드북

그림 8.6 국가 여행경보 발령단계

평가문제

01/ 비상의약품의 종류 5가지 이상을 적으시오.

02/ MERS 위험국가를 4개 이상 적으시오.

03/ 여행자보험 처리절차를 적으시오.

04/ 천재지변 대비 기본업무 10가지를 적으시오.

05/ 신속 해외송금제도에 대해 설명하시오.

06/ 여행경보단계 6단계를 적으시오.

CHAPTER 09
국외여행 고객만족관리

학 | 습 | 목 | 표

국외여행 고객의 만족도를 조사하고, 서비스품질을 관리하며, 고객 불편사항을 처리할 수 있는 업무 능력을 학습한다.

학습모듈의 내용체계

학 습	학습내용	수 준
1. 만족도 조사하기	1.1. 행사종료 후 만족도 조사를 위한 설문지 준비	3
	1.2. 행사종료 후 준비된 설문지로 조사 실시	3
	1.3. 만족도 조사지의 응답사항 파악	3
	1.4. 만족도 조사결과를 회사에 전달	
2. 서비스품질관리	2.1. 서비스품질 향상을 위한 행사 중 일정 준수	3
	2.2. 행사 중 고객의 욕구를 파악	3
	2.3. 행사 중 고객들의 요구에 대응	3
3. 고객불편 처리하기	3.1. 고객들의 불편사항 파악	3
	3.2. 고객의 불편사항을 줄이기 위한 개선책 수립	3
	3.3 불편사항 발생 시 개선책에 의한 조치	

01 만족도조사

1. 여행종료 후 만족도조사를 위한 설문지 준비

1) 설문조사의 준비

(1) 조사계획의 수립

- 설문조사를 통해서 얻으려고 하는 구체적으로 필요한 정보를 결정한다.
- 조사의 시기와 방법을 결정한다.
- 설문지의 구성과 응답 자료의 측정방법을 결정한다.

(2) 설문지의 구성

설문지는 크게 5가지 부분으로 구성한다.

- 응답자에 대한 협조 요청 : 조사의 취지 설명, 비밀보장 등을 확신시켜 응답률을 높이고 설문응답을 용이하게 받을 수 있다.
- 응답자 식별자료 : 고객유형을 구분하기 위한 방법으로 조사대상자의 인구통계학적인 부분이나 사회적 변수들을 기재하도록 하며 설문의 초반에 배치한다.
- 지시사항 : 설문 응답자가 설문지를 읽어보고 쉽게 이해하고 설문응답을 완성할 수 있도록 작성방법에 대해 자세하게 기록한다.
- 정보획득에 필요한 내용 : 설문의 가장 중요한 부분으로서 조사연구 목적의 달성에 필요한 대부분의 자료를 수집할 수 있도록 한다.
- 감사표시 : 조사에 성실하게 협조해 준 것에 대한 고마움을 표시하도록 한다.

표 9.1 여행사 고객만족도 조사설문지

고객만족도 조사

고객과 함께하는 아세아투어! 만족도 조사에 참여해 주세요!

1. 받은 확정 일정표대로 현지에서 행사가 동일하게 진행되었습니까?
   ① 매우 그렇다. ② 그렇다.
   ③ 보통이다. ④ 그렇지 않다.
   ⑤ 매우 그렇지 않다.

2. 일정 중에 진행된 옵션과 쇼핑에 만족하셨습니까?
   ① 매우 그렇다. ② 그렇다.
   ③ 보통이다. ④ 그렇지 않다.
   ⑤ 매우 그렇지 않다.

3. 가이드의 태도와 응대에 만족하셨습니까?
   ① 매우 그렇다. ② 그렇다.
   ③ 보통이다. ④ 그렇지 않다.
   ⑤ 매우 그렇지 않다.

4. 아세아투어 여행상품 이용에 만족하십니까?
   ① 매우 그렇다. ② 그렇다.
   ③ 보통이다. ④ 그렇지 않다.
   ⑤ 매우 그렇지 않다.

5. 다음에도 아세아투어를 이용하실 의향이 있으십니까?
   ① 매우 그렇다. ② 그렇다.
   ③ 보통이다. ④ 그렇지 않다.
   ⑤ 매우 그렇지 않다.

설문완료

* 여행사 고객만족도 조사 설문의 트렌드는 대형여행사들이 만들어가고 있으며, 설문의 내용은 간결해지고, 문항의 수는 점점 적어지는 추세이다. 또한 Web에서 Mobile로 변화되는 추세이다.

2. 만족도조사 실시

1) 면접자 기입식조사

조사를 시행하는 사람이 모든 문항에 대한 응답자의 대답을 기입하도록 만들어진 설문지로서 실제로 많이 적용되는데, 그 장 · 단점은 다음과 같다.

(1) 장점

- 조사자가 부연설명을 할 수 있기 때문에 복잡한 질문도 가능하다.
- 응답하지 않고 넘어가는 항목을 줄일 수 있다.
- 응답률이 높기 때문에 모집단의 대표성이 높다.
- 부적당한 응답에 대해 확인할 수 있다.

(2) 단점

- 면접자의 편견이 개입될 수 있다.
- 비용이 과다하게 소요된다.

2) 자기기입식 설문조사

조사대상자가 기입하도록 만들어진 설문지를 이용하여 조사하는 방법으로서, 일반적으로 관광 현지에서 기입하거나 현지에서 나눠주고 기입 후 우편으로 발송할 때 많이 적용된다.

(1) 장점

- 비교적 저렴한 비용으로 많은 양의 조사를 할 수 있다.
- 조사원 훈련이 면접식 조사보다 용이하다.
- 조사원의 편견이 배제된다.
- 짧은 시간에 작성이 가능하다.

(2) 단점

- 응답률이 낮고 회수율도 낮다.
- 잘못 이해하고 응답하는 경우가 발생하여 응답의 질이 낮아진다.
- 물 등의 보상에 따라 응답이 영향을 받을 수 있다.

3. 만족도조사 설문지의 응답사항 파악

응답된 설문지를 회수하여 응답에 대한 자료를 편집한 후에 이를 숫자화 하여 전산처리 등에 의한 분석을 하는 작업을 거치게 된다. 자료를 숫자화 하는 과정을 코딩 Coding이라고 하며 코딩된 자료를 분석한다.

4. 만족도조사 결과 회사에 보고

조사된 자료는 여행사의 경영진이나 상급자에게 보고하여 얻어낸 결과를 토대로 새로운 고객만족 방안 수립에 활용한다. 이를 위해서는 분석된 결과가 공유되어야 하는데, 공유를 효율적으로 하기 위해 보고서를 작성한다.

(1) 조사보고서의 작성방법

- 읽기가 쉬워야 한다 : 요점이 명확하고 주된 부분이 논리적으로 전개되도록 한다.
- 명백해야 한다 : 애매한 표현은 경영진의 잘못된 의사결정을 야기할 수 있다.
- 간결해야 한다 : 이해하는데 어려움이 없다면 자세한 언급을 생략해야 한다(예 : One is best!).
- 객관성이 있어야 한다 : 작성자가 생각하는 이상적인 제안보다는 제시된 근거를 기준으로 현실적인 보고서가 되도록 작성한다.
- 시각적인 도구를 활용한다 : 그래프, 사진, 지도 등의 시각적 도구는 보고서의 이해를 돕고 강조하고자 하는 부분을 부각시킬 수 있다.

02 서비스 품질관리

1. 행사 중 일정준수

행사 중 일정을 준수한다는 것은 여행상품의 품질을 유지하는 것이고 여행서비스에 대한 고객과의 약속을 지킨다는 것을 의미한다. 현지의 관광일정은 현지가이드와 연계하여 일정표대로 진행될 수 있도록 관리하는 것이 국외여행인솔자의 임무이다. 일정은 크게 현지가이드 미팅과 이동, 호텔숙박과 식사, 관광과 선택관광, 쇼핑으로 나누어 진행을 관리할 수 있다.

1) 현지가이드

(1) 현지가이드의 미팅

국외여행인솔자는 현지 도착 후 여행자를 인솔하여 현지가이드를 미팅한다. 현지가이드에 대한 간단한 소개와 다음일정 진행 시 필요한 사항에 대해 안내하고 인원, 수하물의 이상 유·무를 확인하고 차량대기 장소로 이동한다.

(2) 버스탑승 및 이동

수하물이 버스에 적재가 잘되었는지 확인한 후 마지막으로 차량에 탑승한다. 탑승 후 최종인원 확인을 실시한다. 버스이동 간에는 버스의 앞좌석에 위치하여 현지가이드와 함께 현지의 관광정보에 대해 간단히 안내한다.

(3) 안내사항

현지가이드와 여행인솔자의 소개와 연락처, 시차와 기후, 여행일정에 관한 간단한 소개, 통화 화폐와 환율, 현지의 문화나 풍습, 치안과 위생에 관한 사항, 휴대품 관리에 관한 사항 등을 안내한다.

2) 호텔업무

(1) 호텔 체크인

여행자를 호텔 로비로 안내하고, 프론트 데스크에서 체크인을 진행한다.

- 객실배정 : 2인 1실을 기본으로 하여 단체의 구성 특성을 파악하여 객실을 배정하며, 사전에 객실배정 리스트를 준비하도록 한다.
- 호텔이용 안내 : 객실 키를 분배하면서 기상시간과 아침식사 장소, 전화 사용법, 다음 날 일정 등을 안내한다. 필요시에는 객실 키 사용법, 호텔 내 부대시설 사용, 안전금고 사용법을 안내하고 외출 시 호텔 명함을 소지하도록 한다. 방 배치 후 객실을 돌며 미니바, 유료방송, 욕실사용 등 호텔 객실 내의 시설 사용법이나 이용에 불편이 없는지 점검하는 것이 좋다.
- 체크아웃 : 인솔자는 체크아웃 시 먼저 프론트 데스크로 내려와 객실별로 발생한 추가요금을 확인하고 개별 확인과 지불을 돕는다. 요금이 정산되면 인원과 수하물을 점검하고 버스로 이동하여 수하물 탑재를 확인한 후 다음 장소로 이동한다.

3) 관광일정 관리

(1) 출발 전 준비

여행 중 기후나 자연환경에 따른 복장, 사회적 규범에 의한 복장 준수사항 등에 대한 사전정보를 제공해야 한다. 출발 전에 버스의 형태, 색깔, 차량번호를 안내하여 관광 시 차량을 쉽게 인지할 수 있도록 한다. 또한 정확한 출발시간과 장소를 안내하여 일정에 차질이 생기지 않도록 한다.

(2) 관광 중 관리

관광지 도착 후 현지가이드가 선두에서 인솔하고, 국외여행인솔자TC는 뒤에서 이동하며 단체에서 이탈하는 여행자의 유 · 무를 체크해야 한다. 또한 버스의 승 · 하차

장소나 화장실, 자유시간 이후의 집결장소에 대해 안내하고 약속시간을 어기는 여행자가 없도록 해야 한다.

(3) 식사

예약된 식당에 도착하면 매니저에게 단체 도착을 공지하고 자리배정을 요청한다. 식사 중 추가요금이 있을 경우 사전에 안내한다. 식사시간은 일정에 벗어나지 않는 범위에서 편안하게 식사할 수 있도록 할당한다.

(4) 쇼핑

- 상품구입 안내 : 상품구매 시 품질이나 가격에 이상이 있을 경우, 교환이나 환불 등이 용이하지 못하므로 신중하게 구매할 수 있도록 안내한다.
- 상품결재 시 : 여행자는 현지통화 사용이 익숙하지 않으므로, 환율과 지불방법에 대하여 충분히 설명하고 구매에 불만이 발생하지 않도록 한다. 또한 국가에 따라서 일정금액 이상의 상품을 구입하고 출국할 경우 부가가치세 환급을 받을 수 있으므로 국가별 세금환급제도에 대해 숙지하고 안내할 수 있도록 한다.

(5) 선택관광

국외여행인솔자는 선택관광 진행 전에 관광의 내용, 비용, 소요시간, 유의사항 등에 대해 정확하게 설명하고 진행할 수 있도록 한다.

2. 행사 중 고객의 욕구파악

2000년대 이후 고객관계관리Customer Relationship Management라는 용어가 생겨날 정도로 고객의 요구사항을 지속적으로 수집하여 관리하는 것이 중요해지고 있다. 여행일정 중의 고객의 욕구파악 또한 같은 맥락에서 보면, 고객만족을 높이기 위한 차원에서 접근되어야 한다. 고객의 욕구를 매슬로우의 '욕구 5단계설'에 의거하면 관광객의 생리적 욕구, 안전에 대한 욕구, 사회적으로 소속되고 인정받으려는 욕구, 자아실현의 욕구를 기반으로 하여 파악할 수 있다. 또한 여행단체의 연령대, 성별, 라이프스타일 등 인구통계학적 정보를 바탕으로 하여 여행의 목적, 태도에 맞게 여행상품에 따라 요구되는 사항이 달라진다는 것을 이해해야 한다.

3. 행사 중 고객의 요구대응

여행인솔 중 고객의 요구사항 접수 시에는 요구사항에 대한 정확한 파악과 함께 여행사의 지침에 의해 처리여부를 결정해야 한다. 고객의 요구에 대응은 여행서비스 품질에 직접적인 영향을 미치므로 신중하고 명확하게 처리해야 한다. 이를 위해서는 사전에 여행사에서 제공할 수 있는 여행서비스의 범위와 한계를 사전에 알려서 상호간에 오해의 소지가 없도록 해야 한다. 고객응대 시 긍정적인 사고를 가지고 고객에게 예의바르고 친절한 태도로 응대할 수 있도록 한다.

03 고객의 불편처리

1. 고객들의 불편사항 파악

(1) 불편사항의 사전파악

고객의 불편사항은 고객이 클레임으로 접수하기 이전에 먼저 문제점을 파악하여 조치하는 것이 최선이나, 여행상품의 특성 상 불편사항을 사전에 100% 파악한다는 것은 어려움이 있을 수 있다. 불편사항이 발생하면 고객의 이야기를 끝까지 잘 들어야 한다. 중간에 말을 막거나 변명을 하지 않도록 하며 고객의 불편사항을 고객의 편에서 해결하려는 태도를 취해야 한다.

(2) 고객 불편사항의 내용

여행 중 주로 발생하는 불편사항을 유형별로 나누어보면 다음과 같다.

- 쇼핑 : 제품의 불량, 환불 및 교환 요청, 가격시비 등
- 숙박 : 시설 및 위생불량, 서비스 불량, 도난 및 분실 등
- 여행 : 옵션상품 판매 및 불만, 안내서비스 불만, 일정관리 불만, 가이드 및 인솔자에 대한 불만족 등
- 음식 : 서비스 불량, 음식품질 및 위생관리 불량 등

2. 불편사항 개선책 수립

(1) 불편사항 접수 시 대응지침

- 고객에게 불편을 준 점에 대해 사과 표현
- 문제점 지적에 대한 감사의 표현
- 불편사항에 대한 확인과 설명
- 본사와의 연락을 통한 처리방안 안내
- 개선할 사항에 대한 구체적인 설명
- 고객의 불만을 적극적으로 해결하려는 노력을 표현

3. 수립된 개선사항 수행

(1) 고객 불편사항 처리단계

고객의 불편사항 경청 → 불편사항의 원인분석 → 해결책 검토 및 대책수립 → 고객에게 해결책 제안 및 협의 → 처리결과에 대한 검토

(2) 고객 불편사항 처리 시 유의사항

- 누구의 잘못도 아니라는 것을 증명하려는 행위
- 책임을 회피하려는 듯한 의사표현
- 고객이 잘못된 주장을 할 때 말을 가로막는 행위
- 객관적이지 못하고 감정적으로 대응하는 태도
- 상황을 모면하기 위해 성급하게 결정하는 행위

평가문제

01/ 인솔자로서 적절한 복장과 용모, 태도에 대해 설명하시오.

02/ 만족도 조사 설문의 내용에 포함될 사항에 대해 설명하시오.

03/ 고객 불편처리는 무엇을 근거로 조치해야 하는지 설명하시오.

04/ 여행자보험의 보상범위에 대해 알아보고 설명하시오.

05/ 고객 불평접수 시 대처요령에 대해 설명하시오.

CHAPTER 10

국외여행 정산 · 보고

학 | 습 | 목 | 표

행사종료 후에 각종 영수증 및 증빙자료를 첨부하여 정산서를 작성 · 보고할 수 있다.

학습모듈의 내용체계

학 습	학습내용	수 준
1. 행사결과 보고서 작성하기	1-1. 행사결과 보고서 작성	3
	1-2. 행사결과 보고서 내용 파악	
	1-3. 행사결과 보고서 평가	
2. 정산(영수증) 처리하기	2-1. 정산(영수증) 처리	3
	2-2. 정산서 작성	
	2-3. 정산서 제출	
3. 결과 보고하기	3-1. 정산결과 보고	3
	3-2. 정산결과 특이사항 보고	
	3-3. 정산 후 개선방안 보고	

01 행사결과 보고서 작성하기

1. 행사결과 보고서 작성

1) 행사결과 보고서 이해

행사결과 보고서는 여행 중 투숙했던 숙박호텔, 식사내용, 현지가이드, 현지차량 여부, 관광 등의 전반적인 사항에 대한 평가보고서라고 할 수 있다. 국외여행인솔자는 출국 당일부터 귀국하는 날까지의 전체 일정에 대한 진행사항과 결과를 상세하게 기록하고 보고해야 한다.

2) 행사결과 보고서 작성

행사결과 보고서의 작성은 현지에서 일정이 끝나면 숙소로 돌아와 취침 전 그날의 일정에 관한 보고서를 작성하여 놓거나 불가피할 경우에는 메모라도 해놓는 것이 바람직하다. 왜냐하면, 귀국 후 한꺼번에 작성하려 하면 기억하기 힘들고 정확하지 못한 형식적인 보고서가 될 수 있기 때문이다. 또한 고객평가에 대한 내용도 포함되며, 보고서의 기록은 주관적인 내용보다는 고객의 입장에서 객관적이고 구체적으로 기록하는 것이 중요하다. 그리고 현지에서 행사 중에 알게 된 새로운 정보나 변경된 사항이 있을 경우에는 그 내용을 구체적으로 기록해야 한다.

행사결과 보고서는 다음과 같이 작성한다.

- 행사결과 보고서는 행사확정서Final Confirm Sheet에 따라 매일매일 진행사항을 있는 그대로 기록한다.
- 행사결과 보고서는 회사마다 양식이 다르지만, 구성내용은 비슷하므로 회사 규정에 따라 작성한다.

- 일정 진행순서에 따라 그날그날 기록한 보고서를 근거로 일정상의 문제점 및 개선방안, 현지가이드 및 운전기사, 호텔, 차량, 식사, 관광지, 고객만족도 등을 정확하게 기록해야 행사 종료 후에 다른 상품을 준비할 때 중요한 자료로 활용할 수 있다.
- 일정 중에 고객의 불평행동Complain이 발생하면, 국외여행인솔자는 즉각적으로 고객, 가이드와 협의하여 원만하게 진행하는 것이 좋으며, 귀국 후 바로 회사에 보고해야 한다. 이때 과다한 비용이 발생하거나 인솔자의 권한으로 해결하지 못하는 부분이 있으면 즉시 회사에 도움을 요청하여 해결해야 한다.
- 일정 중에 예상치 못한 상황이 발생하더라도 국외여행인솔자는 당황하지 말고 침착하게 대응해야 한다.
- 예비비 지출은 신중하게 집행하도록 한다.

표 10.1 행사결과 보고서의 예

인솔자명 : 홍길동			날짜 : 2017.10.5				
내 용	구분	장소명	내 용	서비스 상태			
	호텔			최상	상	중	하
	조식						
	중식						
	석식						
	항공	항공사명 :					
	차량	회사명 :					
	현지가이드	이름 및 직책 :					
출 · 입국	출국	공항 미팅장소 : 항공사 및 편명 :	공항 미팅시간 : 공항 출발시간 :				
	입국	공항 도착시간 :	입 · 출국절차 및 수하물검사 :				
주요행사							
문제점							
처리내용							
기 타							

2. 행사결과 보고서 내용파악

1) 행사결과 보고서 내용

행사결과 보고서에는 다음과 같은 목적이 포함되어 있어야 한다.

- 여행 일정, 진행 내용의 기록
- 사고나 불평발생 유 · 무, 처리상황의 확인
- 랜드사 OPOperator와의 계약사항 이행 여부 및 제공서비스의 좋고 나쁨
- 다음 여행 기획을 위한 참고자료
- 인솔서비스의 개선교육 자료
- 차후 고객관리를 위한 자료

2) 행사결과 보고서 작성의 구체적인 내용

행사결과 보고서 작성을 위한 구체적인 내용들은 다음과 같다. 국외여행인솔자는 매일매일 꼼꼼히 메모하여 행사결과 보고서를 작성해야 한다.

- 항공 : 이용항공사, 비행시간, 기내식, 기내서비스 종류
- 현지가이드 : 친절도, 성실도, 관광지 설명의 이해도나 전문성
- 숙소 : 호텔의 이름과 등급, 부대시설, 공항 및 시내와의 접근성, 조식의 내용, 객실의 크기 및 구비된 비품, 직원서비스와 친절도 등
- 관광 : 방문관광지, 다채로움과 흥미, 여행자의 만족도, 적합성, 접근성, 주의사항 등
- 식당 : 식당 이름과 위치, 메뉴(중복 여부), 위생, 분위기, 맛, 가격, 접근성, 서비스, 주차장 등
- 차량 : 크기(몇 인승), 쾌적성, 편리성, 안전성, 운전기사의 운전능력, 친절성 등

- 쇼핑 & 선택관광 : 방문지 품목과 위치, 물품의 다양성, 가격, 접근성, 적정횟수, 강제성 여부 등
- 특이사항 : 돌발상황이나 사고발생 여부, 그 외 인솔자의 의견 등

3. 행사결과 보고서의 평가

- 해당 항공사의 정시 출발/도착 및 기내식, 기내서비스 내용, 승무원의 친절도 등에 대해 평가한다.
- 해당 숙소의 등급, 위치, 공항 또는 시내에서 호텔까지의 이동거리, 호텔의 부대서비스, 직원의 친절도 등에 대해 평가한다.
- 식당의 위치, 식사 종류, 음식의 맛과 가격, 종업원의 친절도, 고객만족도 등에 대해 평가한다.
- 관광지 방문 시 입장료 유 · 무, 관람 소요시간, 고객의 반응, 방문 시 주의사항 등에 대해 평가한다.
- 차량은 몇 인승인지, 청결상태, 마이크상태, 운전기사의 안전운전, 친절도 등에 대해 평가한다.
- 방문한 쇼핑센터의 방문시간, 상점이름 및 상품 종류, 고객의 반응, 매출 및 수수료 등에 대해 평가한다.
- 선택관광의 종류와 가격, 고객의 반응, 매출 및 수수료 등에 대해 평가한다.
- 확정일정표에 포함 사항과 불포함 사항에 대해 파악하고 평가한다.
- 전체 참가인원, 고객들의 연령, 성별, 소아 및 유아 포함여부를 파악하고 평가한다.
- 예비비는 어디에 지출할 것인지 파악하고 평가한다.

02 정산(영수증) 처리하기

1. 정산(영수증) 처리

1) 정산(영수증) 처리하기

정산서란, 국외여행인솔자가 여행 중 발생한 제반수입 및 지출에 대한 수익과 지출의 내역서이다. 여행자들로부터 입금된 총 여행경비에서 항공료, 지상비, 여행자보험료, FOC경비, 인솔자경비, 예비비 등의 지출을 빼고 순수하게 남은 금액을 소정 양식에 작성해서 보고하는 것을 의미하며, 현지에서 발생한 쇼핑 수수료와 선택관광 수수료도 포함한다. 그러므로 국외여행인솔자는 행사 일정 중 발생하는 제반의 경비와 수입에 대해 영수증과 같은 증빙서류를 꼼꼼하게 챙기는 습관을 가져야 한다.

정산 처리할 때는 회사의 정해진 양식에 따라 항목별로 관련 자료와 영수증을 첨부하여 처리하고, 정산서는 행사 종료 후에 귀국해서 작성하므로 출국 전에 작성한 예산서와 함께 비교하면서 작성한다. 그러나 일반적으로 패키지여행사의 전문인솔자의 경우에는 쇼핑과 선택관광에 대한 정산서만 작성할 뿐 행사 전체에 대한 정산은 사무실 직원이 처리한다.

2) 정산 처리항목의 이해

(1) 항공료

항공권 발행에 소요된 모든 비용을 말하며, FOC항공권을 포함한 모든 항공권의 운임과 세금TAX, 유류할증료도 포함된 가격이다.

(2) 지상비Tour Fee or Land Fee

여행자들이 현지에서 체재하는 동안 발생하는 비용으로 숙박비를 포함한 현지에서 지불되는 모든 비용을 말한다.

(3) 여행자보험료

모든 기획여행상품(패키지)은 의무적으로 국외여행자보험을 가입하게 되어 있다. 일반적으로 1억 원에서 3억 원의 여행자보험을 가입한다.

(4) 인솔자 경비

인솔자 경비는 일반적으로 출장비, 여행자보험료, 항공료(FOC 여부)와 TAX, 비자 발급비 등이 포함된다.

(5) 예비비

현지에서 부득이하게 지출해야 하는 경우, 회사에서 정해 준 범위 내에서 사용하도록 한다. 이때 지출 사유와 영수증 첨부는 반드시 필요하다. 대부분 예비비 지출은 고객의 만족도를 높이고 재방문 고객을 유치하기 위한 방법으로 자주 사용된다.

(6) 선택관광 수수료

현지에서 여행자들에게 어떤 종류의 선택관광을 판매했는지, 그 수수료는 얼마를 받았는지 정확하게 확인하고 가이드가 서명한 영수증을 받아야 한다.

(7) 쇼핑 수수료

현지에서 어떤 상점에 방문하였는지, 수수료는 얼마를 받았는지 정확하게 확인하고 가이드가 서명한 영수증을 받아야 한다.

(8) 가이드, 운전기사 팁

방문국에 따라 통상 지급되는 팁의 범위가 있으므로, 그 범위 안에서 집행하는 것이 일반적이다. 가끔 팁 때문에 분쟁이 발생하므로 사전에 충분히 확인하고 설명해서 분쟁이 발생하지 않도록 주의한다.

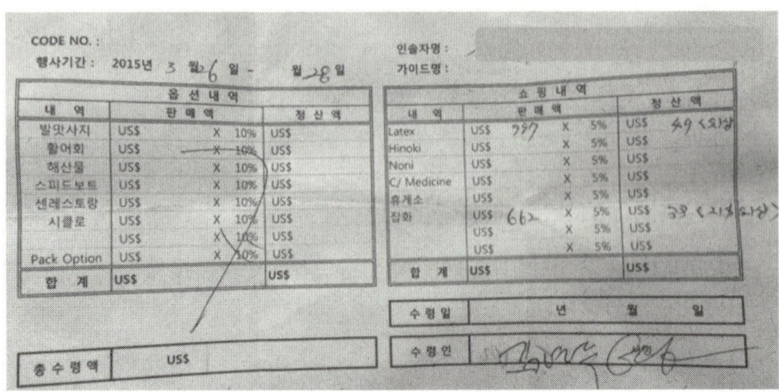

CODE NO. :

행사기간 : 2015년 3 월 6 일 - 월 28 일

인솔자명 :

가이드명 :

옵션내역			
내 역	판매액		정산액
발맛사지	US$	X 10%	US$
활어회	US$	X 10%	US$
해산물	US$	X 10%	US$
스피드보트	US$	X 10%	US$
센레스토랑	US$	X 10%	US$
시클로	US$	X 10%	US$
	US$	X 10%	US$
Pack Option	US$	X 10%	US$
합 계	US$		US$

총수령액	US$

쇼핑내역			
내 역	판매액		정산액
Latex	US$ 797	X 5%	US$ 49
Hinoki	US$	X 5%	US$
Noni	US$	X 5%	US$
C/ Medicine	US$	X 5%	US$
휴게소	US$	X 5%	US$
잡화	US$	X 5%	US$
	US$	X 5%	US$
	US$	X 5%	US$
합 계	US$		US$

수령일	년 월 일
수령인	

그림 10.1 쇼핑 & 선택관광 영수증의 예

2. 정산서 작성

1) 정산서 작성방법

- 정산서는 행사종료 후에 예산서와 비교하면서 작성한다.
- 정산서 작성은 관련 영수증을 첨부하여 사실대로 작성한다.
- 정산서를 작성할 때는 국외여행 계약서를 반드시 첨부하여 작성한다.

2) 정산서 작성항목 파악

표 10.2 정산서 작성항목과 내용

항 목	파악 내용
항공료	항공사 수수료(Commission) 유 · 무, FOC 유 · 무, 유류할증료, 소아나 유아 유 · 무, 개별귀국자 유 · 무 등을 파악 후 작성
지상비	지불금액이 현지화폐 단위일 경우, 환전당시 환율표 첨부하여 작성
여행자보험	생년월일에 따라 보험료 차이 확인 후 작성
FOC경비	FOC 유 · 무에 따른 경비 확인 후 작성
인솔자경비	인솔자의 출장비, 보험료, 항공료 등을 확인 후 작성
예비비	지출했을 경우 영수증 첨부하여 작성
선택관광수수료	선택관광 종류, 참가인원, 금액 등을 정확하게 파악하고 영수증 첨부하여 작성

항 목	파악 내용
쇼핑수수료	상점이름, 품목, 판매금액 등을 정확하게 파악하고 영수증 첨부하여 작성
비자비용	비자 수속비용 발생 시 작성
가이드 & 기사 팁	상품에 따라 포함 유 · 무를 확인하여 작성

3) 정산서 작성

표 10.3 정산서

항공료 : 성인(300,000), 소아(240,000)	지상비 : 150,000
여행자보험 : 10,000	예비비 : $200
쇼핑 & 옵션투어 수익 : $250	TC 출장비 : $150

단체번호 : 142352	상품가격	성인 : 650,000+택스(70,000) 소아 : 550,000+택스(70,000)
단체이름 : NCS PTY		
출장국가 : 태국(방콕+파타야)	출장기간	2017.6.20~25(4박 6일)
행사인원 : 20+2CD+1TC(FOC)	항 공 사	아시아나항공
랜드사 : THAI TOUR	환 율	1,200
T/C : 김인솔	작 성 자	김인솔

입금내역	상품가격	1인 650,000×20 = 13,000,000 1인 550,000×2 = 1,100,000
	쇼핑 및 옵션수익	300,000($250)
	소 계	14,400,000
지출내역	항공료+TAX	370,000×20 = 7,400,000 310,000×2 = 620,000
	지상비	150,000×22 = 3,300,000
	여행자보험료	10,000×22 = 220,000
	인솔자경비	항공 TAX : 70,000 여행자보험 : 10,000 출장비 : $150(180,000)
	비자수속비	–
	예비비	240,000($200)
	기타경비	–
	소계	12,040,000
예상수익	총 : 2,360,000(1인 : 107,000 – 성인)	
비 고		

3. 정산서 제출

정산서를 작성하고 정산서 내용을 검토한 후 보고체계에 따라 제출한다.

- 작성한 정산서를 재검토한 후에 제출한다.
- 항목별로 영수증이 정확하게 첨부되어 있는지 확인한 후 제출한다.
- 정산서가 사실대로 작성되었는지 검토한 후 제출한다.
- 작성이 완료된 정산서는 예상서와 함께 제출한다.
- 정산서는 행사확정서를 첨부하여 제출한다.

03 결과 보고하기

1. 정산결과 보고

- 정산서 내용을 이해할 수 있다.
- 정산서를 작성할 수 있다.
- 정산서를 보고할 수 있다.

2. 정산결과 특이사항 보고

정산서 작성 후 특이사항을 파악한다.

- 일정진행 중 특이사항이 있는지 재확인한다.
- 특이사항이 있다면 그 내용을 증빙서류를 첨부하여 상세하게 작성한다.
- 행사종료 후에 발생한 특이사항에 대해서는 회사에 상세하게 보고한다.

3. 정산 후 개선방안 보고

- 정산 후에 문제점이 있었다면 개선방안을 마련하여 보고한다.
- 정산서 작성절차 및 보고 과정에서 개선할 사항이 있으면 보고한다.

평가문제

01/ 행사결과 보고서란 무엇인가?

02/ 행사결과 보고서 작성에 필요한 항목들은 무엇이 있는가?

03/ 행사결과 보고서의 항목 중 호텔, 식당과 관련하여 파악해야 하는 구체적인 내용은 무엇인가?

04/ 정산(영수증) 처리를 위해 필요한 항목에는 어떤 것들이 있는가?

05/ 현지 행사 중 고객불평(Complain)이 발생했을 때 인솔자로서 취해야 하는 행동과 해결방식(Process)은 무엇인가?

국외여행표준약관

표준약관 제10021호

제1조(목적) 이 약관은 ○○여행사와 여행자가 체결한 국외여행계약의 세부이행 및 준수사항을 정함을 목적으로 한다.

제2조(여행업자와 여행자 의무)

① 여행업자는 여행자에게 안전하고 만족스러운 여행서비스를 제공하기 위해 여행알선 및 안내 · 운송 · 숙박 등 여행계획의 수립 및 실행과정에서 맡은 바 임무를 충실히 수행해야 한다.

② 여행자는 안전하고 즐거운 여행을 위해 여행자 간 화합도모 및 여행업자의 여행질서 유지에 적극 협조해야 한다.

제3조(용어의 정의) 여행의 종류 및 정의, 해외여행 수속대행업의 정의는 다음과 같다.

1. 기획여행 : 여행업자가 미리 여행목적지 및 관광일정, 여행자에게 제공될 운송 및 숙식서비스 내용(이하 '여행서비스'라 함), 여행요금을 정하여 광고 또는 기타 방법으로 여행자를 모집하여 실시하는 여행

2. 희망여행 : 여행자(개인 또는 단체)가 희망하는 여행조건에 따라 여행업자가 운송 · 숙식 · 관광 등 여행에 관한 전반적인 계획을 수립하여 실시하는 여행

3. 해외여행 수속대행(이하 '수속대행계약'이라 함) : 여행업자가 여행자로부터 소정의 수속대행요금을 받기로 약정하고, 여행자의 위탁에 따라 다음에 열거하는 업무(이하 '수속 대행업무'라 함)를 대행하는 것

1) 여권, 사증, 재입국 허가 및 각종 증명서 취득에 관한 수속

2) 출 · 입국수속서류 작성 및 기타 관련업무

제4조(계약의 구성)

① 여행계약은 여행계약서(붙임)와 여행약관 · 여행일정표(또는 여행설명서)를 계약 내용으로 한다.

② 여행일정표(또는 여행설명서)에는 여행일자별 여행지와 관광내용 · 교통수단 · 쇼핑횟수 · 숙박장소 · 식사 등 여행 실시 일정 및 여행사 제공서비스 내용과 여행자 유의사항이 포함되어야 한다.

제5조(특약) 여행업자와 여행자는 관계법규에 위반되지 않는 범위 내에서 서면으로 특약을 맺

을 수 있다. 이 경우 표준약관과 다름을 여행업자는 여행자에게 설명해야 한다.

제6조(계약서 및 약관 등 교부) 여행업자는 여행자와 여행계약을 체결한 경우 계약서와 여행약관, 여행일정표(또는 여행설명서)를 각 1부씩 여행자에게 교부해야 한다.

제7조(계약서 및 약관 등 교부 간주) 여행업자와 여행자는 다음 각 호의 경우, 여행계약서와 여행약관 및 여행일정표(또는 여행설명서)가 교부된 것으로 간주한다.

1. 여행자가 인터넷 등 전자정보망으로 제공된 여행계약서, 약관 및 여행일정표(또는 여행설명서)의 내용에 동의하고 여행계약의 체결을 신청한데 대해 여행업자가 전자정보망 내지 기계적 장치 등을 이용하여 여행자에게 승낙의 의사를 통지한 경우
2. 여행업자가 팩시밀리 등 기계적 장치를 이용하여 제공한 여행계약서, 약관 및 여행일정표(또는 여행설명서)의 내용에 대해 여행자가 동의하고 여행계약의 체결을 신청하는 서면을 송부한데 대해 여행업자가 전자정보망 내지 기계적 장치 등을 이용하여 여행자에게 승낙의 의사를 통지한 경우

제8조(여행업자의 책임) 여행업자는 여행 출발시부터 도착시까지 여행업자 본인 또는 그 고용인, 현지여행업자 또는 그 고용인 등(이하 '사용인'이라 함)이 제2조제1항에서 규정한 여행업자 임무와 관련하여 여행자에게 고의 또는 과실로 손해를 가한 경우 책임을 진다.

제9조(최저행사인원 미 충족 시 계약해제)

① 여행업자는 최저행사인원이 충족되지 아니하여 여행계약을 해제하는 경우, 여행출발 7일 전까지 여행자에게 통지해야 한다.

② 여행업자가 여행참가자수 미달로 전항의 기일 내 통지를 하지 아니하고 계약을 해제하는 경우, 이미 지급받은 계약금 환급 외에 다음 각 목의 1의 금액을 여행자에게 배상해야 한다.

가. 여행출발 1일 전까지 통지 시 : 여행요금의 20%

나. 여행출발 당일 통지 시 : 여행요금의 50%

제10조(계약체결 거절) 여행업자는 여행자에게 다음 각 호의 1에 해당하는 사유가 있을 경우에는 여행자와의 계약체결을 거절할 수 있다.

1. 다른 여행자에게 폐를 끼치거나 여행의 원활한 실시에 지장이 있다고 인정될 때
2. 질병 기타사유로 여행이 어렵다고 인정될 때
3. 계약서에 명시한 최대행사인원이 초과되었을 때

제11조(여행요금)

① 여행계약서의 여행요금에는 다음 각 호가 포함된다. 단, 희망여행은 당사자 간 합의에 따른다.

1. 항공기, 선박, 철도 등 이용운송기관의 운임(보통운임기준)
2. 공항, 역, 부두와 호텔사이 등 송영버스요금

3. 숙박요금 및 식사요금
4. 안내자 경비
5. 여행 중 필요한 각종세금
6. 국내외 공항 · 항만세
7. 관광진흥개발기금
8. 일정표 내 관광지 입장료
9. 기타 개별계약에 따른 비용

② 여행자는 계약체결 시 계약금(여행요금 중 10%이하 금액)을 여행업자에게 지급해야 하며, 계약금은 여행요금 또는 손해배상액의 전부 또는 일부로 취급한다.

③ 여행자는 제1항의 여행요금 중 계약금을 제외한 잔금을 여행출발 7일 전까지 여행업자에게 지급해야 한다.

④ 여행자는 제1항의 여행요금을 여행업자가 지정한 방법(지로구좌, 무통장입금 등)으로 지급해야 한다.

⑤ 희망여행요금에 여행자보험료가 포함되는 경우 여행업자는 보험회사명, 보상내용 등을 여행자에게 설명해야 한다.

제12조(여행요금의 변경)

① 국외여행을 실시함에 있어서 이용운송 · 숙박기관에 지급해야 할 요금이 계약체결시보다 5% 이상 증감하거나 여행요금에 적용된 외화환율이 계약체결시보다 2% 이상 증감한 경우, 여행업자 또는 여행자는 그 증감된 금액 범위 내에서 여행요금의 증감을 상대방에게 청구할 수 있다.

② 여행업자는 제1항의 규정에 따라 여행요금을 증액하였을 때에는 여행출발일 15일 전에 여행자에게 통지해야 한다.

제13조(여행조건의 변경요건 및 요금 등의 정산)

① 위 제1조 내지 제12조의 여행조건은 다음 각 호의 1의 경우에 한하여 변경될 수 있다.

1. 여행자의 안전과 보호를 위하여 여행자의 요청 또는 현지사정에 의해 부득이하다고 쌍방이 합의한 경우
2. 천재지변, 전란, 정부의 명령, 운송 · 숙박기관 등의 파업 · 휴업 등으로 여행의 목적을 달성할 수 없는 경우

② 제1항의 여행조건 변경 및 제12조의 여행요금 변경으로 인해 제11조제1항의 여행요금에 증감이 생기는 경우에는 여행 출발 전 변경분은 여행 출발 이전에, 여행 중 변경분은 여행종료 후 10일 이내에 각각 정산(환급)해야 한다.

③ 제1항의 규정에 의하지 아니하고 여행조건이 변경되거나 제14조 또는 제15조의 규정에

의한 계약의 해제 · 해지로 인해 손해배상액이 발생한 경우에는, 여행출발 전 발생분은 여행출발 이전에, 여행 중 발생분은 여행종료 후 10일 이내에 각각 정산(환급)해야 한다.

④ 여행자는 여행출발 후 자기의 사정으로 숙박, 식사, 관광 등 여행요금에 포함된 서비스를 제공받지 못한 경우 여행업자에게 그에 상응하는 요금의 환급을 청구할 수 없다. 단, 여행이 중도에 종료된 경우에는 제16조에 준하여 처리한다.

제14조(손해배상)

① 여행업자는 현지여행업자 등의 고의 또는 과실로 여행자에게 손해를 가한 경우 여행업자는 여행자에게 손해를 배상해야 한다.

② 여행업자의 귀책사유로 여행자의 국외여행에 필요한 여권, 사증, 재입국 허가 또는 각종 증명서 등을 취득하지 못하여 여행자의 여행일정에 차질이 생긴 경우 여행업자는 여행자로부터 절차대행을 위하여 받은 금액 전부 및 그 금액의 100% 상당액을 여행자에게 배상해야 한다.

③ 여행업자는 항공기, 기차, 선박 등 교통기관의 연발착 또는 교통체증 등으로 인해 여행자가 입은 손해를 배상해야 한다. 단, 여행업자가 고의 또는 과실이 없음을 입증한 때에는 그러하지 아니한다.

④ 여행업자는 자기나 그 사용인이 여행자의 수하물 수령, 인도, 보관 등에 관하여 주의를 해태(懈怠)하지 아니하였음을 증명하지 아니하면 여행자의 수하물 멸실, 훼손 또는 연착으로 인한 손해를 배상할 책임을 면하지 못한다.

제15조(여행출발 전 계약해제)

① 여행업자 또는 여행자는 여행출발 전 이 여행계약을 해제할 수 있다. 이 경우 발생하는 손해액은 '소비자피해보상규정'(재정경제부고시)에 따라 배상한다.

② 여행업자 또는 여행자는 여행출발 전에 다음 각 호의 1에 해당하는 사유가 있는 경우 상대방에게 제1항의 손해배상액을 지급하지 아니하고 이 여행계약을 해제할 수 있다.

1. 여행업자가 해제할 수 있는 경우

가. 제13조제1항제1호 및 제2호사유의 경우

나. 다른 여행자에게 폐를 끼치거나 여행의 원활한 실시에 현저한 지장이 있다고 인정될 때

다. 질병 등 여행자의 신체에 이상이 발생하여 여행에의 참가가 불가능한 경우

라. 여행자가 계약서에 기재된 기일까지 여행요금을 납입하지 아니한 경우

2. 여행자가 해제할 수 있는 경우

가. 제13조제1항제1호 및 제2호의 사유가 있는 경우

나. 여행자의 3촌 이내 친족이 사망한 경우

다. 질병 등 여행자의 신체에 이상이 발생하여 여행에의 참가가 불가능한 경우

라. 배우자 또는 직계존비속이 신체이상으로 3일 이상 병원(의원)에 입원하여 여행 출발 전까지 퇴원이 곤란한 경우 그 배우자 또는 보호자 1인

마. 여행업자의 귀책사유로 계약서 또는 여행일정표(여행설명서)에 기재된 여행일정대로의 여행실시가 불가능해진 경우

바. 제12조제1항의 규정에 의한 여행요금의 증액으로 인해 여행 계속이 어렵다고 인정될 경우

제16조(여행출발 후 계약해지)

① 여행업자 또는 여행자는 여행출발 후 부득이한 사유가 있는 경우 이 여행계약을 해지할 수 있습니다. 단, 이로 인해 상대방이 입은 손해를 배상해야 한다.

② 제1항의 규정에 의하여 계약이 해지된 경우 여행업자는 여행자가 귀국하는데 필요한 사항을 협조해야 하며, 이에 필요한 비용으로서 여행업자의 귀책사유에 의하지 아니한 것은 여행자가 부담한다.

제17조(여행의 시작과 종료) 여행의 시작은 탑승수속(선박인 경우 승선수속)을 마친 시점으로 하며, 여행의 종료는 여행자가 입국장 보세구역을 벗어나는 시점으로 한다. 단, 계약내용상 국내 이동이 있을 경우에는 최초 출발지에서 이용하는 운송수단의 출발시각과 도착시각으로 한다.

제18조(설명의무) 여행업자는 계약서에 정하여져 있는 중요한 내용 및 그 변경사항을 여행자가 이해할 수 있도록 설명해야 한다.

제19조(보험가입 등) 여행업자는 이 여행과 관련하여 여행자에게 손해가 발생한 경우 여행자에게 보험금을 지급하기 위한 보험 또는 공제에 가입하거나 영업보증금을 예치해야 한다.

제20조(기타사항)

① 이 계약에 명시되지 아니한 사항 또는 이 계약의 해석에 관하여 다툼이 있는 경우에는 여행업자 또는 여행자가 합의하여 결정하되, 합의가 이루어지지 아니한 경우에는 관계법령 및 일반관례에 따른다.

② 특수지역에의 여행으로서 정당한 사유가 있는 경우에는 이 표준약관의 내용과 달리 정할 수 있다.

REFERENCES

권문호 · 공윤주 · 곽영대(2008). 『Tour Conductor 서비스실무』, 대왕사.
김기홍 · 조인환 · 윤지현(2013). 『관광학개론』, 대왕사.
김봉(2010). 『관광사』, 대왕사.
김재원 · 양경승 · 정익준 · 허범영(2012). 『여행사경영론』, 학현사.
김정만 · 김명자(2010). 『관광학개론』, 형설출판사.
김정승(2012). 『관광학개론』, 대왕사.
나태영 · 천민호(2010). 『여행사경영실무』, 대왕사.
노정철(2014). 『여행사경영론』, 한올출판사.
문화체육관광부(2014). 2013년 기준 관광동향에 관한 연차보고서.
미래서비스아카데미(2012). 『투어 에스코트실무』, 새로미.
변우희 · 노정철 · 김진훈 · 김기태(2015). 『최신 관광사업론』, 한올출판사.
안대희 · 최철수 · 김인웅(2013). 『관광학원론』, 대왕사.
윤대순(2002). 『여행사경영론』, 기문사.
윤병국 · 이동희 · 임범종(2004). 『여행사실무와 T/C업무』, 새로미.
윤병국 · 이승곤 · 박상환 · 이혁진(2006). 『세계관광지역의 이해 I, II』, 새로미.
이정학(2013). 『관광학원론』, 대왕사.
이종교(2008). 『여행업실무』, 백산출판사.
이주형 · 송광인 · 최영기 · 류인평(2008). 문화와 관광, 기문사.
이현동(2011). 『여행항공실무』, 한올출판사.
임용식(1998). 『국외여행안내 업무론』, 학문사.
장양례 · 박영진 · 양정임 · 장동진(2014). 『신여행업실무』, 대왕사.
천덕희 · 김지선 · 민정아(2012). 『여행사경영과 실무』, 대왕사.
최영기(2010). 『세계문화체험』, 기문사.
최영민 · 허지현 · 최현식(2008). 『관광과 세계문화』, 백산출판사.
호텔관광연구회(2014). 『관광사업론』, 현학사.

관세청(http://www.customs.go.kr)

국가직무능력표준(NCS) 학습모듈(www.ncs.go.kr), 해외여행안내, 한국산업인력공단.
노랑풍선(http://www.ybtour.co.kr)
롯데관광(http://www.lottetour.com/welcome)
모두투어(http://www.modetour.com)
세계여행신문 홈페이지(http://www.gtn.co.kr/2015년 9월 14일 기사)
여행신문 홈페이지(http://www.traveltimes.co.kr/2013.4.29, 2013.8.26, 2015.9.7 기사)
참좋은여행(http://www.verygoodtour.com)
하나투어(http://www.hanatour.com)
한국경제신문(http://www.hankyung.com/2015년 9월 15일 기사)
한국여행업협회 홈페이지(www.kata.or.kr)
한진관광(http://kaltour.com)

NCS활용

국외여행인솔실무